近代ヨーロッパとキリスト教

カトリシズムの社会史

中野智世＋前田更子
渡邊千秋＋尾崎修治［編著］

勁草書房

序

中野智世

聖母被昇天祭の宗教行列。パリ、セーヌ河岸にて。（2013 年 8 月 15 日撮影：前田更子）

一　近代社会における宗教――本書のねらい

『近代ヨーロッパとキリスト教』――この言葉の組み合わせから、私たちは何を思い浮かべるだろうか。ヨーロッパがキリスト教世界であることは周知の事実とはいえ、「近代」ヨーロッパと「キリスト教」、つまり「宗教」が並ぶことに、違和感を覚える人もいるだろう。

近代ヨーロッパといえば、理性と科学、産業化と発展、自由、平等といった「近代的」諸価値を体現するものであり、そこに、いまなお宗教の占める位置はあるのだろうか。血なまぐさい宗教戦争や宗派対立はもはや過去のものとなり、社会のさまざまな分野で宗教の果たす役割はどんどん小さくなる、といった「不可避的な」プロセスとしての「世俗化」を、いち早く成し遂げたのが近代ヨーロッパではなかったか、と。

そうしたイメージはしかし、現実のヨーロッパ社会に接することが容易になった今日では、しばしば裏切られることも確かである。たとえば、ヨーロッパの街を訪ねるとその中心にはたいてい聖堂があり、多くの国がキリスト教に由来する祝祭日を保持している。また、少なからぬ国が日曜の営業を「法的に」禁じており、今なお「教会税」が存在する国もある。さらに、家族、生命倫理などある種の問題が問われるとき、当たり前のように聖職者がメディアに登場して持論を展開し、社会を二分する議論となることも少なくない。たとえば、フランスでは、同性婚の是非をめぐって大規模な反対運動が起こり（本書第一章を参照）、ドイツでも、いわゆる「堕胎罪」をめぐって激しい議論が展開された。そうした一見して「伝統的」な価値規範、道徳に関わる問題だけでなく、遺伝子操作や原子力発電の是非など、容易には答えの出ない「未来」の問題についても同様である。ドイツでは、脱原発の流れを決定づけた「安全なエネルギー供給のための倫理委員会」に教会関係者が名を連ねており[1]、環境問題について発言を続ける聖職者もいる。

むろん国や地域によって少なからぬ偏差はあるものの、こうした情景を目にするとき、私たちは、文化や生活習慣、倫理や道徳だけでなく、制度や政策の奥深くに根差しているキリスト教の存在をあらためて意識せざるをえない。しかし、そうしたヨーロッパ社会におけるキリスト教のあり方を歴史的にとらえようとするとき、これまでの歴史叙述はその手がかりを必ずしも十分に与えるものではなかった。ことに近代史においては、ヨーロッパの近代的発展（の功罪）を追うことが叙述の中心であり、そこではいわゆる「世俗化」が自明の前提とされていたように思われる。中世や近世とはことなり、近代ヨーロッパ史においては、宗教は顧慮する必要のないものとされてきたのである。

しかし、一九九〇年代以降、ヨーロッパを含む世界各地で宗教問題が頻発し、宗教をカッコにいれたままではとらえきれない事態が数多く生じている。近年では、「世俗化」という概念そのものが問い直され、「ポスト世俗化時代」という用語を用いて、宗教が再び大きな影響力を持ち始めた現代を、新たな段階として表現することも一般化しつつある[2]。また、日本においても東日本大震災以来、現代社会における宗教の役割を問う書物が次々とあらわれている[3]。従来あまり宗教を取り上げることのなかった学術分野でも、宗教を論じる研究書が増えてきた[4]。

こうした人文・社会科学全般の潮流のなかで、歴史学もまた、これまでのパラダイムを再検討し、あらたなヨーロッパ近代の歴史像を描く必要があるのではないか。本書は、こうした問題意識を出発点として、「近代ヨーロッパとキリスト教」の関係性をあらたに読み解こうとする試みである。たとえば、一般に、「政教分離」や「宗教の私事化」として理解されてきた「世俗化」というプロセスは、一体、何をどこまで変容させてきたのか。

表層的な変化の下で、形を変えつつ継承されてきたものはないのだろうか。こうした問いを手始めに、従来の単線的な「世俗化史観」を離れ、あらためてその歴史的プロセスを問い直すことで、近代ヨーロッパ史におけるキリスト教の役割について考えてみたい。宗教を通して近代ヨーロッパのもうひとつの側面に光をあて、そこから、現代のヨーロッパ社会についての歴史的理解を深めることが本書のねらいである。

二　近代ヨーロッパのなかのカトリシズム――本書の特徴

右のようなねらいを検討するにあたって、本書が特に着目するのはカトリシズムである。それには、ふたつの理由がある。

まずひとつは、中世以来、ヨーロッパ世界の「伝統宗教」であり、近代の「対抗勢力」であったカトリシズムに着目することで、近代の諸原理と宗教との対立、融和、協調のありようを、目に見える形で追うことができるからである。一般に、信仰を内面の問題とするプロテスタンティズムに対して、カトリシズムにおいては、信仰を目に見える儀礼や行為として表すことを重視する。そうした教義の性格は、「宗教の私事化」、あるいは「政教分離」といった原理と対立し、さまざまな局面でコンフリクトを引き起こした。また、共同体を重視するカトリックの世界観・人間観は、個人や民主主義といった近代の基本的原理ともしばしば対立してきた。

一方、社会の隅々にまで広がるカトリックの伝統文化、近代以前から存在する諸組織、人的ネットワークの数々は、近代国家や公権力とは別の次元、別の論理にもとづく強靭な組織力、動員力をもっていた。それらのなかには、「近代の攻勢」にあっても容易に消滅することなく、さまざまな変容を経ながら現在まで「生きのび」、独自の役割を果たしているものも少なくない。このように、近代の諸原理と対立しながらも、「伝統」としての

「しぶとさ」を有するカトリシズムは、近代ヨーロッパ史における宗教のダイナミズムをとらえるのに格好の素材を提供することになるであろう。

もうひとつは、とりわけ日本において、近代以降のカトリシズムについての歴史研究が相対的に少なく、その欠落を埋めることが急務であるからである。世界史の教科書を一瞥すればわかるように、「近代の幕開け」[5]とともにカトリックは歴史の表舞台から姿を消してしまう。宗教改革とプロテスタントの登場を契機として、退場を余儀なくされたかのようである。その後、市民革命や産業革命という近代の歴史の流れのなかで時折カトリックに言及されることがあるとしても、それは、多くの場合「近代」に反対する「頑迷」な「抵抗勢力」としてであり、カトリシズムそのものを問う考察は、一部の先駆的著作を除けばほとんど行われてこなかった[6]。

しかし、近年、欧米で進んでいるカトリシズムの国際比較研究は、従来のカトリック像自体が、国民統合の時代であった一九世紀の歴史的文脈のなかで形成されたものであることを明らかにしつつある。それによると、バチカンを頂点とするカトリック勢力は、ナショナル・アイデンティティ形成を妨げる「敵」として、あるいは西洋近代になじまない「内なる他者《オリエント》」[7]とみなされ、一九世紀の欧米各国では、いわゆる「アンチ・カトリシズム」と呼ばれる現象が――カトリック国においては反教権主義、宗派の混在する国では対カトリック「文化闘争」という形で――広がっていたという。このように、「反近代」という従来のカトリシズム像自体もまた、問い直されつつあるのである[8]。

歴史的に形成されてきたステレオタイプから離れ、カトリシズムを近代史のなかにあらたに位置づけるという近年の研究スタンスを、本書もまた共有している。その際、本書が問おうとするのは、そもそものカトリシズムと近代との関係性である。従来の「対抗の図式」に視野を限定することなく、歩み寄りや融和、さらには近代的価値との相互補完といった側面にも目を向け、両者がどのように一九世紀以降のヨーロッパ社会の形成に関わってきたのかを明らかにしたい。カトリシズムという視点を通して、より立体的な近代ヨーロッパ像を描くことがその目標である。

「カトリシズムの社会史」という副題が示すように、本書に収録された各論考は、実証的な社会史研究によって近代ヨーロッパとカトリシズムとの関わりを読み解こうとするものである。その際、本書では、カトリシズムの歴史をいわゆる狭義の教会史――教義の変遷や制度教会の発展史など――としてではなく、より広いカトリック世界の歴史として描くことをめざしている。一般にカトリックといえば、バチカンを頂点とするヒエラルキー、上意下達の一枚岩的なイメージが先行する。むろん、それはカトリックという宗教共同体の大きな特徴ではあるが、その内部には相当な多様性がある。国や地域、時代による違いはもちろん、組織構造から見ても、教皇や高位聖職者と小教区の司祭、修道会と一般信徒が担う協会など、各集団・組織がそれぞれの動機づけと利害、独自のダイナミズムにもとづいて動いている。ことに本書が対象とする一九世紀以降では、「下から」の一般信徒の活動が制度教会の制御を越え、結果的に教会全体を動かしていくこともまれではなかった。本書では、こうしたカトリック世界の多様性・多層性に留意しつつ、それぞれの執筆者が取り上げる個別の事象を、それぞれの時代・社会の文脈のなかに位置づけてとらえようと試みている。

三　本書の構成

本書は、ドイツ、フランス、オランダに加え、西はスペインから東のポーランド、北はアイルランドから南のイタリアまで、ヨーロッパのカトリック国・地域をほぼ網羅する一一の論文からなっている。とはいえ、これらの国々に共通する問題や、共通の枠組みを設定しているわけではない。そもそも、これらのなかには、典型的なカトリック国であるフランス、イタリア、スペインのような国もあれば、オランダ、ドイツのように宗派の混在する国もある。それぞれがとりあげる地域、時代のなかで、どのような局面を問題としてとりあげるかは、各執筆者に委ねられている。結果、各章は、執筆者自身の研究蓄積をふまえ、それぞれの問題関心に沿って自由に論じられたものとなっている。

全体は、左記の通り、四部構成となっている。

まず、第Ⅰ部「教育・文化と信仰継承」では、近代社会において、人々の信仰が、教育や日々の信仰実践を通じていかに継承されていったのかを検討している。第一章（前田）は、厳格なライシテの国として知られるフランスにも、じつは根強いカトリック的心性がいまなお存在することに注目し、それを可能にした公教育の役割を一九世紀フランスの女性教師養成の現場の考察から明らかにしている。第二章（加藤）は、二〇世紀終わりのポーランド「民主化」の背景に、小教区の日常生活で脈々と受け継がれていた宗教性が重要な役割を果たしていたことに注目し、その具体像を、社会主義体制下の新興工業都市の事例から読み解いている。

続く第Ⅱ部「近代政治とカトリック」では、カトリシズムと近代政治の関わりが検討される。第三章（勝田）は、一九世紀前半のアイルランドに注目した二人の思想家、すなわち、アイルランド解放にリベラル・カトリシズムの具現化をみたラムネ、そして、アイルランド民衆と聖職者との強い結びつきにカトリックとデモクラシーの理想的結合をみたトクヴィルに焦点をあて、彼らの思想を通して、カトリシズムと近代思想のあいだの「親和性」を検討している。第四章（渡邊）は、フランコ独裁体制との協調が批判されてきたスペインのカトリシズムのなかに、自らの宗教的アイデンティティを取り戻すために、体制から距離をおく動きがあったことを、カトリック・ジャーナリストの運動の事例から明らかにする。第五章（水島）は、第二次世界大戦後のキリスト教民主主義政党の政治的優位を支えていたカトリックのネットワークに注目し、戦間期のオランダの事例から、教会のみならず学校やメディア、余暇活動など、信徒の生活のさまざまな局面におよんだその影響力を明らかにする。

第Ⅲ部「工業化・都市化のなかの聖職者」では、一九世紀の工業化と都市化によって西欧諸国が経験した大きな社会変動に対して、教会がいかなる対応を試みたのかを、当時の聖職者の活動と思想から検討している。第六章（桜井）は、「労働者の司教」と呼ばれたドイツのケテラーが、カトリック的な共同性の理念に依拠しつつ、産業化の進展と現実の社会問題の変容に応じて、その社会思想を刻々と変化させていった様子を跡づけている。第七章（尾崎）は、そうしたカトリックの社会思想がどのような形で実践されていったのかを検討するために、労働運動を支援したことで「赤い」司祭と呼ばれ、後にヴァイマル共和国労働大臣となったブラウンスの思想と行動を考察している。さらに第八章（長井）は、都市化の進展にともなって生じた人々の伝統世界との隔絶、信仰離れという現象に対する教会の対応に焦点をあて、その具体像を、パリ郊外の再キリスト教化を訴え、ラジオ説教という新しい手法を導入したイエズス会士ランドの取り組みから描いている。

最後の第Ⅳ部「社会問題とカトリックの世界観」では、近代的な価値規範とカトリックの世界観とのあいだの「相克」に焦点をあてる。第九章（寺戸）は、傷病者の巡礼地ルルドに深くかかわったカトリック医師に着目し、彼らが「奇跡」を証明するために科学的厳密さを求めた一方で、病者に寄り沿うためにいかに信仰を重んじたのかを考察し、近代医学と宗教の共生的な関係を検討している。第一〇章（村上）は、カトリック教会がながらくマフィアの犯罪に対して断罪をおこなわず「沈黙」を守ってきたという「負」の側面に焦点を当て、その背景にある、南イタリアの土着の聖職者とマフィアの緊密な関係、マフィア構成員に見られる独特の「信心深さ」、そしてカトリック聖職者における、刑法上の裁きとはことなる「神の裁き」の観念を考察している。第一一章（中野）は、現代の福祉国家において、カトリック慈善事業が今なお無視できない役割を果たしていることに注目し、二〇世紀初頭ドイツのカリタスを事例として、近代的な福祉国家とカトリック慈善がいかに共存し、相互に補完し合っていたかを考察している。

四　カトリシズムの歴史からみえるもの

以上の概略からも明らかなように、本書は、近代ヨーロッパとカトリシズムの多様な位相を、個別具体的な事例を通して明らかにしようとするものである。各章から引き出された結論、歴史解釈は基本的には個別のものであるが、本書を読み解く手がかりとして、全体に共通するいくつかの解釈枠組みを提示し、序のまとめとしたい。

まず確認しておきたいのは、カトリシズムは近代の「対抗軸」として、一九世紀以降のヨーロッパ社会の形成に関与したということである。この時代、教会離れ・信仰離れといった「危機」に直面したカトリシズムは、近代的諸原理にしばしば強い反発を示しつつも、一部はその論理や価値を受け入れ、歩み寄りや融和を通してさまざまな分野に少なからぬ影響力を保持してきた。それによってカトリシズムは、近代の諸規範に留保や限定条件を付しつつ、近代社会の一部を形成してきたといえよう。

また、生活習慣や文化、儀礼、人々のつながりといった「目に見える形」で継承されるカトリックという宗教の特性も注目されるべきであろう。日々の祈りにミサや聖体拝領、聖堂での儀式、定期的な祝祭など、外的な行為を介して宗教的心性が身体感覚に刻み込まれること、また、そうした行為が日々の生活や人生の節目に定型的に組み込まれていることの重みは、近代社会においても軽視できない。こうした日常的な身体性は、カトリシズムにある種の「耐性」をもたらし、社会集団を凝集させ、また統合する機能を有する。そこでは、歴史を動かす要因としての「宗教」性が、目に見える形で立ち現われるのである。

最後に、近代の諸原理としばしば対立するカトリシズムの論理が、まさにそれゆえに、近代の論理では対応できない諸問題に対するオータナティヴとして、現代的な課題に応える可能性を秘めているということも指摘しておきたい。科学や近代合理主義で解決できない問題は、現代もなお存在する。生命倫理やケアなど、生老病死がかかわる領域はその最たるものである。そうした分野で、しばしば近代的発想と異質なスタンスを示してきたカトリシズムは、そのための格好の分析視角を提供しているといえよう。

本書は、カトリシズムと近代ヨーロッパをテーマに掲げたおそらく本邦初の論文集である。この試みのねらいは、カトリシズムというテーマが、近代史において多様な可能性を秘めていること、そして、その最初の手がかりを提示することにある。西洋史のみならず、広く近代ヨーロッパに関心をもつ読者が、本書を入り口として新たな問題を発見し、さらに探究を深めるきっかけとなれば幸いである。

注

（1）永井清彦「ドイツの脱原発、そして倫理」『桃山学院大学キリスト教論集』第四七号、二〇一二年、八七―一〇四頁。
（2）ユルゲン・ハーバーマスほか『公共圏に挑戦する宗教―ポスト世俗化時代における共棲のために』岩波書店、二〇一四年。
（3）たとえば、島薗進・磯前順一編『宗教と公共空間―見直される宗教の役割』東京大学出版会、二〇一四年。
（4）宇野重規ほか『社会統合と宗教的なもの―十九世紀フランスの経験』白水社、二〇一一年、『宗教と政治（年報政治学二〇一三―一）』木鐸社、二〇一三年など。
（5）たとえば、『近代ヨーロッパの探究③教会』と題された論文集で、カトリックを取り上げた論考が皆無であることは、研究の層の薄さを如実に物語る。今関恒夫ほか『近代ヨーロッパの探究③教会』ミネルヴァ書房、二〇〇〇年。
（6）ことに日本においては、マックス・ウェーバーの著作とともに、いわゆる「プロテスタント史観」が受容されたことをはじめとして、近代以降のカトリックの歴史研究を停滞させる固有の史学史的背景があった。深沢克己「他者の受容と排除をめぐる比較宗教史―ヨーロッパ史の視点から」、深沢克己編『ユーラシア諸宗教の関係史論』二〇一〇年、勉誠出版、一三―四七頁、および本書の編者が中心となって企画した二〇一三年の西洋史学会におけるシンポジウム記録、「ヨーロッパ近代のなかのカトリシズム—宗教を通して見るもうひとつの『近代』」『西洋史学』第二五二号、二〇一三年、五九—七〇頁を参照。

(7) Manuel Borutta, *Antikatholizismus. Deutschland und Italien im Zeitalter der europäischen Kulturkämpfe*, Göttingen 2010, S. 41f.

(8) Marjule Anne Drury, 'Anti-Catholicism in Germany, Britain, and the United States: A Review and Critique of Recent Scholarship', in: *Church History*, 70: 1, March 2001, pp. 98–131; Christopher Clark/Wolfram Kaiser (eds.), *Culture Wars. Secular-Catholic Conflict in Nineteenth-Century Europe*, Cambridge UP, 2003; Yvonne Maria Werner/Jonas Harvard (eds.), *European Anti-Catholicism in a Comparative and Transnational Perspective*, Rodopi, 2013.

目次

第Ⅰ部

教育・文化と信仰継承

ブザンソンの愛徳修道会のシスターたち。巡礼時、1927年。所蔵：Sœurs de la Charité de Sainte Jean-Antide Touret. Archives provinciales à Besançon.

第1章　神のいる学校

19世紀フランスにおける女性教師の養成

前田更子

クレルモン寄宿学校の教師と生徒、1880〜1900年頃。1880年の世俗化にともない、師範学校を追われた修道女が新たに開設したブザンソンの私立師範学校。所蔵：Sœurs de la Charité de Sainte Jean-Antide Thouret. Archives provinciales à Besançon.

一　公教育のなかの宗教

カトリック国フランス

二〇一三年五月、フランスで同性婚が合法化された。この出来事を日本の読者が覚えているとすれば、それは法律成立にいたるまでにフランス各地で起きた激しい同性婚反対デモのためではなかろうか。二〇一三年一月の大規模デモには警察発表で三四万人、主催者側によると八〇万人の参加があった。三月には同性婚と並んで同性カップルの養子縁組合法化が問題となり、反対派によるデモ参加者は主催者側によれば一四〇万人（警察推計三〇万）にのぼった。個人の権利を重んじ、恋愛に関して寛容で、事実婚が一般的であり、同性愛者が市長になることを問題なく受け入れてきたフランスで、これほど大規模な反対運動が起きようとは誰が予想し得ただろうか。

実際、路上を占拠し、練り歩く人々をみながら、「この人たちはいったいどこから出てきたのか」、「わたしの知っているフランス人ではない」と戸惑い、「二一世紀のフランスに生きるわたしたちは十分に世俗化され、多様な近代的価値の守護者になったはずではなかったのか」、と自問したフランス人は少なくはなかったはずである。もちろんデモ参加者の動機や傾向を単純化することはできない。しかし少なくとも同性婚を支持する人々の目には、デモ参加者は保守派・カトリック教徒であり、カトリック教会によって支持、場合によっては扇動された人々だと映っていた。たしかに、パリ大司教は同性婚反対の態度を表明し、反対デモを支持する姿勢を打ち出していたし、ミサにおいて司祭たちからこのような教会の立場を聞いた信者も多かったと思われる。

一方で、多くのフランス人はこの国に根強く残るカトリック的心性に無自覚すぎるようにもみえる。イスラーム教徒に対してとられているような厳格なライシテ（非宗教性）の原則からすれば、フランスでみられるさまざまな光景は批判の対象になりかねない。フランスでは一九〇五年の政教分離法以降、信仰は私的領域に属する問題となり、原則として公的空間から排除されている。しかし現在でもなお、国民の祝日の大半はキリスト教の暦にもとづいて設定されているし、聖母被昇天祭前後には街中で宗教行列を目にするし（序の扉絵）、クリスマス前の区役所にはキリスト生誕をあらわした馬小屋の模型（クレッシュ）が飾られている。実際、クレッシュの展示については議論があり、これを擁護する区役所側は「宗教」ではなく、「文化」に属する問題なので、ライシテ原則に反しないと説明する。新参者のイスラーム教徒には厳しく、国民の多数を占め伝統を持つカトリック教徒には寛容すぎる、と思われかねない。

このような多数派寄りのフランスの政策や立場に異議を申し立てるのが本章の目的ではない。ただ、日頃から定期的にミサに出席する敬虔なカトリック教徒ではなくても、同性婚を受け入れられないという心性を持ち、火葬に抵抗を感じ、最後の審判を心の片隅で恐れる、また文化としてカトリック的伝統を許容する人々が少なからず存在することを意識化しておくのは重要であるように思われる。フランスはライシテの国であるが、やはりカトリックの伝統を強く持つ国であり、カトリック的要素が社会のあちらこちらに遍在しているような気がしてならない。

では、カトリックの伝統はどのようにしてつくられてきたのか。この歴史を知るには中世にまでさかのぼる必要があろうが、近代とカトリシズムの関係を問おうとする本論集において筆者が考えてみたいのは、フランス革命によってカトリックが国教の地位を失ったあとの状況である。工業化、都市化が進行し、世俗国家が中央集権的に公教育や社会政策を推し進める一九世紀のフランスで、カトリック的心性がどのように維持され、伝達され、再生産されたのか。女性教師と公教育に焦点を当ててこの問いについて考えてみたい。

信仰伝達の場としての学校

「教会は人生の構成要素であった。教会は一人の人間の生の重要な場面（出生、結婚、死）に立ち会い、共同体の安楽とその構成員の指導に取り組んでいた。教会はさまざまな文化を高め、小教区民の繁栄の手助けをしていた。教会は病を治し、教育を施し、悪から守っていた」[1]。アンシアン・レジーム期を想起させるこの文章は、歴史家ユージン・ウェーバーが一九世紀のフランスについて語ったものである。一八八〇年代に一連の政策で公教育が世俗化されるまで、フランスの学校は宗教的雰囲気に満ちていた。学校は、子どもに知識や生活習慣、道徳を教える場であると同時に、信仰伝達の重要な場であった。というよりもむしろ、以下で明らかになるように、知識、生活習慣、道徳など学校で教えられるすべての要素の基礎に信仰があったという方が適当かもしれない。革命期に激しい非キリスト教化運動を経験したにもかかわらず、その後のフランス社会が急激に世俗化へ向かうことなく、一九世紀を通じて共和派とカトリック教会のあいだで社会的・文化的規範をめぐって対立が続いたことはすでにこれまでの研究でも指摘されてきた[2]。カトリック教会は社会の再キリスト教化のために学校を利用したのである。では、世俗国家の宗教に対する立場はどうであったのだろうか。

第三共和政以前の国家が公立校での宗教教育に力を入れていたことは従来、あまり強調されてこなかった。しかし実際には、「道徳・宗教」は公立の初等学校で学ぶ科目の筆頭に置かれ、生徒は男女ともに、公教要理に加えて聖史や聖歌を習った。教師は「世俗司祭 clerc-laïc」（一八六〇年代の表現）として、日曜日に生徒をミサに連れて行くほか、その多くは小教区司祭の補助も務めていた。非キリスト教化の進んだ地域では信仰を持たない男性教師もおり、日常的規範をめぐって村の司祭とのあいだで対立もみられたが、一九世紀カトリック史を専門とするイヴ＝マリ・イレールによれば、教師の大半は小教区司祭の補佐という使命を受け入れており、一八八〇年以降も、さらには一九〇〇年以降でも司祭と良好な関係を保っていたという(3)。

女性とカトリックの結びつき

近代フランス社会において、女性は男性に比べて教会とより緊密な関わりを持っていた。教会にとって女性は信仰の守護者であり、カトリック復興の鍵を握る存在であった。カトリック教会は、女性を活用してその夫をキリスト教化しようとする意思を隠さなかったし、一八四二年にシャルトル司教は、女性信者に対して「あなた方は、少なくとも私たちが住んでいるところにおいては、ほとんど唯一の教会の慰めです」と述べている(4)。実際のところ、ミサ出席率は一九世紀を通じて全国的にみても男性より女性の方がつねに高い(5)。一八七〇年に共和派のジュール・フェリーは、こうした状況に警報を鳴らし、女性を教会から引き離し、男性と同じように共和国の手で共和国の母・妻として育て、家庭内における精神的対立（妻は教会＝アンシアン・レジーム、夫は共和国＝近代社会）を解消したいという論を展開する(6)。

では、一九世紀のカトリック教会と女性の結びつきはどのようにして生まれたのだろうか。この問題についてはラルフ・ギブソンの優れた論文がある(7)。ギブソンはカトリックの女性化の過程をセクシュアリティ、社会的結合関係（ソシアビリテ）、文化的価値を軸に論じ、政治的・制度的要因としてフランス革命と修道会の影響力が強かった女子教育を挙げる。国家による女子教育の整備は男子に比べるとつねに半世紀ほどの遅れをとっていた。男子について一八三三年に実現した、住民五〇〇名以上の市町村に公立初等学校を設置するという方策が女子に適応されるのは一八六七年であり、師範学校の設置も同様に、男子に対しては一八三三年に法制度化された一方、女子に関しては一八七九年のポール・ベール法まで待たねばならない。

しかしこうした制度化の遅れを、公権力の女子教育への無関心から説明することはいささか早計であろう。本章の結論を少し先取りして述べれば、たしかに女性の教育は教会や私人の手に委ねられていたが、それは国家の無関心というよりも、一九世紀前半から半ばにかけてのフランスで、女性、とりわけ民衆階層の女性は宗教的に育てられるべきであるという考えを否定する者がほとんどいなかったことによる。国家は、一九世紀に勢力を増す教会をときに脅威に感じ、それが政治的対立に発展することもあったが、第二共和政の数年間と一八六〇年代半ば以降の一部の政治家をのぞけば、女子教育から宗教を排除した方がよいという考えを持つことなく、むしろ教会を取り込むかたちでの公教育の形成を模索し続けたのである。こうして、一八八〇年代以前に組織化される公教育は、必然的に教会、修道会が間接的、直接的に関わるものとなっていく。

本章は、初等教育が世俗化される以前、すなわち一八三〇年代から七〇年代までのカトリック系女子師範学校と女子師範講座を考察の対象に据えたい（師範学校・講座の一割強を占めたプロテスタント系、ユダヤ系については考察対象から外す(8)）。師範学校および師範講座とは、公立初等学校の教員養成を目的とした機関で、県が主体となって設置し、国家が認可する。学校と講座の違いは、公的財政支出の度合いにあり、師範学校は敷地、建物、教師の給与まで全面的に公権力の費用で負担される施設である一方、講座は県当局とのあいだで給費生を受け入れる契約を結んだ私立の寄宿学校である。そしてこれらの施設で働く教師の半数以上は修道女であった。したがって、これらの機関は、公権力の女子教育へ関わり方を考察し、修道会が女子教育の領域で果たしていた役割の大きさを示すのに格好の対象であるように思われる。また、未来の教師に向けて師範学校・講座で展開された教育の具体的内容を検討すれば、当時の女子教育に信仰がどのように結びついていたのか、両者の関係性をめぐるひとつの具体例を提示できるだろう。

二　女性教師と修道会、公権力

「フランス修道女の偉大なる世紀」

当時の女子初等教育の状況から確認しよう。一八五〇年のファルー法によって住民八〇〇名以上の市町村に、また一八六七年には住民五〇〇名以上の市町村に、女子校の設立が義務づけられた。この結果、一九世紀後半に女子の就学率は確実に高まり、義務・無償・世俗の公教育を制度化する一八八一～八二年のフェリー法を待つことなく、一八七〇年代の段階で就学年齢女子児童の約六七パーセントが一年のうち数ヶ月であろうとも学校教育を受けていた（同時期の男子の就学率は七七パーセント）。

市町村が公立学校の運営を任せた女性教師の半数以上は修道女であった。一八四三年、公立校に勤める女性教師において俗人と修道女の割合はほぼ同じであったが、一八六三年には俗人二万一〇〇九名に対して、修道女教師の数は三万八二〇五名に増える。[9] 一八七二年でも修道女の割合は公立学校教員団の五〇パーセントを占め、補助教員も含めれば公立校に勤める女性教員の三分の二が修道女であった。[10]

このように教育や看護の領域で修道女の影響力が高まる一九世紀を、カトリック史を専門とするジェラール・ショルヴィは「フランス修道女の偉大なる世紀」と呼んでいる。[11] 女子教育を修道会に任せたのは勢力回復をめざす教会だけではなく、公権力の側でもあった。フランス革命期に閉鎖に追い込まれた、教育や看護を担当する女子修道会を復活させたのはナポレオンである。一九世紀前半のフランスで、修道女を国家の脅威と認識する者はほとんどおらず、[12] 一八二五年、ユニヴェルシテ総長（公教育行政長）のフレシヌスは、「修道女の内にこもった静かで忍耐強い精神からして、彼女たちが義務と規則によって囲われた枠のなかから外に出たがるのでは、と恐れることはない」、と述べたという。[13] 修道女は地位が安定しており、俗世間から隔離され男性からの誘惑などもなく喧騒に巻き込まれにくく、教師に必要とされる献身的自己犠牲の精神を備えているとして、女子教育に最適な人材だとしばしば主張された。[14] 一八〇〇～二〇年にフランスでは二〇の女子修道会が認可されている。その後、一八二〇～六〇年には年間平均して六団体というペースで女子修道会の認可ラッシュが起こる。一八六〇年にイタリア統一をめぐってローマ教皇とフランス政府の関係が悪化すると、カトリック教会の伸張を恐れた政府は女子修道会の認可の速度を緩ませるが、それでも一八六〇～八〇年には平均して年間三団体が設立された。これらを合計すると一八〇〇～八〇年のフランスで、約四〇〇の女子修道会が誕生したことになる。[15] 修道女は、若い女性にとってある種のあこがれの対象となり、その数は一八〇八年の一万二三〇〇名から一八七八年には一三万五〇〇〇名へと激増する。彼女たちの三分の二は教職に就いていた。

修道女教師の大半は、本章が扱う師範学校で学ぶことなく、修道会内部の修練所で養成された。また、彼女たちは、国家が規定する教員免許状を取得しなくとも、各修道院長が発行する恭順証書（lettre d'obédience）を取得すれば教育に携わることができた。この特権により大量の修道女教師が生み出されたとも言える。しかし、修道女による教育が国家のコントロールを外れたところで進んでいたわけではない。彼女たちの大半は上で述べたように公立校で働いていたし、本章の考察対象である教員養成の公立女子師範学校・講座には実際、多くの修道会が関わっていた。一八六三年の統計調査によれば、女子師範学校一一校のうち七校が、また五三校の女子師範講座のうち三五校が修道会によって運営されており、そこで学ぶ生徒の割合は、師範学校・講座の生徒総数の八七パーセントに及んだ。[16] 卒業後、修道女になる道を選ぶ生徒も実際には存在したが、師範学校・師範講座の本来的使命は、出身県の公立初等学校に勤務する俗人教師の養成にあった。ということは一八七〇年代までの女子修道会は、修道女教師を育てていただけでなく、俗人教師をも師範学校から世に送り出しており、女子教育の領域で圧倒的な存在感を示していたことになる。

修道女をパートナーに選ぶ

ではなぜ公権力は俗人教師の養成を修道女に託したのだろうか。この点についてはすでに別稿でも論じたことがあるが[17]、そのひとつの理由としては、選ばれた修道会のほとんどはその地域で公立の女子校を経営する団体であり、市町村をはじめとする公権力に協力する姿勢がすでにある程度できあがっていたことが挙げられる。教育を使命とする修道会であるからには当然、会の内部の修練所で教師を養成するノウハウも持ち得ていた。また、修道女の持つ自己犠牲の精神、規則正しい生活習慣を理由として、修道会を任命した県もある[18]。教師になるには必ずしも師範学校・講座を卒業する必要はなく、一八一九年以来、各県が年に二回実施する教員免許試験を受け、合格することが唯一の条件であった。一八六三年の調査によれば、俗人女性教師のうち師範学校・講座で学んだ経歴を持つ者は全体の三三パーセントにすぎなかった[19]。残りの教師たちの学歴を知ることは容易ではないが、その大半はおそらく、私立の寄宿学校の卒業生だったものと思われる。ところが、寄宿学校で育った富裕層の娘たちは都会での仕事を好んだ。さらに、公権力の側からも、彼女たちは教師に必要な精神と習慣を欠いており農村部への就職に不向きだと判断された[20]。つまり師範学校・講座には、規則正しい生活習慣と自己犠牲の精神を備え、質素で不自由な農村部の生活に耐え得る女性教師を育てることが期待され、そうした機関を運営するには修道女がふさわしいと考えられたのであろう。

カトリック教会側の態度に関しては、師範学校運営を修道女へ託すことに反対した聖職者もいたし[21]、また修道女による師範学校での教育内容を告発した施設付き司祭の例もあり[22]、教会が一枚岩でなかったことは強調しておかなければならない。しかし、一方で修道女が師範学校や講座の運営をいったん引き受けた場合には、彼女たちの公権力への協力姿勢は継続してみられ、修道院長は、毎年給費生選抜試験を県や教育行政と協力して実施し、年次報告書を作成し、定期的に学校の監視委員会の議論に参加し、司祭とともに教育行政の視学官を学内に招き入れた。修道女のなかには教員養成という公の事業に関わることを誇りに思い、自慢気に報告書をしたためている者もいる[23]。県に一校の師範学校・講座を担当することは栄誉でもあり、会の威信を高める機会であると捉えられた可能性がある。

なお、師範学校経営を修道会へ委託することに、行政側から消極的な意見が聞かれることもあった。修道女の知的能力を問題とした視学官もいた[24]。また、修道女よりも地元で評判の世俗系寄宿学校を積極的に選んだ県もある[25]。ただし、以下でみるように、俗人の女性校長が任命される場合でも彼女たちは信心深い女性たちであり、信仰が校長の持つべき徳として重視されていた点は強調しておきたい。さらには、世俗系師範講座とはいっても、たとえばスペインと国境を接するアリエージュ県は補助教師として修道女を雇用していたし、ウール＝エ＝ロワール県の講座ではシャルトル大聖堂の司祭が後見人を務めていた[26]。

三　教師をめざす娘たち

入学時の知識

一八五〇年を例にとると、師範学校・講座で学ぶ生徒の七三パーセントが給費生であった[27]。給費生となるためには、年に一度、各学校単位で入学前に実施される選抜試験において、上位の成績を収める必要があった。第一の審査では、受験者の道徳的側面、つまり振る舞いや性格、教育に対する使命感が対象となり、次いで筆記試験では、フランス語文法、フランス語の綴り・読み方、計算、宗教的知識が問われる。一八六七年に初等学校においてフランスの地理・歴史の授業が必修となると、これらの科目も試験項目に加わる。筆記試験を通過した受験生には口頭試験があり、最後に裁縫の課題が課される。したがって師範学校・講座の給費生は最低限、これだけの知識と道徳的基準をクリアしたはずなのであるが、学校によっては生徒の入学時の知識は極めて乏しく、「ほとんど全員が田舎出身の生徒たちは、文法と算数の初歩以外、カリキュラムの他の科目に関してはなんの基礎知識すらなく、もっとも単純なフランス語の単語の意味すら理解しないことがよくある」、と報告された(28)。地方言語が日常的に浸透している地域では、正確なフランス語運用能力を持つ一七～一八歳の女性を探すことは容易ではなかったのかもしれない。師範学校・講座は世紀が進むにつれてますます、フランス語能力の高い娘を生徒としてリクルートすることに心を砕くようになる。

年齢、社会階層

女子師範学校・講座にはそれぞれ、教育行政と県、校長の合意で作成された規則が存在した。それらによれば、学校ごとにルールの違いはあるが、入学年齢に関して言えば、おおむね一九世紀前半においては一八歳から二五歳までであり、世紀後半で一七歳から二五歳までであった。ただし実際には大臣に特例認定を願い出て、規定より一～二年早く入試を受け、入学する者も少なくはなかった。

では、彼女たちは入学年齢まで何をしていたのだろうか。断片的な史料からわかるのは、入学直前に同じ修道会が経営する初等学校や寄宿学校で、あるいは同じ俗人校長が経営する寄宿学校で学んでいた生徒が一定数存在したということである(29)。

しかし他方では、給費生の大半は下層階級の娘である、という記述にも史料のなかで頻繁に出会う(30)。とするならば、やはり、師範学校入学前に有償の寄宿学校で教育を受けていた者の数は限定的であったと考えた方がよいのではないか。実際、たとえば一八四九年、北フランスのランの師範講座の生徒は貧しい家庭の娘であり、入学以前に「知的レベルの高い教育を、母親からも読書からも受けてこなかった。二年間できちんと書けるようになるのは容易ではない」と校長によって報告されたし[31]、同様に、一八六一年、カルバドス県の「師範講座の生徒の四分の三は……まじめな家庭の出身で、地位の低い農夫もしくは農村労働者の娘」だという[32]。また、一八六二年、アルプス地方リュミリの師範学校には四七名の給費生が在籍していたが、校長によれば、彼女たちにとって三年間、建物にこもり座ったままの生活を続けるのはそれだけで大変な試練であるという。給費生の大半はこれまでに真剣に勉強をした経験を持たず、また学ぶことを止めてから数年が経っており、田舎での労働に慣れ親しんでいる娘たちだからである[33]。

また、教師の娘が給費生として望まれたケースもある。フランス中部のクレルモンでは一八六五年に県知事の命令により、教師の娘、妻、姉妹のみを給費生とするという規定がつくられた[34]。教師の娘、下層階級の娘が給費生として望まれた理由は、彼女たちが都会の裕福な生活と縁遠く、師範学校においてより容易に、使命感にあふれた教師として成長する可能性を持ち、農村生活に適しているだろうと判断された点にある[35]。

女性の経済的自立への道、修道女との類似点

なぜ女性たちは師範学校への入学を希望したのか。生徒一人ひとりには当然、異なるストーリーがあり、彼女たちの入学の動機や経緯を一般化して語ることは危険である。それでもあえて史料から推測するならば、おそらくもっとも多いパターンは、父親が死亡した上に兄弟姉妹が多く、経済的に自立する必要、あるいは困窮している家計を助けたいという娘の願いがあり、それに加えて修道女や司祭、教師から教師としての可能性を評価され、給費生試験受験を勧められた、というもののように思われる。

フランス東部ドゥ県の文書館には、一八七二年に書かれた、姪を給費生にしたいという叔母（俗人教師）からの手紙が残されている。手紙には、姪の家庭は初等視学官であった父を亡くし経済的に困窮している、姪を彼女の姉と同じく聖家族修道会の修道女にしようとしたがそこで修道女には不向きだと拒否された、したがって第二の道として彼女を聖ヴァンサン・ド・ポール修道会が経営する師範学校で教師に育ててほしいと思うようになった、と書かれている。[36] この娘がその後、同師範学校に入学した形跡はない。しかしこうした手紙は、修道女になれずに俗人教師の道を選んだという生徒がほかにもいた可能性を想起させるし、実のところ一九世紀の社会において、貧しい家庭の娘が修道女になることと、教師になることの違いはさほどなかったのかもしれないと思われもする。

師範学校・講座の給費生には卒業後、一〇年（県によって五〜一五年）の勤続義務が課されていた。このことは事実上、三〇歳過ぎまで希望による異動は不可能であり、独身を強いることを意味した。実際、女性教師の独身率は高く、一八五〇年に公立学校に勤める男性教師の既婚率は七〇パーセントであったのに、女性は一六パーセントでしかない。もちろん、女子教師が独身であったのは給費生の勤続義務からだけではない。地域差があるとはいえ、おおむね当時の習俗がそのようにさせていた面が強い。歴史家クロード・ラングロワによれば、中央山塊の南に位置するオート＝ロワール県、ロゼール県、カンタル県、もしくは修道会が発展していたフランス東部では女性教師が独身であることはごく一般的であり、ノルマンディ地方のマンシュ県のあたりも独身制という修道女モデルに沿わなければ俗人女性教師は活動できなかったという。[37] いずれにせよ、父親を亡くしたという不遇に見舞われた娘、貧しい家庭の娘たちにとって、給費試験に合格し師範学校の生徒になることは、修道女になることと同様に、経済的に自立する道を手に入れ、社会のなかに自らの活動と安住の場をみつけるチャンスであったように思われる。

四　神のない教育はない、神のない道徳はない

信仰にもとづく生活

師範学校・講座での学習の基礎には信仰が置かれ、日常生活は宗教的雰囲気に満ちていた。学内には施設付き司祭がおり、朝晩の祈り、付属チャペルや小教区教会でのミサに加えて、道徳・宗教教育は最重要科目であった。読み書きの教材としても聖書や聖史が使用された。歌の授業では卒業後に赴任地で司祭の補助をし、聖歌隊の指導ができるようにとミサ曲が中心に学ばれ、ラテン語の読み方もミサの手伝いができるようにと教えられた(38)。

また、衛生教育、身だしなみの指導は徹底してなされた。裁縫や掃除、洗濯、アイロンがけ、食料保存の仕方など、将来学校運営をするときに必要となる家政や手工芸も学習の対象であった。ところで、これらの日常生活に関わることも信仰心と無縁ではあり得なかった。「見た目のうえで、動物と神の子とを分けている質は秩序、品行、清潔さ」だとされ、家の管理整頓ができることは、心が整理されている証であり、清潔さときちんとした身なりは自分の健康、他者への配慮ができていると同時に、神が創造した肉体（永遠の魂が宿る場所）を尊び、神への敬意を表す行為だという(39)。こう説くのは一八六〇～七〇年代に女子師範学校・講座の視察を担当した女性視学官のマリ・カイヤールである。

大臣の任命を受けた女性視学官が、宗教を師範学校での日常の規範としていることからもわかるとおり、修道女であれ俗人であれ、一八七〇年代以前の女子師範学校の校長のなかに、宗教なしの教育の可能性を模索した者は皆無であった。たとえば南仏エクス＝アン＝プロヴァンスの師範学校の俗人校長は、一八四五年に学校監督委員会に宛てて、「宗教のなしの教育は考えられないと述べること、それはすべての人が知っている真実を繰り返

することであり、経験が日々証明していることです。宗教教育にはそれに値する極めて高い重要性が与えられてもいます。教師は司教区の公教要理を、どんな知能にもわかるよう説明することにとりわけ熱心に取り組んでいます(40)」、と報告した。フランス北部ドアンの師範講座の校長は俗人ながらシスターと呼ばれるほど敬虔なカトリック信者であり、生徒たちは、聖母マリアを女性の手本とし、独身、貞潔・従順・清貧の理想を掲げ、信徒会「マリアの御心の娘たち」を結成して活動していた。彼女たちと母校の関係は卒業後も絶えることなく、卒業生は毎年一度、母校を訪問する習慣を持つなど、卒業生の共同体はまるで修道会のような性格を有していた(41)。

神のない道徳はない

では、初等教育の筆頭科目に設定された「道徳・宗教」とは、どのような内容であったのだろうか。授業の様子を再現することは不可能であるため、ここでは女子師範学校・講座での推薦図書とされていたカイヤールの著作『実践的教育概論』を検討してみよう。一八六三年に初版が刊行され一八八〇年までに第七版を数えた同書は、彼女の主著『女性教師の生徒たちとの親しい対話』（一八六二年初版）をよりわかりやすく読者に伝えるために、公教要理のように一問一答形式で書かれたものである。

カイヤールによれば、学校で生徒はまず「両親、年長者、老人、聖職者への敬意」を学ばねばならず、教室で両親の代わりをなす教師への敬意も重要だと説く。このような道徳感は、ある種普遍的な、第三共和政以降の世俗道徳と共通する価値観であろう。しかし、カイヤールに特徴的なのは、それに続けて、「宗教と聖職者への敬意のないものは、両親や権力者、老人への敬意を持ち得ない」と断言し、道徳心の前提には信仰が必要だとした点である(42)。「ある子どもが神の愛を拒絶し、神に負っている感謝を忘れるとどうなるか」という問いに対して、「その子は両親や教師、友達に対して恩知らずになる。なぜなら神に負っているすべてを忘れる人は、その人の両親や恩人に負っているものを思い出すことができないから」と返答する。[43] すなわち、両親や友人、教師に対する敬意は、神への愛なしには存在し得ないのである。

一方、「私たちと同じ宗教の神の子だけを愛すべきでしょうか」という問いには、「信仰の違いに関係なくすべての子どもを愛しなさい。私たちの天の父はすべての人にいるということを思い出しながら」[44] と答え、他宗派の子どもたちも分け隔てなく愛し、尊重するよう教えられた。

教育の必要性についてカイヤールは、もし生徒が神の代弁者である聖職者や宗教を軽んじるとするならば、それはその子が無知のせいであるとし、子どもを導くよい教育が必要だという。では、彼女にとって教育の目的とは何か。それは「子どもに善への愛、悪への恐怖を教えること」である。したがって勉強せず言うことを聞かない子には罰を、まじめで従順な子どもに褒美を与えなければならない、という。だが、いったい何が善で、何が悪なのか。これを裁くのは現代の私たちが考えるような合理的社会規範や理性ではない。教師は「主を恐れる心」である知恵でもって判断しなければならず、それは言い換えれば、善悪を判断できるのは、「カエサルのものはカエサルに返し、神のものは神に返しなさい」（マタイによる福音書二二章二一節）、と言える人だけであるという。[45] 人はつねに神との契約を忠実に守っているかと自問し、信仰に照らし合わせて何が善で何が悪かを判断しなければならないということであろう。

本書の最後の一〇頁は、クロチルドという生徒の二日間の行動に割かれている。一日目に「怠惰な心」に支配され、母の手伝いをせず、学校へも遅刻したうえ、先生や友達に挨拶をせず、遅刻の理由を偽るなど、神の声を聞かずに悪いことばかりをしたクロチルドが、その夜にお祈りをして改心し救われ、翌日には生まれ変わったようなよい子になるというストーリーである。クライマックスではクロチルドが、二日目の夜の祈りで、善行をなせたのは神のおかげであると気づき、神への感謝の念を言葉にする。それを受けて本書は最後の一問一答を導く。

問い：この世で聖なる義務とは何か。そしてなぜすべてを神に捧げなければならないのか。

答え：聖なる義務は、神が私たちに与えてくださるすべてのもの、愛、知性、善良さといったものを神に返すことです。つまり、私たちのささやかな成功や私たちの善い行い、すべては神に属するものだということを思い出しながら、日々、その感謝の念を神に返すことです。そのように行動すれば私たちは毎晩、クロチルドのように眠るでしょう。私たちがおこなった善きことの記憶に優しく揺られながら(46)。

このように、本書は子どもを登場人物に据え、わかりやすく具体例を示しながら、信仰に支えられた心のあり方、日々の生活、なすべき振る舞いを読者（生徒）に伝える。カイヤールの思想が、神の存在を抜きにして道徳も教育も成立し得ないという信念に貫かれているのは以上のとおり明らかである。彼女が一八六〇年代後半から七〇年代に女子師範学校・講座を視察していた唯一の視学官であったこと、本書が教育行政当局の賛同を得ていたことを考慮すれば、初等学校の教壇に立つ女性教師にはカイヤールが展開するような道徳感が求められていたと言えるだろう。

マルチタスクな女性教師

針仕事は、女性教師に求められたひとつの重要な仕事であり、それは次のアジャクシオ師範学校長の修道女の発言からもうかがえる。

女性教師はいくら信仰上、知性の面で優秀であっても、同時によいお針子でない限り、生徒は学校にこなくなり、教師は村で細々と暮らさなければならなくなるということを、私たちは経験上よく知っています。農

図 1-1　聖ヴァンサン寄宿学校の生徒と教師、庭での裁縫の時間、1902 年。
所蔵：Sœurs de la Charité de Sainte Jean-Antide Thouret. Archives provinciales à Besançon.

村部の住民が望むのは、女性教師がドレスもシャツも上着、ズボン、チョッキもすべてをつくれることです。帽子屋と仕立屋の代わりができるくらいの教師でなければ、住民は……自分の娘を学校に預けようとはしません。(47)

一九世紀半ばのフランスで、農村部に暮らす人々は学校の外ではほとんど文字を読まなかったと言われている。(48) 全国レベルでみれば一八六〇年段階における識字率は、男性で七〇パーセント、女性で五五パーセントであったが、上記の師範学校が存在した地中海の島コルシカの場合、一八六六年に読み書き能力を備えた女性の割合は一四・三パーセントにすぎず、読むことも書くこともできない女性の割合がいまだ七六・四パーセントであった。(49) こうした人々に受け入れられ、娘を学校に呼び寄せるために女性教師がなすべきこと、それは地域住民から求められる針仕事や農作業などを問題なくこなし、ときには適切な助言さえ与えられることであった。

フランス中南部オーヴェルニュ地方のル・ピュイの師範講座では、「この地方の富の源[50]」であり、女性たちの中心的仕事であったレース編みの技術が生徒たちに教え込まれた。この講座はベアトとよばれる第三会の本部に併設され、一八五五年に開設されたものである。第三会とは世俗の生活を送りながら修道会の規律に従う信徒の集まりで、本部に研修施設を備えていた。ベアトに入会した女性たちは貧しい農村部に派遣され、その村の娘たちを集めて読み方と少しの書き方、レース編み、歌、公教要理を教えるほか、司祭の助手、看護師、家庭の助言者の役割も果たす存在であった。ル・ピュイを県都とするオート＝ロワール県の女子教育とレース産業の発展はベアトにかかっていたといっても過言ではなかろう。歴史家ユージン・ウェーバーによれば、ベアトは一八八二年に解散となるが、世紀転換期でも活動を続けており、彼女たちの助けがなければこの地方の女性、子どもにとって冬はさらにきつくつらいものであっただろうという[51]。彼女たちの存在の大きさは、「市町村議会まで彼女たちの影響力が入り込むことは珍しくない[52]」と報告されたことからもわかる。ベアトが運営する師範講座も同じような性格を持ち、そこで養成される未来の俗人教師たちには通常の家政に加えてレース編み、リボン作りの授業が用意されていた。そのほか、ジュラ県の師範学校でも地元の産業のためにとレース編みの教育が一八五九年に導入された[53]。生徒たちの作品は、一八六七年のパリ万博の準備に際して公教育省に送るように促されてもいる。師範学校は地元に根ざし、その産業や文化の発展に結びつく活動をするよう、国家からも推奨されていたことがわかるだろう。

一九世紀後半のフランス国土は農村地帯によって覆われていた。農村部の初等学校では農業教育に対するニーズが高く、実際に男子初等教育のプログラムには、農業・園芸が一八六七年に導入される。女性教師にもその地域の農業に関する基礎知識が求められていた。ただし農業や園芸の知識は有用性の観点からだけでなく、信仰心と分かちがたいものとして教えられた。自然は神の創造物であり、自然を大切にすることは神を祝福することにつながるとされたのである。(54)

一八六七年、アカデミー・フランセーズにおいて、フランス北部パ＝ド＝カレ県のレオニ・シリが模範的教師として表彰された。彼女は学校で授業をするにとどまらず、貧しい子どもに服を与え、食事を分け与え、日曜日には卒業した若い娘たちを集めて集会をし、病人のために募金集めをするなどの慈善行為を続けた。この村に赴任後、彼女は「病人を前に医者の補助になり、貧しい者を前に司祭の補助になった。昼でも夜でも助けを求められれば、決して断りはせず無関心ではいなかった」。彼女を敵視する村人にも手厚い看護を施し、村に腸チフスが蔓延したときには誰よりも熱心に病人の看病にあたった。(55) 彼女の献身的な行為と表彰の記事は『県報告書』に掲載され、全国の教師に知らされた。同じように、医者のいない村での病人看護の功績がたたえられ、地方公教育（アカデミー）功労賞が与えられたドゥ県（フランス東部）の教師クレマンティーヌ・マレシャルの記事も『県報告書』で読むことができる。彼女は、貧しい家庭に無償で薬を配り、「もっとも献身的な愛徳修道女のように寡婦、孤児の世話に身を捧げ」、彼らから「救い主」とみなされている、と紹介された。(56) このように慈善心にあふれ、住民に尽くす教師たちが女性教師の手本として賞賛され、定期刊行物を通じてそのイメージが広められていったのである。

女子師範学校において病人看護、薬剤の扱い方が教育対象であったのは言うまでもない。エクスの学校では、生徒を看護師の役目も果たせるように養成していたし、ル・ピュイの生徒たちは毎週、近隣の病院に通い、修道女看護師の監督のもと女性患者の世話を担当し看護を学んだ。(57) こうして、未来の女性教師たちは、赴任地において地域社会の活動に参加し、女性住民の中心的存在になり、率先して産業の発展の手助けや慈善行為に携わるように指導されていく。なお、普仏戦争のとき、戦場となった東北部の地域の男性教師、女性教師には負傷兵看護の役割が与えられ、国民としての献身が求められるようになるが、[58]あくまでも彼女たちの日常的活動の単位は県であり、もっといえば学校のある地元の共同体であった。

五　宗教と知識のはざまで

知育は宗教道徳とともに

師範学校・講座の最大の目的は、各県が実施する教員免許状試験に生徒を合格させることであった。教員免許状には基礎免許状と上級免許状の二種類があった。基礎免許状で要求される試験科目の内容（道徳・宗教、読み方、書き方、フランス語、計算、歌、裁縫、作図）は、あらゆる師範学校・講座で生徒に教えられた。上級教員免許状試験への対応は施設によってさまざまである。上級試験で問われるフランスの地理・歴史、フランス文学、算数といった科目、さらに選択科目に設定されていた自然科学、博物学、宇宙形状誌、英語、ドイツ語を一九世紀前半から導入していた学校もある一方で、校長の意欲にもかかわらず、高度な知識を有する女性教師は不要だとして過度な教育を控えるよう大臣や教育行政官から忠告を受けたところもあった。[59]

女子師範学校での教育プログラムにフランスの地理・歴史が導入されるのは一八六七年一二月の法令（デクレ）によってである。それ以前において、いたるところで教えられていた歴史と言えば聖史であり、聖史はフランスの歴史・地理を扱わない学校でも道徳・宗教教育の枠組みで教えられていた。教員免許状試験で問われる知識は旧約聖書、新約聖書、公教要理の教科書にもとづいたものであり、設問の例を挙げれば、「最も有名なユダヤの王は誰か」、「イエス・キリストがおこなった最初の奇跡は何か」、「ダビデの治世の特徴は何か」、「救世主の到来を告げた奇跡（複数形）はなにか」、「私たちの主が天に昇られたとき、彼の魂、彼の肉体は地上を離れたの

か」といったもの、または聖書に登場する人物（ヨセフ、モーセ、ヨシュア、ギデオン、エリ、サミュエル、サムソ

ンなど）、さらには秘蹟、聖体、洗礼、罪、苦行について説明を求めるものであった。(60)

知育の強化

人口五〇〇名以上の市町村への女子校設置の義務化、地理・歴史教育の導入など、公教育大臣ヴィクトール・デュリュイによる一連の改革が実行された一八六七年は、女子初等教育のひとつの転換点であった。公立初等学校で働く女性教師の最低賃金が初めて定められ、女性教師の労働条件が少しずつ保障されていくのも一八六七年である。また、とりわけ一八六〇年代以降、パリにおいて修道女教師の知的能力を問題視する出版物や定期刊行物が刊行されるという状況と相まって、女性教員の知識の向上が政治的課題として浮上し始める。デュリュイはこの状況を受けて、女子師範学校の給費入学試験のプログラムを、裁縫をのぞいて男子師範学校のそれと同じにすると規定した。地理・歴史と並んで理数系の科目も強化され、師範学校の生徒は三年間でより多くの知識を学ばねばならなくなり、最終学年には付属校での教育実習が義務づけられた。

こうして、女子師範学校・講座の教師たちは専門的知識を向上させるべく対策を迫られる。ドイツとスイス国境に近いブザンソンの師範学校では、一八七二年から導入されたドイツ語授業の強化のために、修道女教師が長期休暇にドイツへの研修旅行を望むようになり(61)、北フランスに位置するアミアンの女子師範学校もイギリスとの距離の近さから英語教育に力を入れる(62)。女性教師の知的能力を高めつつ、地域のニーズに応じて各学校がオリジナリティを形成しようとしているようにみえる。また、内部の女性教師に担当が困難な科目、たとえば地理・歴史、作図、理数系科目については、それらを教える男性教師を外部から雇う学校・講座が増える(63)。

緩やかに世俗化へ向かって

では、第三共和政が成立した一八七〇年以降、師範学校の世俗化は進むのだろうか。県に一校の女子師範学校の設立を義務づけた一八七九年のポール・ベール法は師範学校の世俗化には触れていない。しかし、同法の草案を作成したポール・ベールの方向性は明らかであり、一八八一年の初等学校の世俗化に続いて、一八八三年に師範学校のプログラムから宗教科目が消え、ほとんどの修道会はこの頃までに師範学校・講座から姿を消す。そもそも第三共和政期の一八七〇年代に入ると、修道会系の師範学校の開設は進まない。新たに認可された師範学校八校はすべて世俗系である。

とはいえ、一八七〇年代の変化は緩やかで、基本的には地方優先の政策が進められていた。一八六九年に公教育大臣デュリュイが師範講座を閉鎖して師範学校を創設するよう知事に促したとき、多くの県は現状の修道会系の講座を擁護する姿勢を示した(64)。また、全体の統計データはないものの、講座に関しては史料上わかっているだけでも、一八七四年にオート＝ヴィエンヌ県に、七五年にカンタル県とバス＝ピレネー県に、七六年にシェール県に修道会系師範講座が認可されている。一八七〇年代に入ってからも修道会をパートナーに選ぶ県が存在し、それを国家は承認し続けたのである。このように、一八六〇年代末から七九年までは、これまでどおり修道会を頼ろうとする県当局と、世俗系師範学校の数を増やしたいと願う中央行政とのあいだにずれが生じてくる時期である。

そして学校内部の様子が記された報告書や手紙を読む限り、一八七〇年代については校長たちの宗教教育を重視する態度に大きな変化はみられない。たとえば、一八七二年に新設されたブルゴーニュ地方オーセールの師範学校には施設付き司祭が任命されず、生徒たちは小教区教会で公教要理を学ぶことになったが、新任の校長はこの状況を未来の女性教師たちの宗教教育としては不十分であるとして宗教教育のさらなる拡充を望んでいた(65)。この学校は、それまでの修道会系オーセール師範講座に代わって県議会の要望で新設された世俗校であり、世俗色が強くなっても不思議ではないが、少なくとも校長は以前の価値観を引き継いでいるようにみえる。

フランス国立文書館にはこの学校の最上級学年の生徒四名が一八七八年四月に、おそらく万博用に執筆したと思われる作文が保管されている。作文のテーマは、「赴任先の市町村での女性教師の役割について」である。作文のなかで使われている宗教的用語に注意を払うと、神や宗教に言及しないものは一名のみであり、残り三名の文章には、カイヤールの思想と類似する内容が散見される。教師職を「真の召命」だとし、子どもを育てるには「聖なる忍耐強さ」が必要だと書くベルト・ヴィグルー。宗教のない知育の危険性に関して、「いたるところで、いたるときに善をなすには科学だけでは無力です。科学には腐敗を防ぐ塩や香料（アロマ）のように偉大な宗教的思想を加えなければ、ときに危険にすらなります」と述べるルイーズ・ジョセフ。またノエミ・ロシニョルは、市町村における教師の役割は「聖なる肉体に聖なる魂を宿らせること」であり、神に感謝しキリスト教的価値を日々実践することが教師の重要な仕事だと説く。ただし同時にロシニョルは、道徳教育は「理性的なもの」でなければならないとも記す。これらの作文は校長により総視学官に送付されたものであり、おそらく校長にとっての模範的回答なのだろう。宗教道徳だけでなく知性、理性、科学という言葉が登場してくる点は一八七〇年代の時代の雰囲気であるようにも思われるが、他方で、依然としてキリスト教的要素が排除されることなく、評価され続けている事実も確認できる。ヴィグルーの作文は、女性教師によって育てられた子どもが大人になり幸せな家庭を築いていく様子を描写したあとで、次のように結ばれる。

おまえ、しがない教師よ。年齢が孤独を宣告した今、おまえの家庭はおそらく空っぽであろう。休暇には目を上に向けなさい。ゆりかごでいっぱいの、これら［元生徒たち］の家族、これらの家屋をごらんなさい。

そこにはおまえの記憶が生きていて、子どもたちの口元からひとりの母の名としておまえの名前がこぼれ聞かれる。おまえの最期のときがきたら、もっと目を上に向けなさい。空はひらけ、涙に暮れる母親たちが孫たちにこう繰り返す。「彼女は善をなして消え去った」、と。(66)

一八歳頃とおぼしき女性の作文である。文面から、自らの生涯を独身で終え、他人に尽くすことを神からの召命として引き受ける、もしくはそう自分に言い聞かせようと努める娘の姿が浮かんでくる。

六　文化・心性としてのカトリックの継承

一八八〇年代以降、修道会は公立学校教師の養成事業から排除され、師範学校の世俗化が進む。宗教的マイノリティにも等しく開かれるようになった師範学校では、実学的・科学的知識が重視され、教授法に加えて心理学が必須科目となり、身体教育により大きな注意が払われ、活発な女性教師が理想となるといった変化を経験する。しかし同時に、一九世紀的枠組みは継承されていく。世俗化以降の師範学校については、今後さらなる詳細な検討を必要とするが、筆者の見通しを若干述べれば、制服の着用、規律・秩序の重視、寄宿制の理想、男女別学制、よき妻・よき母を養成するための女子教育という理念はおおむね第二次大戦後まで続く。そのことを踏まえれば、これらの特徴が宗教用語で説明されることはなくなるとはいえ、一八八〇年代以降の師範学校もまた、形面では一九世紀の修道会教育の基盤を受け継ぎ、女性教師は修道女モデルを一部、継承していくように思われる。共和派は女性を世俗化させることに心を砕いたが、女性の政治化には反対であった。(67)その点では、二〇世紀初頭の共和派もカトリック教会も一致していたのである。

また一八八三年以降、師範学校内での宗派教育は禁止されるが、宗教的知識は歴史の授業などで教えられ続けたし、信仰の自由への配慮から生徒が学外で宗教実践をおこなうことは許されていた。公立学校の世俗化は信仰の衰退を意味するわけでもなく、社会の世俗化に直接結びつくわけでもないのである。

他方、公立師範学校から排除された修道女たちがカトリック信仰を伝達するために選ぶ方法はどのようなものだろうか。ある修道会は私立のカトリック師範学校の設立に向かい（扉絵）、他の修道会は平信徒とともに学外で子どもたちに公教要理を教えるなど学校外活動に重点を置くようになる。また、修道女がフランス国内で公権力と直接協力関係を結ぶ時代は終わるが、植民地については別である。植民地や外国での宣教の道を選ぶ修道女も少なくはない。公立学校教育の世俗化および政教分離法制定（一九〇五年）の後に起こる、カトリック信仰普及をめぐる活動と社会の変化については稿を改めたい。

注

（1） Eugen Weber, *La fin des terroirs. La modernisation de la France rurale, 1870-1914*, Paris, Fayard, 1984, p. 490. [*Peasants into Frenchmen. The Modernization of rural France, 1870-1914*, Stanford University Press, 1976.]

（2） 谷川稔『十字架と三色旗―もうひとつの近代フランス』山川出版社、一九九七年。

（3） Yves-Marie Hilaire, « Responsables et agents de la catéchèse en France au XIXe siècle », *Transmettre la foi: XVIe-XXe siècles*, t. 1, 109e congrès national des sociétés savantes, 1984, p. 136.

（4） Mgr Clausel de Montals, 1842, archives du diocèse de Chartres, cité par Geneviève Gabbois, « « Vous êtes presque la seule consolation de l'Église ». La foi des femmes face à la déchristianisation de 1780 à 1880 », dans Jean Delumeau (dir.), *La religion de ma mère. Le rôle des femmes dans la transmission de la foi*, Paris, Cerf, 1992, p. 321.

（5） Claude Langlois, « Féminisation du catholicisme », dans Jacques Le Goff et René Rémond (dir.), *Histoire de la France religieuse*, t. 3, Paris, Le Seuil, 1991, pp. 292-307; Ralph Gibson, « Le catholicisme et les femmes en France au XIXe

siècle », *Revue d'histoire de l'Église de France*, 1993, n° 201, pp. 63-93.

（6）Jules Ferry, *De l'égalité d'éducation*, Paris, 1870, pp. 28-29.

（7）Ralph Gibson, « Le catholicisme et les femmes en France au XIXe siècle », pp. 63-93.

（8）前田更子「フランスにおける公教育と宗教の関係性をめぐる試論―一九世紀半ばのカトリック系女子初等師範学校・師範講座の例から」『日仏教育学会年報』第一九号、二〇一三年。

（9）Anne T. Quartararo, *Women Teachers and Popular Education in Nineteenth-Century France. Social Values and Corporate Identity at the Normal School Institution*, Newark, London, 1995, p. 72.

（10）*Ibid.*, p. 91.

（11）Gérard Cholvy, *Le XIXe. « Grand Siècle » des religieuses françaises*, Paris, Artège, 2012.

（12）Geneviève Gabbois, « Vous êtes presque la seule consolation… », p. 312.

（13）André Latreille, Jean-Rémy Palanque, Etienne Delaruelle, René Rémond, *Histoire du catholicisme en France*, t. 3, Paris, Spses, 1962, p. 244.

（14）Archives Nationales（以下ANと略記）, F17 9285. Rapport du recteur de l'académie de Grenoble, 1856.

（15）Geneviève Gabbois, « Vous êtes presque la seule consolation… », p. 313.

（16）*Statistique de l'instruction primaire pour 1863*, Paris, Impr. impérial, 1863, pp. 269-278; Fayet, *La vérité pratique sur les écoles normales d'institutrices*, Paris, 1872, pp. 17, 19 et 21.

（17）前田、前掲論文。

（18）AN, F17 9748. Extrait de la séance du conseil général du Doubs, 3 septembre 1840.

（19）Anne T. Quartararo, *Women Teachers and Popular Education*…, p. 79.

（20）AN, F17 9754. Extrait du rapport du préfet au conseil général de l'Hérault, 1845.

（21）Sœurs de la Charité de Sainte Jean-Antide Thouret. Archives provinciales à Besançon, Dossiers « École normale ». Note de l'Archevêque de Besançon, 5 juin 1843.

（22）一八五六年にモンペリエ師範学校の校長（ヌヴェール愛徳修道会の修道女）の教育方針・内容を告発した施設付き司祭の

例などが挙げられる（AN, F17 9754）。

(23) AN, F17 9762. Laon; F17 9768. Laon.

(24) Archives départementales（以下ADと略記）du Doubs, T190. Rapport de l'inspecteur au recteur de l'académie de Besançon, 15 novembre 1840.

(25) パ＝ド＝カレ県のドアン師範講座やブッシュ＝デュ＝ローヌ県のエクス師範学校など。

(26) AN, F17 10871. Ariège; AN, F17 9765. Chartres.

(27) *Statistique de l'instruction primaire au 1er septembre 1850*, pp. 108–111.

(28) AN, F17 9664, Rapport de la directrice de l'école normale d'institutrices du Jura, 1862–63. ランの師範講座でも同種の報告がなされた（F17 9762. Rapport de la directrice à la commission de surveillance, 1852）。

(29) AN, F17 9762. Lettre de la commission de surveillance de l'école [sic.] normale de Gap au ministre, 26 avril 1839; Anne T. Quartararo, *Women Teachers and Popular Education*…, p. 95.

(30) たとえばリヨンの聖ジョゼフ女子修道会経営の師範講座の生徒たちについて（AD du Rhône, T287）。

(31) AN, F17 9762. Rapport de la directrice sur la situation de l'école [sic.] de Laon, 1849.

(32) AN, F17 9763. Conseil général du Calvados. Session de 1861. Rapport du préfet.

(33) AN, F17 9664. Rapport de la directrice de l'école normale d'institutrices à Rumilly, 1862–63.

(34) Olivier Bonnet, « Le cours normal de Mademoiselle Monanges 1860–1879 (Un ancêtre de l'École Normale d'institutrices du Puy-de-Dôme) », *Almanach de Brioude et de son arrondissement*, 1989, pp. 109–119.

(35) 次の初等視学官の手紙などに記されている。AN, F17 9672. Lettre de l'inspecteur des écoles primaires du département au préfet de l'Aisne, 1er août 1844.

(36) AD du Doubs, T190. Lettre de Mme…au recteur, 21 septembre 1872.

(37) Claude Langlois, « La fabrique des enseignantes. L'Église catholique, les femmes et l'école en France au XIXe siècle », dans Alain Croix, André Lespagnol et Georges Provost (dir.), *Église, Éducation, Lumières… Histoires culturelles de la France (1500–1830), en l'honneur de Jean Quéniart*, Rennes, PUR, 1999, p. 167; Th. Perrée, *Le Tiers-Ordre de Notre-*

Dame du Mont-Carmel d'Avranches, Éditions Notre-Dame, Coutance, 1965, p. 124.

(38) *Bulletin de l'instruction primaire dans le département du Doubs*, mai 1869, p. 73.

(39) Marie Caillard, *Résumé d'éducation pratique par demandes et par réponses. Extrait des entretiens familiers d'une institutrice avec ses élèves*, Paris, Dezobry, 1863, pp. 5-12.

(40) AN, F17 9650. Rapport de la directrice de l'école normale d'institutrices d'Aix, 1845.

(41) AN, F17 10869. Association ou union de prières, sous les auspices de Marie immaculée, entre les maîtresses du pensionnat de Dohem et leurs élèves institutrices; Caroline Darnaux, « Le pensionnat de Dohem (Pas-de-Calais) et la formation des institutrices. Un modèle d'éducation chrétienne de 1814 à 1914 ? », dans Jean-François Condette (dir.), *Éducation, Religion, Laïcité* (XVe-XXe siècles), Villeneuve d'Ascq, Presses de l'université Charles-de-Gaulle, 2010, pp. 143-157.

(42) Marie Caillard, *Résumé d'éducation pratique*…, pp. 34-36.

(43) *Ibid.*, p. 44.

(44) *Ibid.*, p. 17.

(45) *Ibid.*, pp. 47-48.

(46) *Ibid.*, pp. 62-72.

(47) AN, F17 9745. Rapport de la directrice de l'école normale d'institutrices d'Ajaccio, 31 juillet 1859.

(48) Eugen Weber, *La fin des terroirs*…, p. 444.

(49) Eugène F. -X. Gherardi (dir.), *Etre instituteur en Corse sous le Second Empire*, Ajaccio, Albiana/Università di Corsica, 2012, p. 36.

(50) AN, F17 9766. Lettre du préfet de la Haute-Loire au ministre, 7 novembre 1854.

(51) Eugen Weber, *La fin des terroirs*…, p. 445.

(52) AN, F17 9766. Note sur Béates, 1857-58.

(53) AD du Doubs, T202. Rapport de la directrice de l'école normale des institutrices de Lons-le-Saunier, 1859-1860.

(54) *Bulletin départemental de l'instruction primaire. La Creuse,* n° 3, 1867, p. 56.

(55) *Bulletin départemental de l'instruction primaire. La Creuse,* n° 6, 1867, pp. 88–91.

(56) *Bulletin de l'instruction primaire dans le département du Doubs*, juillet 1869, p. 99.

(57) AN, F17 9650; F17 9766.

(58) *Circulaire de M. le ministre de l'instruction publique au préfet,* 25 août 1870.

(59) AN, F17 9762. Lettre de l'inspecteur primaire des Hautes-Alpes au recteur, 13 novembre 1845; Lettre du recteur de l'académie au Grand Maître de l'Université, 20 novembre 1845; AN, F17 9764. Lettre du ministre au recteur de l'académie de la Creuse, janvier 1852.

(60) *Manuel général de l'instruction primaire*, 1ère série, t. XII, mai 1838, p. 28; Annie Bruter « Un laboratoire de la pédagogie de l'histoire. L'histoire sainte à l'école primaire (1833–1882) », *Histoire de l'éducation*, n° 114, 2007, pp. 53–86.

(61) AD du Doubs, T190. Lettre d'une sœur au recteur, 22 août 1873.

(62) AN, F17 9570. Amiens, 1878.

(63) アリエージュ県、ジロンド県、ヴォージュ県など（AN, F17 9277; 9765; 10871）。

(64) AN, F17 9760; Anne T. Quartararo, *Women and Popular Education*…, p. 88.

(65) AN, F17 9277. Rapport de la directrice de l'école normale d'institutrices d'Auxerre, 1876.

(66) AN, F17 9277. Composition de style sur un sujet donné par l'inspecteur général. École normale d'institutrices d'Auxerre (Yonne), avril 1878.

(67) Françoise Lelièvre, Claude Lelièvre, *Histoire de la scolarisation des filles,* Paris, Nathan, 1991, pp. 87–88.

第2章　社会主義政権下での宗教実践

スターリン期ポーランドの新興工業都市の暮らし

加藤久子

モギワ村の路傍の祠（背景にノヴァ・フタのコンビナート）。出典：W pełnym kadrze. Nowa Huta w fotografii Henryka Hermanowicza, Muzeum Histroyczne Miasta Krakowa, 2005, str.8.

一　カトリック教会をめぐる両義性

第二次世界大戦後のポーランドはソ連の影響下で国家の再建を進め、一九四八年にポーランド統一労働者党（いわゆる共産党）が政権の座に就いて以降、一元的支配体制が急速に確立されていった。旧ソ連・東欧地域において、宗教活動は社会主義のイデオロギーに反するものとして禁じられ、弾圧にさらされたが、ポーランドでも一九四九〜五六年においてはそういった傾向があった。しかし、社会主義期全体を通してみれば、ポーランド国民の九割以上が信者であると言われるカトリックの信仰や宗教実践は維持され、むしろ強化されたと説明されるのが一般的である。

一九八九年における社会主義政権の崩壊にポーランドのカトリック教会が強い影響を与えたことは、一九九〇年代の研究において頻繁に言及されてきた。特に、宗教社会学の分野では、宗教復興論や公共宗教論の文脈で、ポーランドのカトリック教会に世界的な関心が集まり、学界における中心的な主題のひとつとなった(1)。また、比較政治学においても、南欧や南米との比較から生じた「民主化の第三の波」に関わる研究において、ブラジルなどとともに、ポーランドのカトリック教会は民主化を推進したファクターとして扱われてきた(2)。これらの研究において、カトリック教会は宗教指導者のリーダーシップなどに着目され、反体制運動の文脈で取り上げられる例が目立つ。たとえばフルィピンスキは「歴史を破壊しようとするマルクス主義者との闘争の最前線にあったのは教会であり、教会は公然とかつ勇敢に、国民が真実で完全なる歴史を知り、共産党の検閲によって『浄化』されたものではない完全なる文化的遺産を享受する権利のために闘った」と記述する。[3]しかし、このような理解には二つの問題点がある。まず、「闘争」と表現されるカトリック教会の諸活動は、明確な政治的意図を持って企図されたものだけではない。また、「教会」（教会指導者）と「国民」（信徒）が弁別されているとおり、教会組織が一枚岩ではないことは明白である。ここで言われる「完全なる」歴史とは、教会指導者が、信徒が知るべきであると価値づけた歴史に他ならない。

ポーランドの人類学者ミハウ・ブホフスキは、ミシェル・フーコーを参照しながら、市民社会という語の持つ両義性について説明する。そこでは、市民社会は「統治の手段・技術」であると同時に、「国家権力に圧力を及ぼす手段」として説明される。[4]従来の研究においては、市民社会の有する後者の性質のみが強調され、その範疇に入らない人々や諸活動については捨象される傾向にあった。しかし、教会を市民社会の文脈において語るならば、教会の持つこのような両義性を認識する必要があり、また、これらの二つの性質が教会の内に共存する有りように目を向ける必要がある。[5]

一八世紀後半から一五〇年の長きにわたり独立を失い、第二次世界大戦と独立後の大幅な国境線の変更（ポーランドの国土は西に約二五〇キロ移動した）により民族構成の大幅な変更を経験したポーランドにとって、統治機構の再建と国民統合は、戦後何より優先される課題となった。既に社会主義国家への道を歩み始めていた一九四六年、後に初代の統一労働者党第一書記となるビェルト全国国民評議会議長は、一般紙『ポーランド通報』のインタビューに対し、「カトリック教会は何世紀にもわたる歴史的伝統をもつ組織である。カトリック教会の信者は、ポーランド社会の幾百万もの民衆である。教会は、国民の中の幅広い階層の精神性を形づくる一要素である」と述べた。[6]この時期、米国などのポーランド系移民団体から寄付を得た修道会やカトリック系の福祉団体が、学校や幼稚園、孤児院、母子寮、病院などを建設する例も多々見られた。また、歴史的な教会堂の「文化遺産」

としての価値が新聞報道において強調され、教会・修道院の修復のための寄付が広く呼びかけられた[7]。つまり、党としては、カトリックを国民統合のツールとして積極的に利用し、カトリック教会もこの枠組みを進んで利用した面があったと言える。

教会にとっても、戦争による著しい人的被害[8]や戦後処理に伴う国境線の変更を受け、教会行政の再整備、教会堂の再建や聖職者の再配置、小教区の共同体の再生や住民の教化は至上命題であり、その達成のために愛国的な表象が頻繁に利用された。一九四八年にステファン・ヴィシンスキ司教が首座大司教に任命されて以来、ますますその傾向は強まり、司牧活動を通じて「ポーランド語、ポーランド史・文化の教育」が重視され、ポーランド人とカトリシズムの強い結びつきを強調する方針がとられた。カトリック系週刊紙『ティゴドニク・ポフシェフニィ』も、ドイツから割譲された西部領土への入植や、灰燼に帰した首都ワルシャワの再建のための市民の勤労奉仕などについて写真入りで大きく紹介し、その復興のスピードを礼賛する[9]など、党と論調を同じくする部分もあった[10]。

このような中に身を置いていた諸個人も同様に、党のイデオロギーに従って完全に教会から離れることもせず、信仰に基づいて党のイデオロギーに激しく抵抗し続けることもせず、自らに呼び掛けるさまざまなイデオロギーの間でバランスを取っていた面がある。自ら進んで党員になった者も、生まれた時にはカトリックの洗礼を授けられ、毎年のクリスマスや復活祭は（拡大）家族とともに祝い（そういった宗教行事は往々にして祖先祭祀や民間信仰と混交していた）、小教区の共同体の中で幼なじみとともに通過儀礼を経てきた場合が少なくなかった[11]。人々が共有する宗教的価値は教義や抽象概念としてではなく、日々の生活や家族、地域の共同体に根ざし、身体化されていた。この点が、社会主義政権下でのカトリシズムについて考える上で重要な点となる。

以下では、党・政府が社会主義の理想郷として建設した冶金コンビナートを中心とする新興工業都市を取り上

図 2-1　ポーランドの地図

げ、その地域社会に着目しながら、社会主義ポーランドにおけるカトリック教会の働きや人々の宗教的態度の有りようについて見ていきたい。

二　コンビナート都市の建設

ノヴァ・フタの誕生

一九四九年に発表された「六か年計画」では、「新しい製鉄所」（ポーランド語でノヴァ・フタ）と名付けられた都市の建設について喧伝された。この時期、ポーランド全土で重工業化が推進されていたが、特にイデオロギー的見地から、基幹産業のないポーランド南部のクラクフ県（当時）に冶金コンビナートを建設することは、スターリンによって定式化された「産業発展の一様で均等な配置」を体現するものと説明され、重要視された[12]。一方、巷間では、このような社会主義のシンボルとも言うべきコンビナートが建設されるのは、実のところクラクフに対する「懲罰」なのだとまことしやかに語られた。かつて王座が置かれ、教会行政の中心地でもあったクラクフは、カトリック教会や各修道会の大修道院、芸術

図2-2　クラクフ市内の地区区分図

出典：Andrzej Chwalba, Dzieje Krakowa tom. 6, Wydawnictwo Literackie, 2004, str. 13.

家のサークルや一四世紀の神学校に起源を持つヤギェウォ大学などを中心に「ブルジョワ的」な気風を維持していた。クラクフでは、戦後間もなくカトリック系知識人によって新聞・雑誌が発刊されるなど、独自の言論空間が形成されており、大学や教会・修道会を通じて国外とのコンタクトを持つことで、党による一元的支配システムの形成を妨げ、党の求心力を損なう可能性が懸念されていた。したがって、党はノヴァ・フタが大都市として発展することによって、やがてクラクフとノヴァ・フタの力関係が逆転し、クラクフが実質的な影響力を失うことを目論んでいたと解釈されている[13]。

　このような事情から、ノヴァ・フタの都市設計に際し、当然のことながら、宗教施設の建設は予定されていなかった。しかし、一九四九年に都市の建設作業が開始され、若者を中心とした労働者の流入が始まると、人々の間でカトリックの教会堂の建設が求められるようになった[14]。従来、この現象については、ジル・ケペルらによって、市民社会における「下からの再キリスト教化組織」としての「教会建設運動」と紹介されてきており、そのクライマックスとして扱われるのは、教会建設予定地に建立された十字架を撤去しようとした政府当局と住民が激突した、一九六〇年の「ノヴァ・フタ事件」であった[15]。しかし、一九四九年にノヴァ・フタの建設が始まってから、一九六七年の教会堂建設の着工までの間、そのような「運動」や「事件」という形を取って、要求が社会の表面に現れたのはごく限られた時期であったと言える。それ以外の時間には、住民は、国民として、労働者として、カトリック信徒として、また、その他、たとえば、家族や共同体において期待される父親像・隣人像など、さまざまな価値や規範を混在させながら、独自の生活空間を形成していたと言える。その理由を知る鍵のひとつはノヴァ・フタの住民はどこからやってきたかという点にある。

住民の人口構成

アンジェイ・ワイダの映画『大理石の男』（一九七七年）に（風刺的に）描かれた「労働英雄」ビルクトの姿は、党が理想とし、称揚したノヴァ・フタの労働者像と言ってよいだろう。彼の姿からは、ノヴァ・フタの建設初期（一九五五年までの時期）に、「ポーランド奉仕団（SP）[16]」や「ポーランド青年同盟（ZMP）[17]」に参加した青年たちが社会主義のユートピア建設といった理想に燃え、昼夜を問わず超人的に働く様子がプロパガンダ映画などの主題になったことが見てとれる。その働きぶりは「ノルマ八〇二％達成」などのスローガンなどによっても記録されている。一九五〇年にはノヴァ・フタ地区に該当するモギワ村、クシェスワヴィツェ村、プレシュフ村にSPやZMPの六つの作業班が二ヶ月ずつ滞在し、テントを張って居住し、労働にあたっている。しかし、彼らはあくまで二ヶ月の期限で滞在する旅団であった[18]。

他方で、確実にノヴァ・フタに定着していったのは、周辺の農村出身の青年たちであった。一九六七年の調査によれば、ノヴァ・フタの「労働者[19]」の出身地は四一・七パーセントがクラクフ県内であり（その六割がクラク

Namioty Brygad Służby Polsce, Mogiła, lato 1949 r., fot. Stanisław Senisson/opr. A.G., Fot. ze zbiorów Krakowskiego Towarzystwa Fotograficznego
Tents of Brigades of Service for Poland, Mogiła, summer 1949, photo Stanisław Senisson/elaboration A.G. A photograph from the collection of the Krakow Photographic Society

図2-3　モギワ村に出現したポーランド奉仕団のテント村（1949年）
出典：Adam Gryczński, Nowa Huta — najmłodsza siostra Krakowa, Nowohuckie centrum kultury, 2007, str. 66.

フ市外）、以下、キェルツェ、カトヴィツェ、ジェシュフなど、近隣各県がそれぞれ一一～一七パーセントとされる。親の職業については、労働者が二五・九パーセント、農民が七一・四パーセントである。また、年齢別に見れば三五歳未満が半数で、四五歳以上は一割にも満たない[20]。このように、人口分布上の特徴としては、多くが近隣の農村地区から流入した非熟練工であり、また若い夫婦が極端に多い（前述の調査によると既婚者が八五パーセント程度）点が上げられる。初期のノヴァ・フタの住民構成についての詳細な統計は残されていないが、独身者の割合が相対的に高いことを除いては、同様の傾向を示していたものと推測される。

一般に、ポーランド人の政治的志向は北西部と南東部で大きく二分されると考えられているが、それに付随して行われる属性調査では、南東部に実践的なカトリック信者が多いことが明らかとなる[21]。特に南部地域は、一八世紀から一五〇年近く続いた列強三帝国による分割統治下で、同じカトリック国であるオーストリア（ハプスブルク帝国）に支配されたことから教会の組織が破壊されることなく維持されてきた。また、山がちな地形から小規模自作農が多く、都市化、工業化が進まなかったことから、カトリックの小教区を中心とした村落共同体が維持される傾向にもあった。社会主義のイデオロギーを体現するべく建設されたコンビナート都市に流入してきたのは、このような環境で育ってきた若者たちだった。

初期ノヴァ・フタの社会環境

ノヴァ・フタの広報編集委員会の主要メンバーであったゴワシェフスキの日誌によれば、ノヴァ・フタ建設のための土木作業は一九四九年五月一六日の鉄道敷設のための整地から始まったとされる(22)。最初の整地作業のための作業班は二二人で、そのほとんどが、ノヴァ・フタ建設予定地周辺の村の若者であった。日誌には、「若者たちは、その時まで田舎で仕事がなかったため、喜んで労働に参加した」、「午後に食事が支給されると言うことや、作業の機械化が始まるということを満足そうに受け止めていた」と記録される。ノヴァ・フタの建設やそのイデオロギー的な意味づけについては、未だ発表されていなかったこともあり(23)、若者たちの様子からは、特にイデオロギー的高揚感や使命感などは読み取れない。

六月二三日に、クラクフ郊外の「寒村」であったモギワ村とプレシュフ村に労働者向けバラックの建設が始まり、一般には、この日がノヴァ・フタ建設の最初の日と記述されていることが多い。しかし、その段階では都市の全体像は未だ定まっておらず、当時のポーランドでは一般的だった赤い屋根の二階建ての集合住宅が、後に「団地」を構成することとなる四つの地区に淡々と建設されていった。作業にあたったのは、クラクフの中心部とノヴァ・フタ建設予定地の間に位置するチジィニィ地区で煙草の専売公社の工場を建設していた労働者二〇人ほどであったが、ゴワシェフスキは彼らについて、「なんともパッとしない連中で、実際、この場所に巨大な都市が出来ることになるということなど全く知らない様子だった」、「十分な作業員を動員することが出来ていない」、「交通の便も悪く、材料は不足し、労働者は足りない。こういうことのすべてが、労働者の間にアパシーを広げる」など、焦燥感も露わに問題点を書き連ねている(24)。

やがてノヴァ・フタの建設が大々的に報じられ、七月になると、党の斡旋によりクラクフ県内の「貧しい山間部」で、地元では仕事のないレンガ職人などが作業班として組織され始める。日誌には、「従業員は日々増えている」と記され、作業の著しい進展や全国からの勤労奉仕団の到着が報告された。また、託児所の建設計画を詳細な建築予定図入りで記録するなど、青年たちがこの新しい都市に住民として定着する兆しが見てとれるようになる。農村出身の青年たちは、定時労働・賃労働・流れ作業・給食といった労働者としての集団的な生活スタイルに適応していった。徐々に、党による教育プログラム（一九五〇年一〇月一一日に成人向けの中等教育学校が開校）や各種クラブが企画され始め、さらに劇場（一九五二年に完成）や映画館の建設が始まり、文化・社会的活動にも言及されるようになった。

しかし、全体として、ノヴァ・フタの社会環境は荒廃していた[25]。工場や鉄道の建設計画の前倒しが熱狂的に報道され、劇場や映画館の建設など、若者たちの「文化的な都市生活」への憧れを惹起する装置が次々と生み出されていく一方、全国的な建材不足とノヴァ・フタへの人口流入の加速で住宅問題は深刻さを増していた。ノヴァ・フタに到着した青年たちは、まだ機械が入っていない煙草の専売公社のホールや倉庫を住居として割り当てられる状況に置かれた[26]。仮に住居を得たとしても、安普請の団地では一年で扉や窓の開閉が出来なくなったり、壁が剝がれ落ちたりという問題がおこった。労働者の側でも集合住宅の住環境に慣れていないこともあり、建物の設備や配水管などの破損が相次ぎ、当局からも非難されるようになった[27]。後に、「ホテル」と呼ばれる簡易宿泊施設が出来、住環境それ自体は最悪の状態を脱するが、逆に、ノヴァ・フタでおこる暴力・私闘、器物損壊などの事件、過度の飲酒に伴う乱痴気騒ぎなどが、「ホテル居住者」という名の「ならず者」によって引き起こされた「フーリガン行為」としてレイベリングされるようになった[28]。治安当局の内部資料には、一九五五年の「ホテル」居住者の一割が売春婦であるとした統計も存在した[29]。

人口の流入は加速度を増し、今日のノヴァ・フタに相当する地区の全住民は一九五〇年には一・五七万人であったが、一九六二年には一〇万人に達した[30]。住宅不足のため住所不定・路上生活となっている従業員の問題は後々まで尾を引き、カトリック教会の建設を反対する際に最大の理由として強調された[31]。また、ノヴァ・フタ地区の党の機関紙は、創刊早々（一九五〇年）、給与の不当な支払いについて報道し、従業員の労働意欲の低下を招いているとの事例を取り上げている[32]。ノヴァ・フタは、コンビナートの完成を前に、すでに内部に多くの欠陥や矛盾を抱えていた。

三　新興都市におけるカトリック信徒

信仰共同体の誕生

一九四九年のノヴァ・フタ建設開始直後から、新しく住民になった若者たちの宗教実践は、モギワ村のシトー会修道院を中心として行われた[33]。建設当初、新住民のためのテントやバラックが建設されたのがモギワ村であったこと、また、ノヴァ・フタの建設予定地区では唯一の教会堂があったため、人々は自然にそこに集まるようになった。近郊の農村地帯からノヴァ・フタへ流入した新住民にとって、教会の典礼暦に基づく年中行事の実施やミサへの出席は日常生活の一部を成しており、また、カトリックの小教区は村落共同体の基盤であった。特に、都市に移住した後、職場や学校などを単位としたその他の共同体への帰属意識が確立されるまでの間には、カトリックの共同体こそが彼らの生活の基盤となり、また精神的支柱ともなった。シトー会のカルシュニャ神父は、当時を以下のように回想する。

ごく初期にノヴァ・フタの建設に参加した若者たちは宗教的な実践を自由に行うことが出来た。「ポーランド奉仕団」に参加している若者さえ、各日曜日、大変喜んで教会に通った。モギワの教会堂の端から端までを人垣が埋め尽くし、ともにミサに与った。(34)

図2-4　モギワ村の聖バルトロマイ教会（著者撮影）

「ポーランド奉仕団」は政府系の機関であり、党の組織ではなかったが、党と政府が一体化した政治体制下においては当然ながら党のイデオロギーの強い影響下に置かれた。奉仕団の指導層や旅団のリーダーには団員の宗教的態度や祈りなどの習慣に対し、「特別な注意」を払うことが義務付けられ、宗教関連の問題については、党や政府の方針に準拠することが徹底された。たとえば、旅団のテントの中にいかなる写真や肖像画も掲げてはならないという規則が作られたが、これは、団員に自由に十字架や聖画を飾らせないことを目的としていた。また、団員が、日曜日にミサに出席したい旨をリーダーに申し出ることを躊躇する風潮があったとの指摘もある。(35)神父の「『ポーランド奉仕団』に参加している若者さえ」という表現には、このような背景がある。

とはいえ、クラクフでは、一九三〇年に設立された「カトリック青年協会（ＫＳＭ）(36)」の男子部が例外的に活動の継続を認可されており、青年層にカトリックの社会活動家が多く存在していた。「ポーランド奉仕団」に動員されたカトリック青年らは、テントの中に十字架を掲げ（写真や肖像画ではないので規則の文言上は禁止されていない)、大声で祈りの言葉を唱えるなど、規則の網の目をかいくぐって宗教的な実践を続けた。奉仕団の側でも、ベースキャンプで団歌以外の歌(つまり聖歌など)を歌うことを禁ずるなどして対抗しつつも、むしろ団内で宗教的理由による問題を発生させないことを第一義とする傾向にあった[37]。

一方、これらの若者を受け止める立場となった神父らについては、「ノヴァ・フタが出来るまで、モギワのシトー会士は司牧には直接的な関心を有していなかった」と記される。外界との接触の極めて少ない「祈りと労働の生活」を旨とする観想修道会であるシトー会の特性からすれば自然なことではあるが、神父は、環境のあまりの急激な変化により、霊的葛藤に苦しめられたとさえ告白している[38]。シトー会士たちも意に反する形で、モギワ村ではなくノヴァ・フタでの新たな生活に適応することを強いられた。ノヴァ・フタに最初の団地が完成した一九五一年には、クラクフのサピェハ大司教によって、モギワ小教区はシトー会の神父らに託された。

ノヴァ・フタ建設当初のモギワ村では、「多くの召出しがあった」と記録される。具体的な数字は記載されていないが、「十数人の少年が修練士として、数十人が神学生として、召命を受け」ている[39]。当時、モギワのシトー会は、小神学校「聖ベルナルド・コレギウム」(一九五二年に党により廃止された)と大神学校を運営しており、そこでは中世さながらの神学生らの姿が見られたと記される[40]。

弾圧の中で

一九四八年の統一労働者党成立以来、党と教会の関係は徐々に悪化し始め、一九五三〜五六年のヴィシンスキ首座大司教の逮捕・拘禁により、教会に対する弾圧はピークを迎えた。クラクフでも一九四九年初頭から、聖職者逮捕のニュースが毎日のように新聞紙上を賑わせていた。大規模なものでは、サルバトル会大修道院と小神学校内に屠殺場・製革工房が発見され、食肉の非合法販売で関係者が逮捕された際の、「工房内に亡命政府関係者を不法に隠匿しており、体制転覆の多数の証拠が発見された」という報道や、神父に教唆されて、党員・官僚・軍人・公安局や民警関係者の殺害を企てていた一味が検挙されたという記事が見られた(41)。一九五二年の「クラクフ訴訟」では、四人の司祭と三人のカトリックの社会活動家にスパイ容疑がかけられ、そのうち三人に死刑判決が下る「見せしめ裁判」が行われた（刑は執行されていない）。また、これを弾劾することを強要され、拒否したバジャク大司教がクラクフを追われ、一九五六年まで拘禁される事態に陥った。

一九五二〜五三年にかけては、「ポーランド奉仕団」内でカトリック青年が暴行されたり、また、「カトリック青年協会」の会員が逮捕、投獄されたりする例があり、ノヴァ・フタの若者に教会に通うことを躊躇させる社会環境が出来上がっていた。新聞報道のみならず、神父がスパイ行為を行ったり、賄賂を受け取ったりしている場面を禍々しい筆致で描いたポスターが張り出されるなど、教会や聖職者に対する嫌悪感を醸成する働きかけもあった(42)。「社会主義のシンボル」たるノヴァ・フタにおいては、職場の党員集会において、個人の党規違反や怠慢などが批判される際、「妻の実家の小教区で子供に洗礼を受けさせた」といった内容が付言されるなど、職場と住居が極めて近接した団地内のプライバシーのない住環境の中で、住民たちは相互監視状態に置かれていたと言ってよい(43)。

しかしノヴァ・フタ住民の宗教実践に影響を及ぼしたのは党による締め付けだけではなかった。彼らの主要な出身地であるポーランド南部の農村地帯においては、子どもが生まれたにも関わらず洗礼を受けさせない場合、親族や地域共同体の中でこれが由々しき問題として受け止められ、著しい不利益を生じる可能性があるという意味で、彼らは二重の相互監視状態に置かれていた。さらにノヴァ・フタで発行されていた党機関紙『社会主義を建設しよう』やミニコミ紙『ノヴァ・フタのこだま』には、映画やファッション、電化製品など、若者を魅了する消費文化や大衆文化に関する情報が多数掲載されていた。一九五七年、ノヴァ・フタにカトリックの教会堂の建設を要求する声が住民の間から上がった際の党機関紙には、若者は毎日曜日、路面電車で三〇分程度の距離にあるクラクフ中心街の映画館や喫茶店に行ってデートをしており、それほど教会に行きたいのなら、同じようにクラクフの教会に通えばよい、との批判が掲載された[44]。カトリック聖職者はこのような物質主義の「蔓延」も党によるプロパガンダの影響として批判するのだが[45]、戦後の西欧社会で進展したと言われている、いわゆる「世俗化」に類する潮流がポーランドにおいても生じていたと理解することもできるだろう。

教会での宗教実践

右のような党による禁止・妨害・プロパガンダや、ライフ・スタイルの変容が見られる中でも、ノヴァ・フタでは、近隣の各村落の聖堂などを拠点にミサやその他の宗教活動は続けられていた。モギワ以外にも、付近の農村地帯には三つの小教区（チジィニィ、プレシュフ、ルシュチャ）があったが、一九五二年の行政による内偵記録には、いずれも毎日曜日に一日六度のミサを行い、出席者は一日あたり各教会それぞれ九〇〇〇人、五〇〇〇人、三〇〇〇人と数えられている。また、「政府に認可された教会ではない」という但し書き付きで、コンビナートの労働者のために建設されたビェンチツェ団地にある聖堂でのミサにも三〇〇〇人が参加していると報告されている[46]。

一九五二年六月一四日[47]、クラクフのバジャク大司教は、政府の許可を得ないまま、このビェンチツェ団地の聖堂を拠点に新たな小教区の設立を宣言した。団地内には、戦前からマリアの幼な子修道会の聖堂があり、モギワのコラサ神父が定期的に巡回し、ミサをたてていた。モギワとビェンチツェでは、戦後間もない時期からカトリック系福祉団体「カリタス」の活動が記録されているが[48]、特にビェンチツェでは幼稚園が経営されるなど[49]、活発な活動が行われており、政教間でカリタスの廃止が合意されてからも、幼稚園の経営は継続されていた[50]。

ノヴァ・フタ地区の各聖堂は大変小さいもので、ビェンチツェの聖堂は起立した状態でも二〜三〇〇人も入れば満員であったが、政教間の対立がいまだ続いていた一九五五〜五六年にも、常に人が戸外にあふれ出す状態でミサが行われていたことが記録されている。復活祭の一週間前の「枝の主日」にあたる一九五六年三月二五日付のクラクフ市宗務課の覚書には、一度のミサで、「聖堂内の人数は三〇〇人、一方で聖堂の前の戸外に約二〇〇〇人がいた」と述べられている。[51] 聖体節や諸聖人の日にプロセッション（行列）を行うため、国民評議会に公道の使用許可を求めた通信記録も残っているが、[52] 概ね許可されている（後に、一九五五年五月一七日の統一労働者党市委員会の会議では、行列が申し出通りのルートを通らなかったことへの対処が議題に上っているが、処罰などの提案は行われていない）。[53] 不自由な環境での、このような宗教実践の維持は、一九五五年頃から本格化する新しい教会堂建設を要求する活動へとつながっていった。

これに対し、国民評議会幹部会クラクフ市支部は、一九五五年一一月二日、「ミサ参加者に比べて教会の数が不十分であるということと、新しい教会堂の建設をノヴァ・フタ住民が要求していることによって動機付けられたクラクフ大司教区の嘆願」に回答を出すため、教会の数、ミサへの参加者数、ノヴァ・フタ住民がクラクフ中心部の教会のミサに参加しているか、教会建設に向けてノヴァ・フタ住民の間で具体的な試みがなされているかの四点について、極秘に調査を進めるよう命じており、[54] 教条的に拒否する姿勢は取っていない。

公立学校におけるカトリック要理教育をめぐって

社会主義政権下でもポーランド人の信仰が淡々と継承された理由のひとつは、彼らの信仰が、いわゆる「伝統」として理解されるような慣習や暦と密接に結びついており、それぞれの行事・儀礼が、家族や小教区を基礎とした地域社会を核として維持されていた点にある。また同時に、そのような家族や地域を単位とした宗教実践によって、ポーランド人の宗教的態度が規定され、宗教と日常生活を強固に結び合わせていたとも言える。

家族や個人にとって重要な意味を持つ人生儀礼は、洗礼、堅信、結婚などさまざまであろうが、地域社会さらにはポーランド社会の共同体性に注目した場合、初聖体（幼児洗礼を受けたカトリックの子どもたちが七歳になり、カトリック要理を学んで、聖体の意味を理解し、告解をした上で、初めてミサで聖体を拝領する）の儀式は大きな意味を持つと考えられる。

ポーランドでは、一九二一年に制定された「三月憲法」において、公立学校（初等、中等教育）でカトリック要理を学ぶことが義務付けられたが、戦後に国民統一臨時政府が同憲法の効力を認めたため、社会主義政権下の公立学校でカトリックの教理教育を行うことが法律の文言上は義務とされているという「異様な」事態が生じた。しかし現実には、既に一九四五年に授業時間の削減や必修科目とはしないことが決定され、一九四九年以降は徐々に授業を担当できる教員の資格に制限が設けられるなど、党による締め付けが始まった。一九五二年にポーランド人民共和国憲法が制定されてからは公立学校でカトリック要理を教える法的権利は消滅し、一九五六年には逆に授業の実施に対する罰則が設けられた。クラクフ県でも一九五二年と一九五三年に実施された調査によると、クラクフ市の都心部で宗教教育を行わない学校が占める割合は一五・五パーセントから二二・五パーセントへ、郡部で一三・八パーセントから一五・八パーセントへと増加しており、クラクフ県全体では八・二パーセントから一三・四パーセントへと上昇した[55]。ただし、一九五五〜五六年度に、宗教教育を行わない小学校の割合はポーランド北西部各県（ポズナン、オポレ、シュチェチン）では全小学校の九八・六〜九九・四パーセントに上ったにも関わらず、南東部各県においてはキェルツェで六一・七パーセント、クラクフとジェシュフでは四〇パーセント程度とされ[56]、地域間格差は大きかった。

ノヴァ・フタにおいても、一九五七年に、初めての宗教教育を行わない小学校の創立が報道された。しかし、開校当初は八学年で一八〇人しか集まらないという大幅な定員割れ（一〇〇人不足）を起こしており、地域の新聞に以下のような記事が掲載された。

B―三三地区の学校を、二つの理由から訪問した。理由は、第一にこれがノヴァ・フタで初めての世俗的な学校だからであり、第二に学校が新築された建物の中にあるからである。（……）
残念ながら、狂信的な一部の住民が学校周辺で敵意のこもった雰囲気をかもし出しており、同様に、神父も教会の説教壇から、子どもを世俗的な学校に送る両親は赦しを得ることが出来ないと脅しているのである。(57)

このような「敵意」や「脅し」がどの程度一般的であったのかどうかは定かではないが、地元メディアがこのように報道したのは間違いなく、また、教会の側でも、公立学校でカトリック教育を行う権利が剝奪されたことを、党への異議申し立てを行う際の重要な争点とするようになっていった。同時に、新憲法が制定されて一年弱の一九五三年五月に書かれた党県支部の報告書には、最新の聖職者の動向として、神父による家庭訪問や、子どもらの母親を対象としたカトリック要理の勉強会の開催、巡礼地チェンストホヴァへの「遠足」の企画など、司牧・教育のための新たな手法を見出していると指摘されている。(58)また、カトリック要理の教育は、教会とその関連施設や教育者の私邸など、学校外へとその場を移していった。

また、ノヴァ・フタにおいては若い夫婦が極めて多いという人口学的特徴から、一度教会から離れた人々が子どもの成長の過程で再び教会に回帰する傾向に着目できる。ノヴァ・フタの労働者用の団地もあったクラクフ市内のグジェグシュキ小教区で司祭を務めていたティシュネル神父が、「私たちの小教区は、軍や民警の家族が多かった。小教区は概ね田舎からクラクフに移住してきた人々によって構成されていた。小教区民の大部分が党の幹部（候補生）として結晶化しつつあった。そのような人々とは全くコンタクトがなかった。彼らの子どもが初聖体の準備を始めるまでは」と回想しているように、[59]司祭が各小教区で司牧にあたる上で、初聖体の準備はそれを通じて教会が人々とつながっていくために、非常に大きな意味を持っていたと言える。

この時期、党が公教育から宗教を排除しようとしたことで、結果的に教会は自律性を強め、自らの価値を信徒に伝達するための独自の活動領域を開拓していった。むしろ、教会は家庭・家族と直接つながり、ポーランド人の日常生活に深く関わっていく糸口をつかんだとも言えよう。特に、(他の人生儀礼とは異なり)七歳の子どもが地域共同体の同学齢の子どもたちとともに集い、一定期間の準備を行い、ともに儀式に与る初聖体は、家族や個人の記憶に留まらず、共同体の中で繰り返される思い出話や写真、感情的な同調・共感などの形を取って、ポーランド人の集合的記憶を形成する一要因になったことを示唆したい。

四　日常生活のなかのカトリシズム

以上、ポーランドにおいて唯一、暴力や身体刑を伴う苛烈な教会弾圧が行われていた期間とされる一九四九〜五六年を中心に、その社会環境を見てきたが、「見せしめ」のために拘束された高位聖職者や「活動家」と目された一部の個人などを除いては、日常的な宗教実践が淡々と継続されている様子が見てとれる。社会主義イデオロギーを体現すべく建設された団地の中でさえ、多くの人々が毎週のように教会に通い、種々の宗教行事や祝祭を「継続」し、党や行政は、それが「非政治的」な領域で行われる限りにおいて、すなわち、党と何らかの権威や権能をめぐって競合しない限りにおいて、許認可を与えていた。しかし、「非政治的」な領域で行われる「非政治的」に企図された諸活動が、「非政治的」な機能しか果たさないとは限らない。教会の儀礼は、「七歳になる子どもは初聖体の儀式に与るものだ」というような「習俗」の一種として機能していたからこそ、党の幹部(候補生）でさえ、その準備のために子どもを教会に通わせ、そして、子どもの晴れ姿を見るために、自ら教会に足を運んだということになる。このことは、党の一元的支配下においても、日常レベルの社会空間には宗教的基盤が（再）確立されていたという理解に留まらず、党の一元的支配機構そのものの内に、その支配に風穴を開けるようなエージェンシーが立ち現れたと理解することができるだろう。

渡邊日日は、「ある観念なり行為なりが集団レベルで生起するには、当の集団にある知識が共有されているだけではなく、その知識が共有されていることを知っているという次元のメタ知識も必要である」とするマイケル・チウェの儀礼論を援用し、旧ソ連の自治共和国におけるマイノリティに対する言語教育の意義について、「学校教育での全生徒に対するブリヤート語教育は、その具体的な過程がどうであれ、共和国民の一世代全員がアクセスできる、ブリヤート語という知識の資源を提供している。ブリヤート語を習ったということ、それを習ったのが学校という社会空間であったこと、こういった多層的な知の在り方自体が、ブリヤート語の知識でもある、ということである。狭い意味での語学の知識は、（略）常に使用していなければすぐに忘却される。だが、上記の別の層の知識は、一定期間、維持されるのであって、それゆえ共有され、公共的な事柄となる」と説明する。[60] 社会主義政権下でのカトリックの教理教育は「学校という社会空間」から放逐されたが、それが、これまであったもの、本来あるべきものの「不在」と受け止められることによって、ポーランド社会全体において「問題」として共有され、公共的な事柄として認識されるようになったと言えるだろう。

注

（1）ホセ・カサノヴァ（津城寛文訳）『近代世界の公共宗教』玉川大学出版部、一九九七年。ジル・ケペル（中島ひかる訳）『宗教の復讐』晶文社、一九九二年。Patrick Michel, *Politique et religion - La grande mutation*, Paris, 1994.

（2）一例として、Samuel P. Huntington, *The Third Wave: Democratization in the Late 20 th Century*, Norman, 1991.

（3）Vincent Chrypinski, "Church and Nationality in Postwar Poland", in Pedro Ramet ed. *Religion and Nationalism in Soviet and East European Politics*, Durham/London, 1989, p. 247.

（4）Michał Buchowski, "The shifting meanings of civil and civic society in Poland", in Chris Hann & Elizabeth Dunn ed., *Civil Society*, London/New York, 1996, pp. 79–98.

（5）加藤久子「戦後ポーランドにおけるコンビナート建設と都市形成―カトリック教会と労働者」ロシア・東欧学会『ロシア・東欧研究』第三四号、二〇〇五年三月、七七―八七頁。なお、本稿は、右の論文に加筆し、改稿したものである。

（6）Dziennik Polski, 1946. 11. 24, nr. 323.

（7）Dziennik Polski, 1947. 7. 16, nr. 875; 1947. 12. 29, nr. 1037.

（8）一九三二人の教区司祭と八五〇人の修道士、二八九人の修道女が、戦時中に自然死以外の死を遂げたとされるが、これは戦前の全聖職者六三六七人の半数に相当する。Jerzy Kłoczowski, *Zarys Dziejów Kościoła Katolickiego w Polsce*, Kraków, 1986, pp. 357–360.

（9）Tygodnik Powszechny, 1949. 7. 24, nr. 227.

（10）加藤久子「ポーランドにおける社会主義政権の『終焉のはじまり』～カトリック教会をめぐる政治性の問題～」国際宗教研究所『現代宗教二〇〇五』東京堂出版、二〇〇五年、一〇七―一二九頁。

（11）本書の性質に鑑み、ここではカトリック信者に関する議論に限定するが、ポーランドの九割以上の国民がカトリック信者となったのは、戦時中のユダヤ人虐殺や、戦後の国境線の移動と住民交換（強制的、半強制的な移住政策）の影響が大きく、人工的に創出された状況であることを記しておく。一九二三年の統計においては、カトリック六四パーセント、正教徒一割、グレコ・カトリック一割、ユダヤ教徒一割（都市人口の二五パーセント）、福音派三パーセントであった。Kłoczowski, *Zarys dzieje Kosciola katolickiego w Polsce*, p. 295, p. 330.

（12）製鉄所の建設を初めて一般に報じた際のユゼフ・ツィランキェヴィチ首相の演説より。Dziennik Polski, 1949. 6. 29, nr. 176.

（13）Boleslaw Janus, "Labor's Paradise: Family, Work, and Home in Nowa Huta, Poland, 1950-1960", *East European Quarterly*. XXXIII (4), 2000, pp. 453-454.

(14) 加藤久子「社会主義ポーランドにおけるカトリック教会をめぐる報道—ノヴァ・フタでの教会建設過程に着目して」東欧史研究会『東欧史研究』第二七号、二〇〇五年、九〇—一〇三頁。
(15) ケペル『宗教の復讐』一五一頁。
(16) 一九四八年の下院決議に基づき全国規模で創設された「ポーランド奉仕団」は、一六～二一歳の青年を対象に、義務教育修了後の職業訓練、労働意欲の増進や体位の向上、軍事教練などを目的とし、最長で連続六ヶ月、あるいは毎月三日以上などの勤労奉仕に従事していた。一九四九年には一二〇万人がこれに参加していた。Ludwik Stanisław Szuba, *Powszechna Organizacja "Służba Polsce" w latach 1948-1955*, Lublin, 2006.
(17) ソ連のコムソモールに倣って一九四八年に設立されたポーランド労働者党の青年組織。後にポーランド統一労働者党の組織となり、一九五七年まで活動した。最盛期には二〇〇万人（当該年代の約四割）が所属していた。
(18) Szuba, *Powszechna Organizacja "Służba Polsce"*, pp. 79-88.
(19) 従業員を、労働者、職長、管理職に分けた上で、労働者のみを対象とした調査。
(20) Antoni Stojak, *Studia nad Załogą Huty Imienia Lenina*, Kraków, nr. 9, 1967, pp. 12-17.
(21) 近年であれば、二大政党「市民プラットフォーム」と「法と正義」の支持率の優劣は、北西部と南東部で二分される。南東部を支持基盤とする「法と正義」は、カトリック系団体（カリタス等）を支持母体としており、同党主催の政治集会では祭服を着た司祭、神学生の姿も多数見られるのが通例となっている。
(22) Tadeusz Gołaszewski, *Kronika Nowej Huty*, Kraków, 1955, p. 64.
(23) ポーランド統一労働者党県支部での第一回評議会の終了後、六月二五日に発表され、順次、各メディアに演説の全文が掲載される。
(24) Gołaszewski, *Kronika Nowej Huty*, pp. 67-68.
(25) 菅原祥「ポスト社会主義期における社会主義的『ユートピア』の記憶と現在—ポーランド、ノヴァ・フータ地区を事例として」日本社会学会『社会学評論』第六四号、二〇一三～二〇一四年、二〇—三六頁。
(26) Gołaszewski, *Kronika Nowej Huty*, pp. 166-167.
(27) Janus, Labor's Paradise, pp. 455-456.

(28) 単なる暴力行為だけではなく、政治的な抗議行動について、同様に処理されることもあった。ノヴァ・フタでは一九六〇年、カトリックの教会堂の建設予定地に建立された十字架が、当局によって撤去されかけ、これを目撃した主婦や高齢者が止めに入ったことに端を発し、コンビナートの労働者を含む住民の大多数と治安部隊との大規模な衝突に発展する事件がおきているが、このような事件についても、治安当局は「ホテル居住者」の「フーリガン行為」として処理した。加藤久子「レーニン製鉄所と十字架―社会主義ポーランドにおける政治と宗教」ロシア・東欧学会『ロシア・東欧研究』第三六号、二〇〇八年三月、六一―七一頁。

(29) Dariusz Jarosz, "Główne problemy społeczne Nowej Huty w I połowie lat pięćdziesiątych z perspektywy warszawskiego centrum władzy", *Dziedzictwo Kulturowe Nowej Huty w Rozwoju Obszaru Strategicznego Kraków-Wschód. Materiały konferencyjne*, Kraków, 1997.

(30) Andrzej Chwalba, *Dzieje Krakowa*, tom. 6, Kraków 2004, p. 17.

(31) 建材不足と倹約を訴えるキャンペーンは、全国紙からクラクフ発行の地方紙まで、すべての新聞で見られるが、特にノヴァ・フタについて言及したものとしては、地方紙 Głos Nowej Huty, 1957. 10. 28-30、地区の党機関紙 Budujemy Socjalizm, 1957. 2. 2-4; 1957. 2. 16-17 など。

(32) 人手不足により超過勤務（休日出勤・夜勤）を強いられているが、その分の給与が正当に支払われていないとの説明が掲載されている。Budujemy Socjalizm, 1950. 8. 1.

(33) 一九五一年までは、シトー会の向かいに建つ、一四六六年に建築された木造教会（聖バルトウォミェイ教会）を小教区教会としていた。小教区における司牧の責務は、聖バルトウォミェイ教会の司祭が負っていた。Iwo Kołodziejczyk, *Mogiła Opactwo Cystersów*, Kraków, 1992, p. 72.

(34) Niward Karsznia, *Życie Rodzinne w Nowej Huty*, Kraków, 1997, p. 19.

(35) Szuba, *Powszechna Organizacja "Służba Polsce"*, p. 57.

(36) 「キリストのポーランドを建設しよう」という合言葉の下、チャリティや文化・啓蒙活動、社会改革や愛国心の涵養などを旨として活動した。多数の雑誌を発刊し、第二次世界大戦開戦前夜には農民層を中心に二五万人の会員を擁していたが、終戦後、政府によって登録認可されたのはクラクフと本部が置かれたポズナンのみであった。その後、政教関係の悪化に伴い、一九五三年に活動停止を余儀なくされたが、一九八九年以降、再興している。

(37) Szuba, *Powszechna Organizacja "Służba Polsce"*, pp. 57–58.

(38) Niward Karsznia, *Powstanie Parafil i Budowa Kościoła Matki Bożej Częstochowskiej w Nowej Hucie*, 1994, Kraków, pp. 22–23.

(39) Karsznia, *Powstanie Parafil i Budowa Kościoła Matki Bożej Częstochowskiej w Nowej Hucie*, pp. 22–24.

(40) 後身である「シトー会聖ベルナルド普通科男子高等学校」の学校案内より。

(41) Dziennik Polski, 1949. 2. 14, nr. 1435; 1949. 3. 2, nr. 1651.

(42) Chwalba, *Dzieje Krakowa*, tom.6.

(43) ただし、党員およびその家族が教会に通っているというだけで弾劾の対象となっている例は管見の限り見当たらなかった。Archiwum Państowowe w Krakowie（以下 APK）, Komitet Dzielnicowy, Polskiej Zjednoczonej Partii Robotniczej（以下 PZPR）, Nowa Huta

(44) Budujemy Socjalizm, 1957. 2. 16–17.

(45) Karsznia, *Życie Rodzinne w Nowej Huty*, p. 19.

(46) APK, Prezydium Miejskiej Rady Narodowej w Krakowie: Referat do Spraw Wyznań（以下 UMK: Wyz）152.

(47) APK, UMK: Wyz 154 (1).

(48) APK, Urząd Wojewódzki Krakowski（以下 UWK）, 5/28/76/TJN.

(49) 一九四八年五月二八日の記録より。APK, UWK, 3/28/76/TJN.

(50) カリタスの廃止は一九五〇年四月一四日に調印されたが、一九五四年二月五日の国民評議会クラクフ市支部の記録では、「カリタス第三九番幼稚園は廃止した方が良い」と記され、理由として、「ビェンチツェから通っている子どもの中で、幼稚園で祈りの言葉を唱えるのを分かっていながら、それを目的に通わせている親がいる」としている。一方で、内偵中「三五人通っているはずのビェンチツェ団地の園児たちの中で、たった三人しか祈りの会に来なかった」とも記されている。APK, UMK: Wyz 154 (1).

(51) APK, UMK: Wyz 154 (1).

（52）APK, UMK: Wyz 152.
（53）APK, Komitet Miejski, PZPR w Krakowie 45.
（54）APK, UMK: Wyz 154 (1).
（55）APK, Komitet Wojewódzki, PZPR, Informacje wydziału dotyczące działakności kleru na terenie województwa（以下Inf. kleru）, cz.1.
（56）Ryszard Gryz, *Państwo a Kościół w Polsce w 1945–1956 na Przykładzie Województwa Kieleckiego*, Kraków, 1999, pp. 349–360.
（57）Głos Nowej Huty, 1957. 9. 23–25.
（58）APK, Komitet Wojewódzki, PZPR, Inf. kleru, cz. 1.
（59）Adam Michnik & Józef Tischner & Jacek Żakowski, Między Panem a Plebanem, Kraków, 1995, pp. 87–88.
（60）渡邊日日「文化資源の開放系の領域について」山下晋司編『資源化する文化』弘文堂、二〇〇七年、一一〇―一一三頁。

第Ⅱ部

近代政治とカトリック

サン・ピエトロ大聖堂をのぞむ。(2008年6月1日撮影：渡邊千秋)

第3章　カトリシズム・リベラリズム・デモクラシー
ラムネ、トクヴィルの見たアイルランド

勝田俊輔

オコンネルの民衆政治、オリジナルからのリソグラフ。1843年の屋外集会を現場で描いたものだが、1820年代の集会の雰囲気も窺われる。所蔵：アイルランド国立図書館。

一　ウィーン体制下のカトリシズム

ウィーン体制下のヨーロッパ・キリスト教世界における際立った動きのひとつに、カトリシズムの復興があった。カトリック圏を代表するフランス、スペイン、イタリア諸国の教会は、フランス革命とナポレオン戦争による荒廃から着実に回復しつつあった。教皇庁も、ナポレオンによる圧迫に耐えた後に教皇国家を再興し、また各国政府との政教協約で司教叙任における権限を維持するなどして、権威を回復していた。(1) もちろん、当時の教皇庁や各地のカトリック教会の基本姿勢は復古と保守であり、新時代の幕開けを感じさせるようなものではなかった。とりわけ教皇庁については、教義や教皇国家の統治において反動的で硬直化していたとさえ言い得る。だが、ウィーン体制がフランス革命前の政治・社会体制の完全な復活ではなかったように、当時のカトリック圏の思想潮流も復古あるいは保守主義一辺倒だったわけではない。人類社会がこれまでとは違った段階に入りつつあるとの認識にもとづいて、新しい信仰のあり方を模索しようとする動きも見られたのである。

とくに一方のカトリシズムと、他方の「リベラリズム」や「デモクラシー」と言った、近代を連想させながらもカトリシズムとは相反するようにも思われる時代の新潮流とを結びつけようとした思想家たちがいたことは注目に値する。本章ではこのうちラムネとトクヴィルの二人のフランス人を取り上げる。一九世期前半のフランスでラムネはパスカル、ボシュエの再来とも呼ばれ、その名声はさらに全ヨーロッパにも広がっていた。ラムネは当時のアイルランドに注目し、この地を自らの宗教思想――リベラル・カトリシズム――を体現する理想の地とみなした。だが、ラムネに関する研究は日本では少ない。[2] トクヴィルについては、内外でかなりの研究の蓄積があるが、彼が自らアイルランドを訪れ、観察記録を残していることを考察した研究は、管見の限り日本ではない。[3] トクヴィルは帰国直後に首相のモレ伯に宛てた書簡で、アイルランドを「世界で最も興味ぶかい国のひとつ」と記していた。[4] 彼はアイルランドでカトリシズムがデモクラシーと強固に結びついていることを認め、アイルランド観察記録の一部を『アメリカのデモクラシー』第二巻に収録することも考えていたのである。[5]

本章は、ラムネ、トクヴィルのレンズを通して、一九世期前半のアイルランドの、ひいてはヨーロッパのカトリシズムの性格の一端について考えようとするものである。

二　ラムネとアイルランド

ラムネとリベラル・カトリシズム

ラムネは一八一六年に司祭に叙せられたが、多くの時間を思索と著述に費やした。ラムネは「振幅の差の大きな思想家」であり、その主張は時期を追ってかなりの変化を遂げた。[6] ラムネの出世作は『無信仰に関する試論』（一八一七～二三年）である。この書でラムネは信仰についての不可知論的な態度を批判し、確実な信仰は可能であると同時に必要でもあると論じた。すなわち、そもそも個々の人間の理性には制約や限界があるのが当然であり、これらが確実な認識をもたらすことはあり得ない。とすると、不可知論者の宗教批判――理性を超越した信仰なるものは不確実で曖昧なものに過ぎない――は一面的に過ぎる。さらにラムネによれば、確実な信仰は宗教的寛容をも排することになる。と言うのもプロテスタント信仰は、理性を超越した啓示の働きを認めている点では正しいものの、個人の判断に重きを置き過ぎている点で誤っている。信仰の確実性は個人の判断以外のもの、

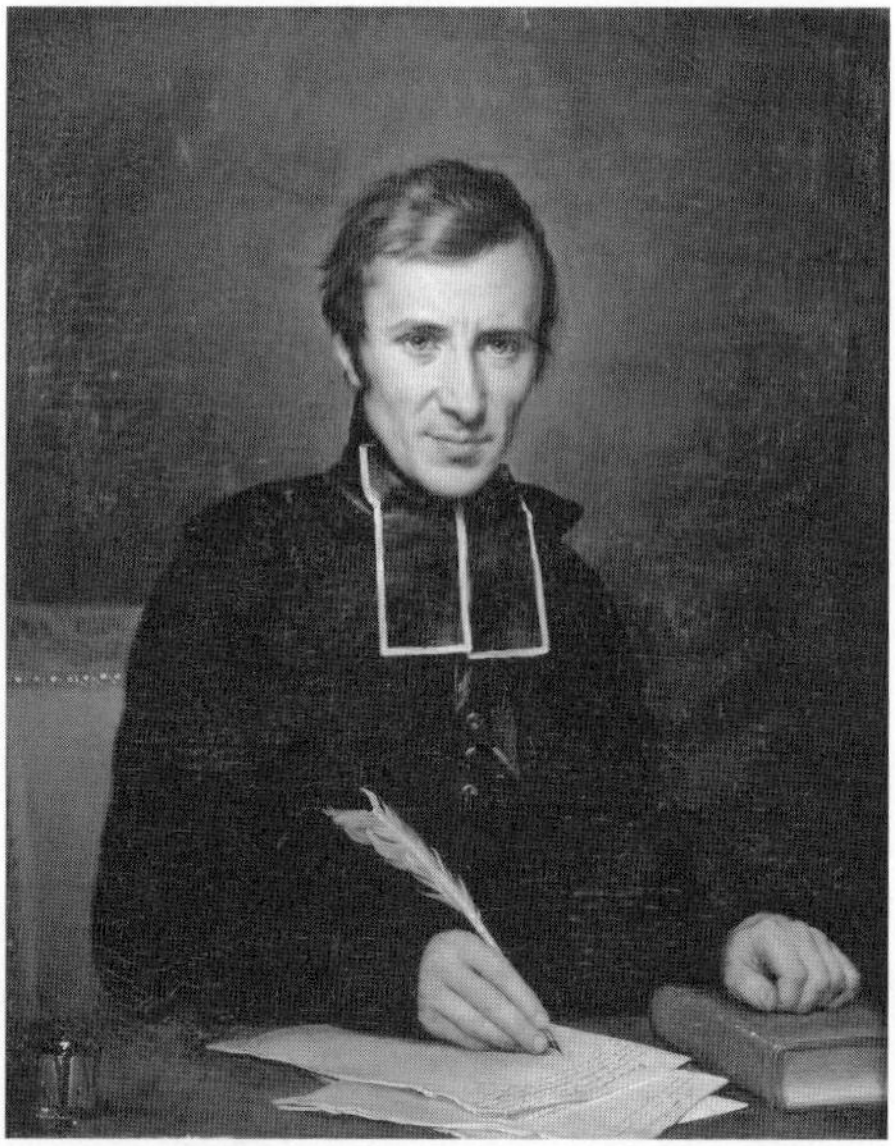

図 3-1　1827 年頃のラムネ
オリジナルからのリソグラフ　ヴェルサイユ美術館蔵
出典：Wikimedia Commons

すなわち権威によって保証されるのであり、この「権威」を裏付けるのが「共通認識」である。これは全ての人間が真と信じているもののことであり、その筆頭が、神は実在する、という人類が普遍的に抱く観念である。ラムネによれば太古よりこうした神観念・信仰は複数存在していたが、キリストの降臨後、真の信仰であるカトリシズムに集約されることになった、とされる[7]。

『無信仰に関する試論』によりカトリック思想界の寵児となったラムネは、信仰の理論にとどまらず、教会と世俗権力との関係という現実問題にも目を向けた。彼は一八二五～二六年の『信仰について』で、当時のフランスでは神ではなく民が至上の存在となっており、こうした国家において「国民教会」を、すなわちガリカニズムのカトリック教会を復興しようとしても、教会は国家機関の一部に堕するのみで、真の信仰心をもたらすための組織とはなり得ない、と論じた。では近代世界における教会と国家の関係はどうあるべきなのか。ラムネによれば聖界権力と世俗権力は一応は棲み分けるべきだが、両者が対立した場合、信仰に裏付けられた道義を持たない政治は利害のみによって動かされてしまう以上、聖界権力が優越すべきであり、その際の聖界権力の担い手は個々の国家の影響下にあってはならない。とすると、教皇こそが権力と権威の真の源泉となるべきである――「教皇なくして教会なく、教会なくしてキリスト教なく、キリスト教なくして宗教も社会もなし」ということになる[8]。こうしてラムネの議論は、当時のフランスのカトリック思想界における伝統主義から出発し、教皇至上主義に至った。ただしラムネについて重要なのは、彼がここで思考の歩みを止めず、カトリシズムを「近代」と積極的に関連づけていったことである。一八二九年刊の『革命および、教会との闘争の前進』において、ラムネは「自由」の諸原則を提唱し、一挙に時代をリードする存在となった。同書でラムネは信仰の自由を、キリスト教諸教派の信仰はもちろん、ユダヤ教やイスラーム教、仏教をも対象にして唱え、加えて出版や教育の自由も提唱した。このことはラムネがカトリシズムを「確実な信仰」とする立場を放棄したことを意味するのではない。これらの自由を認めることで、人民は抑圧的な王権下の教会を離れ、真のカトリック信仰に向かうことになる、とラムネは考えたのである。(9)

このような論理にもとづくラムネの自由主義宗教論（リベラル・カトリシズム）は、政治的急進主義としての側面も持っていた。『革命および、教会との闘争の前進』でラムネは、圧政に抗して立ち上がる準備があるのはカトリック信徒のみであるとし、体制に対して人民が力で抵抗することを暗黙のうちに肯定していた。(10)あたかも七月革命を予言していたかのようだが、ところが実際に七月王政が発足すると、そこにラムネが見出したのは、依然としてナポレオン体制期のコンコルダートを基本線としつつガリカニズムも維持されていたという事実であった。このため彼は『未来』紙を発刊し、自らの思想を一層広く世に伝えようとした。同紙でラムネは、①信仰・良心の自由（これは特定の宗教に対する国家の庇護の廃止、すなわち政教分離、さらには政教協約の廃止も意味した）、②教育の自由、③言論・出版の自由、④結社の自由、⑤普通選挙、⑥国家権力の分権化を唱えた。(11)このように進歩主義的な理念を掲げた『未来』は、短命ではあったが発行部数は多く、かなりの反響を呼んだため、内容を危険視したフランス政府は同紙を押収し、またラムネら編集スタッフを起訴する措置に出た。(12)

ラムネの急進主義が、同時代のヨーロッパの政治情勢と呼応していたことは確認しておくべきである。一八三〇年前後のヨーロッパ、とくにカトリック圏では、フランス七月革命以外でも国家と教会の関係が人民の力によって変わりつつあった。当時オランダ王国の一部だったベルギーでは、国王が「オランダ化」政策を進めていたが、教育行政からカトリック聖職者が排除されたことをきっかけに、一八二八〜二九年にカトリックと自由主義者が共闘して教育の自由に加えて言論・出版・結社の自由などを要求して大規模な署名請願運動を展開していた。パリで七月革命が起こると、これに刺激されて同年秋にブリュッセルで反乱が起こり、オランダ政府が鎮圧に送った軍隊を撃退し、自由主義者の臨時政府が樹立された。この革命は翌年、信仰・言論・結社や教育の自由などを認める自由主義の色合いの強いベルギー王国憲法に結実した。

また一八三〇年には、ロシア帝国に従属する形で同君連合をなしていたポーランド王国でも反乱が起こり、翌年初頭にはポーランド王（ロシア皇帝）の廃位による同君連合の解消と国民政府の樹立を内容とする独立宣言が出された。ポーランド人の大半はカトリックであり、この反乱はカトリックが正教の圧政に対して立ち上がったものと見ることもできた。こうした動きを受けてラムネは一八三一年六月に『未来』紙に寄稿し、「どこを見渡しても、結局カトリック信徒こそが、あたかも人類の行く末を見通した者であるかのようにして奮い立っているではないか。（略）ベルギーを見よ、アイルランドを見よ、聖にして英雄的なポーランドを見よ。（略）私は言う、キリストがそこにいます、と」と記していた[13]。ではここでラムネは、なぜベルギー、ポーランドに加えてアイルランドにも言及したのだろうか。

アイルランドにおけるカトリック解放

当時のアイルランドでも、カトリック信徒が歴史的な勝利を手にしていた。この問題は一六世期に遡る。イングランドの宗教改革で国教会体制が確立されると、イングランドに征服、入植され従属する王国だったアイルランドでもアングリカンの国教会体制が導入された。しかしアイルランドでは宗教改革そのものが不首尾に終わったため、国教会は支配者階層（イングランドからの入植者とその子孫）のための教会にとどまり、一七世期にスコットランドからの長老派信徒の入植もあったものの、人口の大半はカトリック信仰を維持した。こうした植民地的な国家・宗教体制のため、一六～一七世期のアイルランドでは諸宗派の間で対立が続き、イングランドの政治情勢とリンクしつつ、大規模な戦乱も発生した。一応の決着がついたのが名誉革命から一八世紀初頭にかけてであり、アングリカン支配体制があらためて確立され、とくにカトリックを標的に定められた種々の法的規制を柱とする国制が築かれた。これら反カトリック諸法は一八世紀後半に段階的に撤廃されてゆき、世期末にはカトリックは実質的な信仰の自由を獲得したが、国会議員を初めとする高位の公職への就任の権利は認められないままであった。

この残された法的規制の撤廃（いわゆるカトリック解放）は、アイルランドがグレートブリテンと連合王国を形成した直後の一八〇一年に実現寸前に至っていたが、国王の反対により頓挫していた。その後約三〇年間に亘り、連合王国政府はこの難題を先送りし続けた。この手詰まり状況を打破したのが、アイルランドのカトリック指導者オコンネル、すなわち本章の影の主人公である。

オコンネルがカトリック解放を勝ちとったのは、彼が一八二〇年代に展開した民衆政治運動による。運動の中核団体は、法律家などの都市中間層を主体とするカトリック協会だったが、オコンネルらは「カトリック・レント」の制度を導入することで、運動の裾野を広げることに成功した。すなわち、協会の正会員の会費を払えなくとも、安価な月額一ペニーの支払いによって準会員となり得るとしたのである。通常こうした少額の寄金は金銭的な効果が小さく、手間もかかるために民衆政治運動では導入される例は少なかったのだが、オコンネルの運動にあっては、貧農層であっても気軽にカトリック・レントを支払うことができたために、多くの人間が運動にコミットする契機を与えられたのである。

図3-2　1828年の選挙で勝利したオコンネル

ロバに乗ったオコンネルが、カトリック協会の楽隊に先導されつつ、聖職者および選挙民の二枚の羽根の力で前に進んでいる。カトリック協会およびオコンネルの民衆政治に批判的な画家による挿絵。出典：British Museum

オコンネルの運動を支えた要素として、カトリック教会の積極的な後押しも無視できない。各地の司教は教会堂を運動の拠点として用いることを認め、教区司祭もカトリック協会の活動を支持し、ミサの際にカトリック・レントの支払いを促すこともあった。こうした組織基盤をカトリック協会は最大限に活用し、アイルランドの全ての教区で同一日に集会を開いてロンドンの連合王国議会に同一の請願を送る試みも行った。これは強力な示威行動であり、カトリック寄りの有力紙は「革新的で、壮大かつ見事な企画」と評した[14]。さらにオコンネルは各地を遊説して屋外集会を連続的に開催した。これらの集会は多くの人間を集め、カトリック解放要求の決議を採択し、集会の討論と決議は新聞で大々的に報道された。

　こうしてオコンネルの運動は、アイルランド・カトリックの「全国的」公論を作り出した一方、連合王国の議会システムに直接の打撃も与えた。一八二六年の総選挙で、オコンネルらはカトリック解放賛成派の候補者に票を投じるよう有権者に呼びかけた。一部の者はこれに応じ、地主の意向を無視して賛成派の候補者に投票した。報復として地主は彼らを農地から追放したが、カトリック協会は援助策を講じて彼らを経済的に保護し、また遠方の投票者に旅費を支弁してカトリック解放賛成派の候補者へ投票する便宜も図った。ここに、有権者を組織化することでカトリック協会がアイルランドでの議会選挙をコントロールする可能性が出現したわけだが、事態はこの先さらに先鋭化した。

一八二八年のアイルランドでの補欠選挙に際して、現職の候補者に対してカトリック協会はオコンネルその人を対立候補者に立てた。当時カトリックが議員資格を持たなかったのは、議員就任の際に信仰に反する内容の宣誓を要請されるためであった。逆に言えば、選挙で立候補することには法的な妨げはなかった。カトリック協会はここに目を付けたわけである。現職候補者は借地農から好かれた地主で、カトリック解放賛成派でもあったが、オコンネルへの有権者の熱狂的な支持を知り、勝ち目なしと悟ってすぐに選挙戦から退いた。この選挙は、その後のアイルランドの議会選挙において、同じようにカトリックが選出されながら議員就任を拒むというボイコット戦術が広まって議会システムが麻痺する可能性を示した。

加えて、オコンネルの勝利により人心は高揚していた。各地で数千~万単位の人間が、アイルランドのカトリックのシンボル色である緑色のスカーフやハンカチ、小枝などを身に着けて集結し、軍隊式に隊列を組んで行進してまわる光景が見られた(15)。首相は、カトリック解放をこれ以上拒み続けることは内戦の危険さえもたらしかねないと議会に告げ、国王も事態の深刻なことを悟り、カトリック解放に賛成した。ここにブリテン諸島における近世的な国制（非国教徒への法的規制の体制）は、宗教面では終焉を迎えたのである(16)。

ここで確認しておくべきは、オコンネルはカトリックの特権的地位を求めてはいなかったということである。彼の考えでは、信仰に関して人は神のみに責任を負うのであり、こうした信仰の実践について干渉しようとする人定法こそがむしろ不信心な性格を持つとされた。実際オコンネルはユダヤ教徒の「解放」も支援し、またイングランドのプロテスタント非国教徒がアイルランドのプロテスタント非国教徒と同じ地位を得る（当時、前者の方が法的立場において弱かった）ように祈りを捧げるよう、カトリック協会において動議を発したこともあった。[17]また復古王政期フランスのカトリシズムについては、アイルランドのプロテスタンティズムと同じく体制教会という誤った地位に置かれたため、「人民と自由に対する敵と見なされる」ようになってしまったとも述べていた。[18]すなわちオコンネルは政教分離の下での信仰の自由を最重視したのであり、この姿勢は、「スペイン、ポルトガルのプロテスタントや、コンスタンティノープルのキリスト教徒の解放をもたらすことになるはずの正義、この新しい正義にもとづいて」アイルランドのカトリックの権利を主張していきたい、との彼の言葉によっても裏付けられる。[19]

ラムネとオコンネル、教皇庁

オコンネルに対して、自由主義者となっていたラムネは強い共感を覚えていた。一八三五年、ブリテン諸島に向かう知人に宛てた書簡では「ご旅行中、もしオコンネル氏にお会いになる機会がありましたら、彼の偉大な人格、優れた才能、そして不屈の勇気に対する私の敬意をお伝え下さい」と記しており、[20]また同年、弟子筋にあたるモンタランベールへの書簡では「たくましい腕で古き世界を奈落の底に落とし、人民の新たな権利と、平等と自由の世の到来を告げる、かのオコンネル（略）かの偉大な革命家」と賛美している。[21]オコンネルもラムネに書簡を送り、「［あなたは］自由――市民の自由――と信仰心とを結びつけ、両者の幸福な婚姻の展望を進めておいでのようです」との賞賛の言葉を寄せている。[22]

ラムネはアイルランドにも最大限の賛辞を寄せた。『未来』紙において、「アイルランドの人々はヨーロッパで最も貧しいカトリック信徒だが、この地ほど確固たる信仰が根付いているところはない。というのも、まさしく彼ら貧者が信仰を支えているからである」と述べ[23]、さらに「教会と人民の（略）結合の可能性」を示す例として「信仰と自由の地である高貴なアイルランドを挙げれば十分であろう」とも記している[24]。すなわち、ラムネがアイルランドのカトリシズムについて賞賛したのは、カトリックの「解放」や信仰心の強さだけではなく、カトリック教会が国家から独立していた（ように見える――後述）ことにもよっていた。これは端的に言えば、聖職者が十分の一税や国家からの給与ではなく、信徒からの寄進と各種の儀礼の手数料で生計を立てていたことを意味する。当時アイルランドのカトリック聖職者の年収は、司教クラスでも三〇〇ポンド程度だったと推計され、これは国教会主教の年収が最低でも四〇〇〇ポンドあったことと顕著な対比をなした[25]。「金を払ってもらうと、その相手に依存するようになる。アイルランドのカトリックはこのことをよく分かっていた。彼らは、イングランド政府が何度も押しつけようと試みたこの隷属を常に拒絶してきたのだ。彼らの例から何も学ばないのであれば、我々のカトリック信仰は不安定で弱々しいものとしかならないであろう」とラムネは『未来』紙で述べていた[26]。

オコンネルも先述のように政教分離を重視した。ただし、思想家だったラムネと政治家オコンネルとの間には、はっきりした違いもあった。最大の違いが武力行使への姿勢であり、ラムネは人民が力に訴えて自由を獲得することを是認し、ベルギーやポーランドでの反乱と革命を支持したが、オコンネルは民衆の行動を法の枠内に留めることを重視した。オコンネルはカトリック解放について「他のどのような政治的変革よりも広い影響をもたらす無血の革命」と誇りつつ、すぐに新たな政治運動に乗り出した。すなわち、一八〇一年以来のブリテンとアイルランドの連合王国体制を廃棄してアイルランド王国を復活することを目的とするリピール運動である[27]。ここでもオコンネルは、「公論を喚起《アジテート》せよ！　喚起せよ！　喚起せよ！」と書簡に記したように、カトリック協会型の組織や「人民の叫び」である議会への請願などの言論の力を武器としていた。だがベルギー独立に危機感を抱いた連合王国政府は警戒心を強め、アイルランド総督は情勢が反乱寸前にあると考えてオコンネルの組織を禁じ、さらにオコンネル自身も煽動容疑で逮捕した[28]。この間オコンネルは政府の措置を甘受するように民衆に繰り返し呼びかけつつ、新組織を次々に作ることで対抗した。自らの影響力と指導によって人民が暴力に走ることを抑制できると考えていたのである[29]。また議会でも「我々が欲するのは（略）理性の力であり、我々は一切の暴力、議論の乱暴さえも忌避します」と述べて、合法主義・平和主義の堅持を表明した[30]。

このようにオコンネルは、公論と示威を武器として連合王国政府と対決し、一度は勝利し（カトリック解放）一度は敗れる（リピール）ことになる。オコンネルと比べると、ラムネの戦いは孤独で、悲愴なものとなった。彼は当時のヨーロッパで最大の保守勢力すなわちローマ教皇庁と衝突したからである。だがその過程で、ラムネは自身の思考を一層研ぎ澄まされたものとしていく。

一八三一年に即位したグレゴリウス一六世は、反乱の起こったポーランドの教会に親書を送って権力への服従を命じ、さらにロシア皇帝による反乱の鎮圧も是認した。ラムネに対しても、当時教皇国家の守護役にあったオーストリアのメッテルニヒがその思想を危険視したこともあって、先任のレオ一二世とピウス八世の比較的好意的な姿勢を逆転し、敵対者として臨んだ。ラムネは直接釈明すべきと考え、ローマを訪れてグレゴリウスと面会したが、冷淡に扱われ目的を果たせなかった[31]。のみならず、教皇は一八三二年の教皇回勅で追い討ちをかけた。回勅は、「全ての人間の良心の自由を守るべきなどという、馬鹿げて誤った提唱」、「どのような著作でも出版し人々の手元に届けてもよろしいなどという、有害かつ、どれほど非難しても非難し過ぎることのない自由」などとして、ラムネのリベラル・カトリシズムを断罪した。加えて、「教会の『復興や再建』なるものを提案し（略）教会が欠陥や蒙昧その他の害悪に屈することがあり得るかのごとくする見解は、馬鹿げた有害なものであることは言をまたない。（略）教皇のみが、『教父の定め』について決定を下せるのであり、いかなる私人にもこうしたことは許されていない」と述べて、ラムネら「部外者」による教会のあり方についての提言を手厳しくはねつ

けた。(32)

かつて教皇至上主義を唱えたラムネにとってこの叱責はこたえたはずである。だが彼はこれに屈することなく、「政治的・市民的自由の歩みを止めることはできない以上、こうした進歩と、秩序・正義・公正とを整合させる必要がある」との考えから、一八三四年に『一信者の言葉』を世に問うた。この書でラムネは、「すべての者は、生まれながらにして平等である。何人も命令する権利をもって生まれてきてはいない」とし、さらに「人間は一人では、権力の風によって地に押し伏せられ、そして世俗の権力者の貪欲によって、この世界で生きるための養分は吸いつくされてしまうだろう。それゆえ草木のように一人でいてはならない。互いに団結しなさい、そして支え合い、互いに保護し合いなさい」と述べ、平等と団結を説いた。「興奮した人民の騒々しいざわめきと心の揺らぎは、足下のおぼつかない諸国家をやがて飲み込むことになる嵐の先触れである」と続くこの書は、後に「叙事詩版『共産党宣言』」と呼ばれることになり、大きな反響を呼んだ。だが、その内容からして、教皇から一層強く断罪されることになった。(33)

グレゴリウスは一八三四年の回勅でこの書を名指しで「不信心で、邪で誤った」ものとし、ラムネについても、「かの者は、暴政からの自由を得るために剣を取る兵士たちには幸いと恵みがあろうなどと述べて、人民の集団を、世の一切を呑み込まんとする凄惨な闘いに駆り立てている。かの者はこうした忌まわしい考えにかくも凝り固まっており、我々の指導と命令の一切を踏みにじる者と思われる」と厳しく非難した。(34)この回勅はラムネの信仰・教義というより政治姿勢を問うたものだったが、ラムネはこの後、教皇制を擁護することも放棄する。一八三六～三七年の『ローマ情勢』では、混乱した現状に秩序をもたらし得るのは、教皇や諸国君主による社会の統合などではなく、人民の勝利以外にない、と論じている。(35)後半生のラムネにとっては、「自由・平等・友愛」よりも「平等・自由・友愛」が意味を持ったのであり、一八四八年革命の際には、主要議員の一人として発足直後

図 3-3　1850 年頃のトクヴィル
油彩　所蔵不明　出典：Wikimedia Commons

の第二共和政の国政に加わってもいた。[36] ラムネはこのように思考を発展させていく過程で、超越者たる神の観念や信仰は維持したものの、カトリシズムとは袂を分かつことになる。一八四〇年代にはアイルランドやオコンネルへの言及も減っていく。

　いずれにせよラムネのアイルランド理解は、基本的に間接的な情報にもとづいており、この点で大きな制約があったことは否定できない。これに対して実際に現地を訪れて情報を収集したトクヴィルにとっては、アイルランドのカトリシズムはどのように見えたのだろうか。最初にトクヴィルの宗教論を確認しておこう。

三　トクヴィルとアイルランド

トクヴィルとデモクラシー、宗教、カトリシズム

ヨーロッパでラムネがカトリック信徒・人民の戦いや勝利を讃えていた一八三一年、トクヴィルはアメリカ合衆国を訪れ、この地で「諸条件の平等」を原理として生成・展開しつつあったデモクラシーを観察することで、人類社会の行く末を考察しようとした。彼にとって「諸条件の平等の漸次的進展は（略）神の御業」であり必然であった。[37] デモクラシーに関するトクヴィルの分析は多岐に亘っているが、本章が問題とするのは、デモクラシ

ーと宗教、とりわけカトリシズムとの関連についての彼の考察である。

フランスにおける宗教と「近代」の問題について、ラムネは教皇至上主義、その後自由主義さらには人民主権の理念に解決を託したが、トクヴィルはアメリカに別な可能性を見いだした。彼の見たアメリカは、各人がデカルトの方法的懐疑を身につけた（ただし、デカルトを読んだ者はおそらくいない）社会でありながらも、世俗化は進行しておらず、政教分離の原則の下で宗教とくにキリスト教が重要な役割を担う社会であった。トクヴィルはこの状況を肯定的に見た――「私は（略）新しいデモクラシーにおいてはあらゆる代価を払ってもキリスト教を維持する必要があることを確信する」[38]。トクヴィルによれば、思想の自由が最大限に確立された社会であっても、人は神や人間の本性といった根本的だが難解な問題については確固たる答えを出すことができない。このため自身で判断を下すことを放棄して他者の見解へ隷従することになりかねないが、これは自由の返上に通ずる。これがデモクラシーの最大の逆説・危険であり、それを防ぐためには、宗教が「健全な枠をはめるもの」＝基本的価値基準の提供者として存在しなければならない。すなわち、人は信仰を持たないと隷属を免れ得ず、逆に自由であるためには信仰が必要である、とされたのである[39]。

このように、トクヴィルは宗教についてデモクラシーの社会心理から論じる傾向が強く、教義内容から考察を行っていたとは言い難い[40]。これはトクヴィルの宗教論の弱点のひとつとも言える[41]。少くともこの書においては、宗教は救済をもたらすものではなかった。「合衆国には数えきれないほどたくさんの宗派がある。（略）社会にとってもっとも重要なのは、すべての市民が正しい宗教を信ずることではなく、ひとつの宗教を信ずることである」との議論は、宗教を市民宗教として扱いがちなトクヴィルの姿勢をよく示すものと言えよう[42]。

ここで注目すべきは、トクヴィルにとって「ひとつの宗教」はキリスト教を意味したが、そのうち特にカトリシズムこそが、デモクラシーに親和的な教派とされていることである。トクヴィルによれば、カトリック教徒は（略）信仰への熱意に溢れている。にもかかわらず、彼らは合衆国ではもっとも共和的で、民主的な階級を成している。（略）カトリック信仰をデモクラシーの天敵とみなすのは誤りだと思う。それどころか私には、キリスト教のさまざまな教えの中でも、カトリシズムは諸条件の平等にもっとも好意的なもののひとつであるように思われる。(43)

カトリック教会の位階制度を考えると、カトリシズムがデモクラシーと両立可能であるとするのは突飛な考えにも思える。しかしトクヴィルは、「われわれの子孫は次第に二つの部分、すなわちキリスト教から完全に抜け出す人々と、ローマ教会の中に入る別の人々とに分かれて行くであろう」とまで述べ(44)、カトリシズムが将来の人類社会において決定的に重大な意義を持つとしている。ここにはプロテスタントの存在は想定されていない。トクヴィルにとってプロテスタンティズムとは、絶えず分裂を繰り返すことでキリスト教自体を危険にさらしかねないものだったのである。(45)

デモクラシーとカトリシズムの親和性の根拠としてトクヴィルが挙げたのは、第一にアメリカのカトリック信徒がプロテスタント支配地域の出身であり、合衆国でも貧しく少数派であるために平等性を重視している、という事実であった。この点については後述する。第二の根拠は、聖職者の職が万人に開かれている点(46)と、加えて、「教義に関して、カトリシズムはあらゆる知性を同等に扱う。賢者も無学な者も、才能の持ち主も凡人も、みな同じ信仰上の細かな決まりに縛りつける。（略）社会の全階級を祭壇の前でひとつにすることを好む」と言う点であった。(47)実のところ、こうした教義の画一性と、「平等」な信徒たちに対する聖職者の権威こそが、ラムネと教皇庁の不幸な決別の要因のひとつだったのだが、トクヴィルの議論にあっては、カトリシズムとデモクラシーの結合における重要な要素とされたわけである。

カトリシズムとデモクラシーの両立というトクヴィルのテーゼについて、同時代のアメリカの論壇は揃って「無理な誇張」としていた。[48] 実はカトリシズムの平等性を論じた箇所は、公刊以前の草稿の段階にあって父親から反対されたにもかかわらず、トクヴィルが存続させたという経緯があった。[49] 実際、トクヴィルは『アメリカのデモクラシー』の原稿を何度も書き直したが、ある段階では、プロテスタントこそが共和主義もしくはデモクラシーに親和的であり、カトリシズムは制限君主制に近い、と記していた。この一節は結局書き改められたが、これらの例は重要であり、トクヴィルがいわば無理を承知の上で論理をおし進めようとしていた可能性を示唆する。その目的は、同時代のフランスに対するメッセージを込めることにあった。[50] 七月王政のフランスのカトリシズムについて、トクヴィルは悲観的だったのである――「私が恐れるのは、カトリシズムは新しい社会を是認することは決してないだろうということです。昔あった地位のことが忘れられないでしょうし、権力を手中にしようものならいつでも、それを急いで濫用しようとするでしょう」。[51] その一方で、理由はともあれ、アメリカではカトリシズムがデモクラシーと共存していたのは事実であり、両者が互いに敵対するものと考えられていたフランスに対して、アメリカの状況を範例として示すことには意義があると考えられたのである。

なお、こうした形でデモクラシーとカトリシズムを結びつけようとしたトクヴィルの議論が、カトリック自由主義者としてのラムネの思想とどのような関係にあるのかは興味深い問題である。[52] トクヴィルは『アメリカのデモクラシー』をラムネに献呈した際に「あなたの人格と著作に対して「私ほど」深い敬意と強い称賛の意を表明する者はおりません」と記しているが、両者の間の思考のやりとりを示す直接の証拠は乏しい。[53]

いずれにせよ、トクヴィルによるアメリカのカトリシズム論は、多分にメッセージ性の強い形で展開されたものだったと言える。では、アメリカとは別な歴史的文脈において、しかし信仰心は同じように強力に維持された形でカトリシズムとデモクラシーが両立しているかに見えたアイルランドにおいて、トクヴィルは何を見出したのだろうか。

実は、アメリカ合衆国でトクヴィルが見出したカトリック信徒は、「アイルランドから合衆国にカトリック人口が流入し始めた。他方、アメリカのカトリシズムも改宗者を増やした」とあるように(54)、アイルランド人移民が主体であった。先述のデモクラシーとカトリシズムの親和性の第一の根拠は、アイルランド人移民を主な材料として呈示されたものだったのである。ただし、移民先と祖国の二つのカトリック・アイルランド人集団は、トクヴィルの思考においては関連づけられてはいない。トクヴィルのアイルランド訪問は、『アメリカのデモクラシー』第一巻と第二巻の執筆・公刊の間になされており、アイルランド訪問の経験がどこまで第二巻の内容に反映されたのかは興味深い論点だが、この点についてははっきりした証拠がない。トクヴィルは第一巻と同じ材料を用いて第二巻を執筆しており、第二巻は第一巻の延長線上にあると考えられる(55)。すなわち、トクヴィルにとってアイルランドのカトリシズムとアメリカのカトリシズムは別物だったといえる。

トクヴィルの見たアイルランド

トクヴィルは親友ボモンと共に一八三五年にイングランドを訪問し、そのままリヴァプール経由でダブリンに渡り、南部のコークを経てもっとも貧しい西部のメイヨにまで足を運んだ。合計六週間ほどの滞在であり、アルスタ地方には入っていないため、プロテスタントが優勢だった大都市を除けば、基本的にカトリック地域を視察したことになる。トクヴィルは帰国後すぐにJ・S・ミルに手紙を書き、ロンドンで面会できなかったこと、そして「心に強い印象を残した（略）アイルランドについて再び話をすることをとりわけ望んでいた」が、それがかなわなかったことを悔やんでいる(56)。

貧しいながらも敬虔な民としてアイルランドのカトリックを見る姿勢において、トクヴィルとラムネは共通していた。ただし、自分の目でアイルランドを眺めたトクヴィルの考察は、ラムネのやや素朴な理解とは次元が異なっていた。このアイルランド訪問で彼が記した観察記録は、イングランド訪問の記録よりも充実したものであり(57)、その内容は、宗教に限らず、社会状況、教育、統治、司法などさまざまな主題に及び、自身の考察に加えて、現地で面会した約二〇人との会話が記録されている。そのうち九人がカトリックおよびプロテスタントの聖職者である。以下、この観察記録と書簡を材料に、トクヴィルのアイルランド観の再構成を試みよう。

アイルランドで最初にトクヴィルの目を奪ったのは、この国の貧しさであった。「生涯忘れることのできないほどの惨状であり、未開部族の間でしか、それも新世界で絶滅に瀕している人々の間でしか見たことのないほどの貧しさでした（略）誇張は一切ありません」と知人に伝えている(58)。また、豚が人間と同じ家屋で飼われていることに驚嘆するあまり、「こうした社会からは、豚の文明において確かな進歩が生ずると言えましょう」などと辛辣なコメントを従姉妹に書き送ってもいる(59)。とは言えトクヴィルは、貧しさに驚愕するだけでなく、この国のカトリック信仰の力強さも認めていた。帰国直前に友人に送った書簡では、「アイルランドでもっとも強い印象を受けたことのひとつは、この地では宗教的感情が（略）強い力を維持しているということです。（略）他の多くのカトリック国では、多数派は信仰のことなど考えず、少数派は信仰のことしか考えないのですが、アイルランドはまるで違っています」と記していた(60)。

こうした信仰の強さの要因についてトクヴィルが問うと、カトリック聖職者は教会と信者の一体性を答えに挙げた。一司教は、「この国の聖職者と民との間には信じられないほど強い結びつきがあります」と言明した(61)。神学校長の一人も、聖職者と民衆は「親しく結びついている」と述べつつ、フランスの聖職者が信徒に接する姿勢を批判した(62)。ある司祭は、アイルランドのカトリックの民は搾取されて、自分たちの信仰儀礼を簡素な形でさえ遂行するお金も持たないと言ったが、政府による教会の建設や給与の支払いについてトクヴィルが質問すると、以下のように応じた――

そんなことを口にするのは我々の聖なる信仰の敵だけ（略）神父と民とを結ぶ絆を断とうとする者だけです。（略）彼らは労働の果実を気前よく私と分かち合いますし、私は彼らに自分の時間、配慮、そして魂の全てを差し出すのです。彼らなしに私はやっていけませんし、私なしでは彼らは悲しみに耐えきれないでしょう。私たちの間では、親愛の感情が絶え間なく取り交わされているのです。政府から金を受け取ったりしたら、その日から、彼らは私のことを仲間と見なすのを止めてしまうでしょう（略）信仰の根は民のうちにあるのです。彼らこそが来世を固く信じているのです。と言うのも、彼らは現世において不幸だからです。彼らの素朴で純真な想像力こそが、彼らを迷いのない信仰に導くのです（略）[63]。

実際、トクヴィルが会話したカトリック聖職者は全て、国家による聖職者の給与制の導入に反対していた[64]。司教の一人は、「我々は民によって、彼らの生み出したものと見なされ、彼らに愛されています。それは、彼らが我々に何ほどかを与えているからです」としつつ、フランスのカトリック教会、特に高位聖職者の邸宅や聖体祭の仰々しい様子を批判した[65]。要するにこれこそが、ラムネがアイルランドのカトリシズムに見出した国家からの「自立」であり、トクヴィル自身も、こうした形での聖職者と貧しい信徒の絆がアイルランド社会の根幹をなしていると見ていた[66]。

だが実際には、この時期のアイルランドのカトリック教会は国家から完全に自立していたわけではない。すでに一七九五年に政府からの助成金を受けてカトリック神学校が設立されており、同校の学生数は一八三〇年には四〇〇人に近づいていた。世紀半ばの段階では、アイルランドの非修道会系カトリック聖職者の約半数はこの神学校の卒業生であった[67]。聖職者の国家給与制の問題について見ると、トクヴィルの観察記録においてこの問題がしばしば言及されているのは、当時これが政府によって提案され物議をかもしていたからである。神学校の存在を考慮に入れると、これは実態としては、国家とカトリック教会の間の結びつきをもう一歩進めようとする措置に過ぎなかった。さらに言えば、この国家給与制が最初に提案された一七九九年には、アイルランドの全てのカトリック大司教は「ありがたく受諾する」との決議をしており、またオコンネルさえも、通過しなかったとはいえ一八二五年のカトリック規制撤廃法案に国家給与制を加えることを認めていた[68]。トクヴィル訪問時には、オコンネルは給与制には反対したが、聖職者への土地の支給には賛成していた[69]。すなわち、アイルランドにおける国家とカトリック教会の分離は完全なものではなく、ラムネはもちろんトクヴィルもこの点で拡大解釈をしていた可能性は否定できない。アイルランドにおける政教分離の確立は、国教制度が廃止され、長老派およびカトリックの神学校への助成金も終了した一八六九年のことになる。

もちろん、どのような観察・考察も「現実」との間にはズレが生じてしまう。ここでは、トクヴィルにとってはアイルランドの現実そのものよりも、フランスの状況との対比の方が重要だったことを確認しておこう。当時のアイルランドにおいて、カトリック教会は多数派の教会でありながら国家から相対的に自立し、同時に信者の心を掴んでもいた。加えて、後述するようにトクヴィルはアイルランドにおいてカトリシズムをデモクラシーとほぼ同一視していた。政教分離の原則のもとにある（ように見える）教会の方が「健全」かつ新時代に適合的であることをフランス人に示す意味では、アイルランドはトクヴィルがアメリカから引き出した解釈を補強する例となったと言えよう。ただしトクヴィルは、アイルランドの宗教の実情において、アメリカの場合とは大きく異なる問題、そしてフランスにとって範例とはなり得ない問題も見出していた。すなわちカトリックとプロテスタント諸派との間の宗派対立である。

アイルランドにおける宗派対立

カトリック神学校の校長は、トクヴィルに「あなたが泊まっておいでの宿屋はプロテスタントによって経営されていますが、もし私がそこにあなたをお訪ねしたりしたら、間違いなく大変に驚かれるでしょう」と告げている。(70) 逆にプロテスタントのジェントルマンは以下のように述べていた――「私は、これまでの人生でカトリックのお宅で食事をしたことは一度しかありませんし、それも偶然からでした。我々［プロテスタントとカトリック］は、ほとんどおつきあいをすることはありません(71)」。

こうした宗派の分断は、階層社会での垂直的な分断ともオーバーラップしていた。一八三四年の宗派センサスによれば、アイルランドには国教徒の八五万人、長老派の六四万人に対し、カトリック信徒は六四〇万人以上もいた。(72) ところが、カトリックの所有地は全土の一〇パーセント未満であった。(73) また都市自治体もほとんど国教徒の寡占支配の下にあり、さらにカトリック解放直後の一八三〇年、アイルランドにあった約二八〇〇の公職ポストのうち、カトリックが任命されていたのは二六四のみであった。(74) 要するに当時のアイルランドにおいて、少数派のプロテスタントは、土地所有者であると同時に都市所有者であり、さらには国家の所有者でもあった。こうした社会の構造は主に一六・一七世紀の征服と入植によって作り出されており、トクヴィルも記したように、アイルランドの支配階級と人民とは、「血、習俗、宗教」において異なっていたのである。(75) 従って、宗派間関係は困難を伴った。プロテスタント聖職者の一人は、トクヴィルに貴族制の必要を訴え、また「民は全般に無能な存在であり、特にアイルランドの民は自らを治める能力を持たない野蛮人である」と語った。(76) 逆にカトリックの聖職者たちは、トクヴィルの見るところ「極めてデモクラティック」であるだけでなく、強い反地主・反プロテスタント聖職者の感情を抱いていた。(77)

以上に述べてきた内容を含むアイルランド観察記録を、トクヴィルは生前に出版することはなかった。初めて公にされたのは一九五八年の英訳だが、この時にはイングランド訪問の観察記録と合冊の刊行であり、翻訳者による解説序文ではアイルランドへの言及はわずかであった[78]。本格的な分析は一九九〇年版の翻訳者ラーキンによる序文が初めてであり、加えてクリースの二〇一二年の論文が続いたものの[79]、研究の蓄積があるとは言い難い。なおカーンの新著は、トクヴィルのアイルランド観全体について要約しているものの、特に新しい知見を加えるものではない[80]。

トクヴィルが生前にアイルランド観察記録を刊行しなかった理由として、ラーキンは、ボモンが自身の観察記録を出版する予定があり、それに配慮したためとする[81]。他方でクリースは『アメリカのデモクラシー』の構図とズレがあったためと論じる。すなわち、トクヴィルの主な関心は、貴族制に代わるべきデモクラシーにおけるカトリック／キリスト教信仰の行方、もしくは両者の共存可能性を追及することにあり、アイルランドに見られるような宗派対立の問題を検討することではなかった。その上アイルランドでは、貴族制とデモクラシーの対抗がプロテスタント―カトリックの対抗と重なっていた。このことは、アイルランドでは両派の衝突が不可避となる可能性を、少なくともトクヴィルのパースペクティヴにおいては意味する[82]。

クリースの解釈は、なぜトクヴィルがアイルランド訪問を挟みながらも『アメリカのデモクラシー』の第一巻と第二巻の記述を基本的に同じものとしたのかの説明ともなっているが、このアイルランド観察記録未刊行の問題は、直接の証拠がないために推論の域を出ない。いずれにせよこの観察記録は、完成稿ではなくメモもしくは草稿としての性格が強く、トクヴィルのアイルランド観は書簡で補う必要がある。トクヴィルはアイルランドを発った直後、滞在中に歓待を受けた貴族への礼状で、アイルランドには他のヨーロッパ諸国と違って貴族と人民の間に中間層が存在しないことを指摘し、さらに「これらの二大階級は戦場で対峙する軍隊のごとき睨み合いの様相を呈しています」と述べた後、「アイルランドでもっとも強い印象を受けたのは、いわばデモクラシーとカトリシズムの結合でした。カトリックの一派は、おそらくは宗派と言うよりはデモクラシーの党派です。彼らにそうした性格を与えているのは、とりわけ［カトリック］聖職者の影響力です」と続けている。トクヴィルによれば、アイルランドの南部と西部では聖職者が政府にも等しい力を持ち、土地は貴族の所有にあったが民は聖職者の手中にあったのである[83]。さらにトクヴィルは、「民を手中にしていた」カトリック聖職者の心中を推し量って言う――もしプロテスタント聖職者の所有がもう少し小さく、カトリック貧民の所有がもう少し大きくなれば、社会に裨益するであろう。そして驚くべきことには、五〇〇〇人のカトリックが、四〇人のプロテスタントの信仰を維持するために二万ポンドもの金を支払っているのだ。だがこうした思考法はまさしく革命家のものであり、受け入れるわけにはいかない[84]。

逆に言うとトクヴィルによれば、もし民を支配するカトリック聖職者が政治の領域に一歩を踏み出せば、国教会体制が深刻な挑戦を受けるだけでなく、革命にいたる可能性もあった。この危険性について、トクヴィルは踏み込んで記している――

> 彼ら［カトリック聖職者］は地主をひどく嫌っていますし、イングランド人に対してもまるで良い感情を持っていません。そのため、アイルランドとイングランドの連合王国体制の維持を望み、アイルランドでの革命を嫌う者にとっては、以下を願うことも当然のはずです。すなわち、聖職者と人民を結ぶ堅い絆を破壊する――それは大いなる災いでしょう――わけではないにせよ、緩めることも可能だろう、ということです。私は、そのための方策として最も有効なのは聖職者の国家給与制なのではないか、と信じないわけにはいかないのです。

トクヴィルはここで、国家給与制を認める、すなわち自らが奉じていた政教分離の原則――近代デモクラシーと宗教の関係における柱のひとつ――から大きく逸脱する可能性をも認めるにいたっていた。「アイルランドほど、宗教上の憎悪と政治上の敵意が危険な形で結びついているように見える国はなかった」と言う状況に対して、それほど強い危機感を抱いていたと見ることも可能だろう。(85)

だが実は、トクヴィルがアイルランドにおける宗派対立を拡大解釈していた可能性もある。先述の宿屋の分離の例については、他の史料での裏付けは必ずしも豊かではない。(86)また当時のアイルランドでは宗派間の融和が試みられてもおり、その主な推進役の一人がオコンネルであった。(87)さらには、「民を手中にしていた」のは実際には聖職者ではなく、カリスマ的指導者だったオコンネルだったのである。結局、一九世紀のアイルランドではトクヴィルの恐れたようなカトリックとプロテスタントとの間の衝突は、原因は一様ではないにせよ、回避されるのである。

四　アイルランド・カトリシズムの広がり

一八三〇年前後のヨーロッパ・カトリック圏において、最も活力に満ちているように見えた地はアイルランドだったのかも知れない。法的規制の撤廃を勝ち取った後のアイルランドは、「自由な」宗教であるカトリックがデモクラティックな形で隆盛した場として、ラムネ、トクヴィルに加えて、ラコルデール、ボモンらフランスの知識人の注目を集めた。

彼らの認識には、当然ながら現実とのズレがあった。ラムネが期待したような形でのカトリック人民主権は、自由主義者オコンネルの下では実現され得なかった。その一方でオコンネルの存在は、トクヴィルの危惧したような宗教内戦が起こらないことに関しても、小さからぬ保証となったのである。言いかえれば、オコンネルの運動によってヨーロッパの西端に生み出された高度に政治化されたカトリック民衆は、フランス革命の理念を再定義しようとしていた知識人の期待する、もしくは革命の混乱を経験した知識人の危惧する方向に導かれることはなかった。むしろこうした認識のズレこそが、公論を力とするオコンネルの民衆政治の新しさを裏付けるものとも言えよう。

なおアイルランドのカトリシズムについて、考察の範囲を「オコンネルの時代」にとどめず一九世紀後半にも広げるならば、無視できない議論として「信仰革命」論がある。このテーゼによれば、アイルランドのカトリックは、一九世紀後半の聖職者数の増加（人口は減っていた）および司牧活動の質の向上を受けて、秘蹟を受ける機会が増大し、ミサへの出席率も上昇した。この結果、彼らはこの時期に初めて「本来の」カトリック信徒となった、とされる(88)。

このテーゼについては論争が続いている。主な争点は、教会・聖職者の側の改革が一九世紀中葉になって突然強化されたのか、それともトレント公会議以来進行していた漸進的な性格のものだったのか、ということにある(89)。いずれにせよカトリック聖職者の側の充実よりも早い時期に、信徒とくに民衆層の政治化がオコンネルの下で進行していたことは否定できない。一九世紀前半のアイルランドは、アイルランド史における一九世紀のタイムスパンで見ても、そして同時代のヨーロッパでも見ても、カトリシズムと「リベラリズム」・「デモクラシー」の独特の形での結合を示したのである。

注

（1）　K・v・アーレティン（沢田昭夫訳）『カトリシズム―教皇と近代世界』（平凡社、一九七三）、第二章：高柳俊一「フランス絶対王政と革命」、高柳「カトリック教会と市民階級」（高柳・松本宣郎編『キリスト教の歴史二　宗教改革以降』（山川出版社、二〇〇九）所収）。

（2）大野一道「ラムネーの変貌―『一信者の言葉』発表まで」『白百合女子大学研究紀要』一五号　一九七九：中谷猛「ラムネと自由主義的カトリシズム―『未来』新聞を手掛りにして」『立命館法學』一九四号　一九八七：江島泰子「ラムネとヴィアンネ―二人の司祭、二つのキリスト教」『国際文化表現研究』三号　二〇〇七：高山裕二「民主主義と宗教―ラムネとトクヴィル」（宇野重規・伊達聖伸・高山編『社会統合と宗教的なもの―一九世紀フランスの経験』（白水社、二〇一一））。

（3）本章では以下を参照した。中谷猛『トクヴィルとデモクラシー』（御茶の水書房、一九七四）：中谷猛『フランス市民社会の政治思想―アレクシス・ド・トクヴィルの政治思想を中心に』（法律文化社、一九八一）：中谷猛『近代フランスの思想と行動』（法律文化社、一九八八）：中谷猛「「ナショナル・カトリシズム」と「市民宗教」の問題」『立命館国際研究』一二巻三号　二〇〇〇：小川晃一『トクヴィルの政治思想―政治における知性』（木鐸社、一九七五）：松本礼二『トクヴィル研究―家族・宗教・国家とデモクラシー』（東京大学出版会、一九九一）：松本礼二『トクヴィルで考える』（みすず書房、二〇一一）：松本礼二・三浦信孝・宇野重規編『トクヴィルとデモクラシーの現在』（東京大学出版会、二〇〇九）：宇野重規『デモクラシーを生きる―トクヴィルにおける政治の再発見』（創文社、一九九八）：宇野重規『トクヴィル　平等と不平等の理論家』（講談社、二〇〇七）：富永茂樹『トクヴィル―現代へのまなざし』（岩波書店、二〇一〇）：髙山裕二「アメリカのデモクラシーの世論と宗教の境界―トクヴィルとリヴァイヴァリズム」『早稲田政治經濟學雑誌』三六五号　二〇〇六：高山裕二『トクヴィルの憂鬱―フランス・ロマン主義と〈世代〉の誕生』（白水社、二〇一二）：菊谷和宏『「社会」の誕生―トクヴィル、デュルケーム、ベルクソンの社会思想史』（講談社、二〇一一）。

（4）Alexis de Tocqueville à Comte Molé, août 1835, Tocqueville, *Nouvelle correspondance, entièrement inédite. Œuvres complètes*, tome 7. (M.Lévy, 1866), p.136.

（5）Douglas Kries, 'Tocqueville's unfinished manuscript on Ireland', *Review of Politics*, vol. 74, issue 4, 2012, p.656.

（6）中谷「ラムネと自由主義的カトリシズム」、五三四頁。

（7）*Essai sur l'indifférence en matière de religion. Œuvres complètes; Edition établie, préfacée et annotée par Louis Le Guillo*, tomes 1-2 (Slatkine Reprints, 1980); Bernard Reardon, *Liberalism and tradition: Aspects of Catholic thought in nineteenth-century France* (Cambridge UP, 1975), pp. 68-73.

（8）*De la religion considérée dans ses rapports avec l'ordre politique et civil. Œuvres complètes*, tome 4 (Slatkine Reprints,

1981); Reardon, *Liberalism and tradition*, pp. 87–89; W. G. Roe, *Lamennais and England: The reception of Lamennais's religious ideas in England in the nineteenth century* (Oxford UP, 1966), p. 7.

(9) *Des progrès de la révolution et de la guerre contre l'Eglise suivis de deux lettres à Monseigneur l'Archevêque de Paris. Œuvres complètes*, tome 5 (Slatkine Reprints, 1981); Reardon, *Liberalism and tradition*, pp. 90–91.

(10) *Des progrès*, p. 22; Roe, *Lamennais and England*, p. 9.

(11) Reardon, *Liberalism and tradition*, pp. 94–95.

(12) 中谷「ラムネと自由主義的カトリシスム」、五五一頁。

(13) *Journaux ou articles publiés dans le Mémorial catholique et l'Avenir. Œuvres complètes*, tome 5, pp. 325–326.

(14) *Freeman's Journal*, 5, 7, 9, 10, 14, 15, 16 January 1828.

(15) *Freeman's Journal*, July to November 1828, *passim*.

(16) カトリック解放の経緯については、以下も参照。James A. Reynolds, *The Catholic emancipation crisis in Ireland, 1823–1829* (Yale UP, 1954); Fergus O'Ferrall, *Catholic emancipation: Daniel O'Connell and the birth of Irish democracy 1820–30* (Gill and Macmilllan, 1985).

(17) *Freeman's Journal*, 19 July 1824; Daniel O'Connell to Isaac Lyon Goldsmid, 11 September 1829, M. R. O'Connell (ed.), *Correspondence of Daniel O'Connell, vol. 4, 1829–1832* (Irish UP, 1977), letter 1604; Robert Vicars to O'Connell, 25 September 1829, *ibid.*, letter 1609.

(18) *Dublin Morning Post*, 16 September 1830, cited in *Correspondence of O'Connell, vol. 4*, letter 1709.

(19) M. R. O'Connell (ed.), *Correspondence of Daniel O'Connell, vol. 1, 1792–1814* (Irish UP, 1972), letter 178, note 1.

(20) Lamennais à A. M. Dillon, 1 septembre 1835, Félicité Robert de Lamennais, textes réunis, classés et annotés par Louis Le Guillou, *Correspondance générale, tome 6, 1834–1835* (Armand Colin, 1973), lettre 2460.

(21) Lamennais à Montalembert, 6 octobre 1835, *Correspondance générale, tome 6*, lettre 2468.

(22) O'Connell à Lamennais, 20 mars 1838, *Correspondance générale, tome 7, 1836–1840* (Armand Colin, 1978), appendice, lettre 1223.

（23）*Journaux ou articles publiés dans le Mémorial catholique et l'Avenir*, p. 157.

（24）*Journaux ou articles publiés dans le Mémorial catholique et l'Avenir*, p. 346.

（25）Desmond Keenan, *The Catholic church in nineteenth-century Ireland: A sociological study* (Gill and Macmillan, 1983), p. 231; Robert Carl Shipkey, *Robert Peel's Irish policy: 1812-1846* (Garland Publishing, 1987), p. 39.

（26）*Journaux ou articles publiés dans le Mémorial catholique et l'Avenir*, pp. 155-156.

（27）O'Connell to Edward Dwyer, 14 April 1829, *Correspondence of O'Connell, vol. 4*, letter 1551; O'Connell to Pierce Mahony, 4 June 1829, *ibid.*, letter 1581.

（28）Douglas Kanter, ***The making of British Unionism, 1740-1848: Politics, government and the Anglo- Irish constitutional relationship*** (Four Courts Press, 2009), pp. 175-184.

（29）O'Connell to Thomas Atwood, 16 February 1830, *Correspondence of O'Connell, vol. 4*, letter 1640; O'Connell to Michael Staunton, 11 October 1830, *ibid.*, letter 1716; O'Connell to Dwyer, 9 November 1830, *ibid.*, letter 1724; O'Connell to Richard Newton Bennett, 31 December 1830, *ibid.*, letter 1744; *ibid.*, letter 1751, note 3; *ibid.*, letter 1757, note 7.

（30）Speech of O'Connell, 2 November 1830, *Hansard's parliamentary debates*, third series, vol. 1, p. 104.

（31）アーレティン『カトリシズム』、七〇―七一頁；ルイ・ル・ギュー（伊藤晃訳）『ラムネーの思想と生涯』（春秋社、一九八九）、二六―二八頁。

（32）Papal Encyclicals Online（http://www.papalencyclicals.net/Greg16/g16mirar.htm）; http://www.documentacatholicaomnia.eu/a_1010_Conspectus_Omnium_Rerum_Alphabeticus_Littera_S.html#SS_Gregorius_XVI.

（33）*Paroles d'un croyant 1833. Œuvres complètes*, tome 6; Roe, *Lamennais and England*, pp. 13-17; Reardon, *Liberalism and tradition*, pp. 97-98; 高山「民主主義と宗教―ラムネとトクヴィル」、二一六―二一九頁。

（34）Papal Encyclicals Online（http://www.papalencyclicals.net/Greg16/g16singu.htm）; http://www.documentacatholicaomnia.eu/a_1010_Conspectus_Omnium_Rerum_Alphabeticus_Littera_S.html#SS_Gregorius_XVI. 二つの回勅について藤崎衛氏のご教示を得ました。文責は全て筆者にあります。

（35）*Affaires de Rome. Œuvres complètes*, tome 6 (Slatkine Reprints, 1981); Roe, *Lamennais and England*, pp. 18-19.

(36) Roe, *Lamennais and England*, pp. 16, 25–26.

(37) トクヴィル（松本礼二訳）『アメリカのデモクラシー一（上）』（岩波書店、二〇〇五）、一四頁。以下、同書の引用は松本訳から。一部変更。

(38) 『アメリカのデモクラシー二（上）』、二五二頁。

(39) 『アメリカのデモクラシー二（上）』、四四—四九頁：松本『トクヴィル研究』第二章。

(40) 松本『トクヴィル研究』、一〇六頁。

(41) 松本『トクヴィルで考える』、二二九—二三一頁。Cf. 高山『トクヴィルの憂鬱』、一五七—一五八頁。

(42) 『アメリカのデモクラシー一（下）』、二一七頁。

(43) 『アメリカのデモクラシー一（下）』、二一二—二一三頁。

(44) 『アメリカのデモクラシー二（上）』、六〇頁。

(45) 中谷『フランス市民社会の政治思想』、一六五頁。

(46) James T. Schleifer, 'Tocqueville and religion: Some new perspectives,' *Tocqueville Review*, vol. 4-2, 1982, p. 309. なお、これは未公刊ノートでの記述である。

(47) 『アメリカのデモクラシー一（下）』、二一三頁。

(48) オリヴィエ・ザンズ「一九世紀アメリカにおける『アメリカのデモクラシー』」（松本・三浦・宇野編『トクヴィルとデモクラシーの現在』）、三八頁。

(49) Schleifer, 'Tocqueville and religion,' pp. 308–310.

(50) Schleifer, 'Tocqueville and religion,' pp. 307, 310.

(51) 高山『トクヴィルの憂鬱』、二二三頁。一部変更。

(52) 松本『トクヴィルで考える』、二四〇頁。日本では高山「民主主義と宗教—ラムネとトクヴィル」がある。

(53) Lucien Jaume, *Tocqueville: Les sources aristocratiques de la liberté: Biographie intellectuelle* (Fayard, 2008), p. 114. Cf. 高山『トクヴィルの憂鬱』、一五二頁。

(54) 『アメリカのデモクラシー一（下）』、二一二頁。

(55) 松本『アメリカのデモクラシー』「解説」、三一八頁；松本・三浦・宇野編『トクヴィルとデモクラシーの現在』、九四頁。

(56) Tocqueville à John Stuart Mill, 12 septembre 1835, *Correspondance anglaise. Œuvres complètes; Texte établi et annoté par J. P. Mayer et Gustave Rudler*, tome 6-1 (Gallimard, 1954) p. 295.

(57) Emmet Larkin, 'Introduction', in *Alexis de Tocqueville's Journey in Ireland July-August, 1835*, translated and edited by Larkin (Catholic University of America Press, 1990), p. 2.

(58) Tocqueville à Lord Radnor, 28 août 1835, *Correspondance anglaise. Œuvres complètes; Texte établi, présenté, et annoté par A. P. Kerr*, tome 6-3, (Gallimard, 2003), p. 45.

(59) Tocqueville à la Comtesse de Grancey, 26 juillet 1835, *Nouvelle correspondance entièrement inédite*, p. 128.

(60) Tocqueville à la Comte Louis de Kergorlay, juillet 1835, *Nouvelle correspondance entièrement inédite*, pp. 129-130.

(61) *Tocqueville's journey in Ireland*, translated and edited by Larkin, p. 42.

(62) *Tocqueville's journey in Ireland*, translated and edited by Larkin, pp. 43-44.

(63) *Tocqueville's journey in Ireland*, translated and edited by Larkin, pp. 126-127.

(64) *Tocqueville's journey in Ireland*, translated and edited by Larkin, pp. 42, 44, 49, 59.

(65) *Tocqueville's journey in Ireland*, translated and edited by Larkin, pp. 59-60.

(66) Larkin, 'Introduction', p. 10.

(67) R. B. McDowell, *Public opinion and government policy in Ireland, 1801-46* (Faber & Faber, 1952), p. 31; Emmet Larkin, *The pastoral role of the Roman Catholic church in pre-Famine Ireland, 1750-1850* (Four Courts Press and The Catholic University of America Press, 2006), p. 56.

(68) S. J. Connolly, 'The Catholic question, 1801-12', in W. E. Vaughan (ed.), *A new history of Ireland V: Ireland under the union I* (Clarendon Press, 1989) pp. 27, 36; Connolly, 'Mass politics and sectarian conflict, 1823-30', *ibid.*, pp. 95-96.

(69) Richard Davis, *Revolutionary imperialist: William Smith O'Brien 1803-64* (Lilliput Press, 1998), p. 71.

(70) *Tocqueville's journey in Ireland*, translated and edited by Larkin, p. 45.

(71) *Tocqueville's journey in Ireland*, translated and edited by Larkin, p. 73.

(72) British parliamentary papers, Royal commission on state of religious and other public instruction in Ireland. First report, appendix; Second report, 1835 [45] [46] [47] XXXIII.1, 829, XXXIV.1, p. 45.

(73) J. G. Simms, "Protestant ascendancy, 1691–1714", in T. W. Moody and W. E. Vaughan (eds.), *A new history of Ireland IV: Eighteenth-century Ireland 1691–1800* (Clarendon Press, 1986) p. 13.

(74) Speech of J. Hume, 11 May 1830, *Hansard's, parliamentary debates*, second series, vol. xxiv, p. 558.

(75) Tocqueville à son père, 16 juillet 1835, *Correspondance familiale. Œuvres complètes*; Établi par André Jardin, annoté par Jean-Louis Benoît et André Jardin, tome 14 (Gallimard, 1998), p. 184.

(76) *Tocqueville's Journey in Ireland*, translated and edited by Larkin, p. 128.

(77) *Tocqueville's Journey in Ireland*, translated and edited by Larkin, pp. 46–47.

(78) Alexis de Tocqueville, edited and translated by J. P. Mayer, *Journeys to England and Ireland* (Faber & Faber, 1958).

(79) Kries, 'Tocqueville's unfinished manuscript on Ireland'.

(80) Alan S. Kahan, *Tocqueville, democracy, and religion: Checks and balances for democratic souls* (Clarendon Press, 2015), pp. 172–176.

(81) *Tocqueville's Journey in Ireland*, translated and edited by Larkin, p. 2.

(82) Kries, 'Tocqueville's unfinished manuscript on Ireland', pp. 656–657.

(83) Tocqueville à Lord Radnor, 28 août 1835, *Crrespondance anglaise*, tome 6–3, pp. 46–47.

(84) Tocqueville à la Comtesse de Grancey, 26 juillet 1835, *Nouvelle correspondance entièrement inédite*, p. 127.

(85) Tocqueville à Lord Radnor, 28 août 1835, *Crrespondance anglaise*, tome 6–3, p. 48.

(86) 例えば、一九世紀に出版された各種のアイルランド旅行ガイドは、各地の宿についてかなり詳細な記述があったにもかかわらず、こうした分離の例はひとつしか挙げていない。勝田俊輔『別冊日本語解説　一九世紀アイルランド旅行ガイドコレクション』(Eureka Press, 2015)、八頁。

(87) Shunsuke Katsuta, 'Conciliation, anti-Orange politics and the sectarian scare: Dublin politics of the early 1820s', *Dublin Historical Record*, vol. lxiv, no. 2, 2011, pp. 142–159.

(88) Emmet Larkin, 'The devotional revolution in Ireland, 1850–75', *American Historical Review*, vol. 77, no. 3, 1972, pp. 625–652.

(89) David Miller, 'Religious history', in Laurence M. Geary and Margaret Kelleher (eds.), *Nineteenth-century Ireland: A guide to recent research* (UCD Press, 2005) pp. 66–67.

第４章　言論統制下のカトリック

スペイン・フランコ独裁における経験

渡邊千秋

「『討論』ジャーナリズム学校」関係者。(1926 年 3 月 10 日撮影) 所蔵：Archivo de la Asociación Católica de Propagandistas.

一　「新国家」の言論統制と教会

スペインにおけるフランコ独裁体制（一九三九～七五年）の四〇年近くにわたる長期存続を招いた要因のひとつとして、カトリック教会（以下教会と略記）の協力があったというのは周知の事実である。第二共和政（一九三一～三六年）での政治的・民衆的反教権主義の発露を経験し、続くスペイン内戦（一九三六～三九年）で聖職者が大量に殺害されるのを目撃した教会は、「救世主」としてのフランコが独裁者として君臨するのを容認し、体制の道徳秩序の番人となることをよしとした。こうして、内戦の勝者として、「新国家」を創造しようとしたフランコ独裁が国の支柱とせんとした全体主義的イデオロギーには、常にカトリック的な影響がみられることとなる。社会のあり方はカトリック的原理によって大きく規定され、「ナシオナル・カトリシスモ」と呼ばれる政教一致の状況がうまれたかにみえた(1)。フランコ独裁体制では、第二共和政下の一九三一年憲法が定めた国家宗教をもたないスペインとは真逆の、国民皆が熱心なカトリック信徒であって「当然」なスペインがつくられようとしたのである。

「新国家」を盤石なものとするためには、出版報道を規制する思想統制システムの構築が政治における最重要課題のひとつであり、教会はこのシステム構築の過程において大きな役割を果たした。一般にジャーナリストは、独裁体制の宣伝活動で許可される範囲内で行動することとなり、必然的に教会の教えを第一義と考えるカトリック的ジャーナリストも、この状況を受け入れた。彼らは、結果として独裁国家に奉仕するものとなり、体制協調を受諾したのである。

しかし独裁体制の長期化とともに、彼らのなかから、カトリック性を前面に押しだして独裁体制下のジャーナリストによる協調主義のあり方に一石を投じ、体制と一定の距離を置こうとした少数派が現れたのもまぎれもない事実である。本章では、カトリック・ジャーナリスト兄弟会スペイン連盟設立（一九五四年）をめぐる動向を概観し、教会が全国民はカトリックだと認識してやまない社会にあって、彼ら「カトリック的」であることを自認するジャーナリストがなぜ改めて団体として「カトリック性」を打ち出したのか、そうすることにどのような意味を見いだしたのかを、時代の文脈に照らして考察したいと思う。

二　「カトリック的」ジャーナリズムの系譜

教会が言論活動の重要性に気づき、教会の利益を擁護することを第一義とするジャーナリストの活動を通じて社会を啓蒙しようとしたのは、フランコ独裁体制期に始まったことではなかった。いったいどのようにして教会は近代的なジャーナリズムとかかわっていたのだろうか。ここではまず、カトリック的ジャーナリズムの系譜を押さえておきたい。

一九世紀半ば以降、スペインでは、教会の社会的影響力を排除しようとする自由主義者・共和主義者等による言論活動が大きく開花した。このような「逆風」のなかで、教会はあらためて、どうすれば人々を感化し社会を再キリスト教化することができるかを模索することとなった。その具体的な手段のひとつとして、カトリック的言論活動・出版報道の分野が勃興し、その後の教会の歩みのなかで重要な位置を占めたことはいうまでもない。

一八五一年コンコルダート（政教協約）締結から第二共和政成立までの時期に、二〇〇余りの新たなカトリック雑誌が創刊されているのは、その証拠であろう。

二〇世期初頭にフランスでおきた政教分離はスペインの教会にとって非常に大きな脅威となった。フランスの状況がスペインに波及しないようにするため、カトリック的言論活動・出版報道はそれまでにまして重視され、聖職者ばかりではなく平信徒もジャーナリズムに関連する職に幅広く従事するようになった。党派的な政治的信条の違いをこえて、教会・聖職者の利益擁護を第一に考え、社会で起きているできごとを教会の目線で、しかし平易なことばで人々に伝えられる平信徒を育成することが、教会にとっては重要な課題となったのである。

そのための新機軸を生み出したいと、二〇世紀にはいって「よき出版国民会議」が開催された。自由主義革命に対抗し、所属する司教区の高位聖職者や教皇の教えに従い、宗教の擁護のために全力を尽くすカトリック的ジャーナリストが、政治的信条の相違をこえて議論し連帯を目指すよう、「よき出版国民会議」はセビーリャ（一九〇四年）、サラゴサ（一九〇八年）、トレード（一九二四年）で開催された[2]。これら三度の会議を基礎に、一九二五年には、広範にわたるカトリック的出版団体を調整する組織として「カトリック出版全国評議会」が設立された。折しも当時は、教区を中心として信徒を男女別、年齢別に全体的に組織・再編しなおし、教会の教えに忠実な信徒としての自覚にあふれた「よきカトリック」としての全人教育を実践しようとした運動、カトリック・アクションが活性化しつつあった時期であった。一九二六年になって、「カトリック出版全国評議会」はトレード首座大司教であるレイグ枢機卿のもとで、このカトリック・アクションの組織のなかに統合されたのである[3]。

こうして、教会独自の言論活動・出版報道を展開するための枠組みづくりを模索した「よき出版国民会議」は、カトリック的であることを自負する言論活動を行う団体や個人を全国的に教会の監察下に置くための組織に作りかえられていった。注目すべきは、基本的に教区を活動単位とした当時のカトリック・アクションが、それぞれの教区・司教区、また全国用の会報を発行するための人材を必要としていたことである。まずは教区報のための取材や執筆などに関わるところからはじめ、頭角を現して司教区そして全国レベルのカトリック・アクションの機関誌で活動するようになる人材が見いだされ、さらに活動を発展させて教会の空間以外で活躍するジャーナリスト集団が形成される態勢が生まれた(4)。

このような二〇世紀はじめのカトリック的ジャーナリズムの黎明期にあっての実働部隊、つまり確固たるカトリック的言論を形成しようとした定期刊行物は、日刊紙『討論（エル・デバーテ）』であった。この新聞の歴史は、一九一一年に設立されたカトリック出版社が、既存の新聞『討論』を買収し、マドリードで新たに発行を開始したことに始まる。その後『討論』は、内戦勃発までのあいだ、スペイン社会におけるカトリック的な言論活動・出版報道の発展に大きく寄与する媒体となっていった。もちろん、この二〇世紀初頭のスペインでは、ウルトラモンタンで伝統主義者の流れをくむ『未来世紀（エル・シグロ・フトゥーロ）』やトレード首座大司教の検閲のもと発行された『カスティーリャ語（エル・カステリャーノ）』など、『討論』以外にもカトリック的であることを自負する日刊紙は存在していたが、発行部数では『討論』が他を圧倒していた。

『討論』の発行母体となったカトリック出版社は、イエズス会のエリート教育の影響を色濃く受け、エレーラを会長とあおぐカトリック全国布教者協会（以下全国布教者協会と略記）が創設した出版社である。二〇世紀初頭、自由党のカナレハス政権が新たな修道会設立を阻止するなどの反教権主義的政策を展開するなかにあって、合法的に成立した政府を積極的に容認しつつも、言論を通じてあくまでも教会利益の擁護を追求しようとしたカトリック出版社は、聖職者ヒエラルキーとの関係も強固で、『討論』以外にも諸地方紙の発行母体となり、キリスト教知識人の代表的著作をシリーズで刊行するなど、さまざまな事業を展開した団体であった。

ところで、「選ばれた者のなかでも特に選ばれた少数が社会をつくる」との信念に基づき、マドリードの中心部アルフォンソ一一世通りにオフィスを構えた全国布教者協会は、多種にわたる職業に従事するエリート平信徒の全人教育を行った[5]。オフィスの建物内部にチャペルを保有するのみならず、日々の黙想を可能とするスペースを確保するなどして、教会の利益を擁護する必要性への自覚に目覚めた優れた職業人を育成することを目指したのである。カトリック出版社を支えるジャーナリストもその全人教育の対象であった。

エレーラは、教会を擁護する言論を展開するジャーナリストを徹底的に育成する必要性があることに早くから目を向けた。一九二一年、全国布教者協会正会員のなかでも信頼のあつかったグラーニャ、デ・ルイス、オレハ・エロセギの三名をアメリカ合衆国コロンビア大学のジャーナリスト養成コースに送りだし、アメリカの進んだジャーナリスト養成システムや実践的編集作業などを学ばせたのである[6]。当時としては異例の処置であった。帰国後、この三名は『討論』編集長を務めたエレーラとともに、世論を通じてカトリック的価値観の擁護と喧伝を目指す、カトリック的ジャーナリズムの先陣をきって活動することとなった。

また、プリモ・デ・リベーラ独裁体制下（一九二三〜三〇年）でカトリック教会に与えられた特権的な地位を利用して、一九二六年には「『討論』ジャーナリズム学校」を設立した。そこでは、エレーラ自身はもちろん、グラーニャ、デ・ルイスなど、当時のカトリック的言論をリードする人々が講師を務めた。翌一九二七年にはエレーラはジャーナリズム研究の盛んなドイツの諸大学を訪問し、結果として、ジャーナリスト養成に必要なのは単なる研究活動ではなく、より実践的に方法論を伝授することだという確信を深めたのであった[7]。この時期のカトリック出版社は地方での言論活動にも積極的であった。ムルシアでは『真実』、グラナダでは『理想』、バダホスでは『今日』、ア・コルーニャでは『ガリシアの理想』など、地方紙を次々と創刊したが、その過程においては、いうまでもなく全国布教者協会正会員が中心的役割を果たしたのであった。一九二九年にはロゴス通信社を設立、日刊紙『討論』はもちろんのこと、カトリック出版社所有の諸新聞へも独自ニュースの配信を行うようになった。この通信社は内戦前夜の一九三六年には、編集者二五名、特派員二五〇名を抱えるまでに成長した[8]。

カトリック出版社は、つづく第二共和政期には、既存体制としての共和政を尊重しつつも、共和国政府が展開を試みた一連の反教権主義的政策に対する教会利益の擁護のために闘った。『討論』は、共和政にあっても人々が確固たる信仰表明を行う様子を伝え、教会は非キリスト教化する社会でも「勝利」をおさめているという論陣をはった。また第二共和政期に広く躍進したカトリック政党であるスペイン独立右翼連合の主張を代弁する機関紙の役割を果たした。一九三五年、カトリック出版社を長年支えたエレーラは、聖職者となる道を選択して出版社から去ったが、彼に代わって『討論』編集長となったデ・ルイスをはじめとしてエレーラの後のカトリック出版社の運営を引き継いだジャーナリストは、その多数が、第二共和政という既存体制の擁護の方針を維持しつつカトリック的な言論活動・出版報道を継続したのであった。

しかし状況は、軍部クーデタに端を発するスペイン内戦の勃発で大きく変化した。内戦中は、フランコ陣営も共和国陣営も戦闘遂行のうえで自らの立場の正当性を宣伝するための手段として出版物を用いたが、内戦勃発当初から共和国陣営の勢力下にあったマドリードでは、カトリック出版社の建物・施設は共和国政府に接収され、スペイン共産党の日刊紙『労働者の世界』を発行するために利用された。(9)「『討論』ジャーナリズム学校」も閉鎖された。聖職者も平信徒も、カトリック出版社と深いつながりをもったジャーナリストは、共和国陣営支配領域内における探索・迫害・殺害の標的となった。そして、フランコ陣営で内戦を迎えたジャーナリストや、フランコ陣営支配領域へなんとか逃げることができたジャーナリストからは、それまでの経験を活かしてフランコ陣営のための宣伝活動に協力する者も現れた。

三　フランコ独裁下の言論・思想統制

統制システムの構築過程

一九三六年七月二八日の国民防衛評議会布告により、フランコ陣営では出版物への検閲が義務づけられた。また一九三六年九月には、国民防衛評議会は市長等に対して「祖国の敵」である社会主義・共産主義的なニュアンスをもつ既存の出版物を接収するよう命じた。また、キリスト教的道徳観に合致した教育を実践しうる書物のみを許可するよう教育視察官に命ずるなど、教会の求めと一致する国民精神教育の方向性を打ち出している。こうしてフランコ陣営は、教会の協力をかちえつつ、単一政党である「伝統主義とＪＯＮＳのスペイン・ファランヘ党」（以下ファランヘと略記）を基礎に構築したスペイン国民が公的生活に参加する唯一のメカニズムである「国民運動」を支えるため、言論・思想統制に乗り出したのである。

その後、一九三八年四月には、セラーノ・スニェルのもとで出版法が制定された。この一九三八年出版法は、あくまで一時的なもののはずだったが、結局一九六六年三月に新たな出版法が制定されるまで、独裁国家による言論・思想統制の基軸として存続しつづけた。一九三八年出版法の基本理念は、国家が出版物の事前検閲を行い、全国の出版社を監視・統制することを国家の義務としたところにある。一九三八年出版法により、前述した一九三六年七月の国民防衛評議会布告が再確認された。こうして国は出版社ごとに紙の月間使用量上限を定め、印刷部数をコントロールした。国家が出版物の編集長の任命にも介入するため、現実として出版社またそのオーナーは、自らが望む編集長を自由に選ぶことはできなくなった。編集長は内務相の承認を受けた人物でなければならず、加えて、各出版社にはこの編集長の意向と合致した方針をとる義務が課されることとなったのである(10)。また一九三八年出版法をうけて出された同年八月の内務省命令は、戦闘の進展とともにフランコ陣営下にはいった地域での「国民運動」による新聞の接収に道を開いた。その後、一九四〇年七月一三日法によって、「国民運動」を指導するファランヘによって開設された出版・宣伝国家代表部が、独裁体制下でのジャーナリズムを統制する中心部局となったのである。(11)

実際の業務遂行にあたって、ジャーナリストには報道国家サービスでの登録が義務づけられた。彼らには国家に忠実に奉仕する職業人であることが求められた。一九三九年二月の政治責任法、そして同年五月の内務省命令にもとづき、全ジャーナリストの内戦中の行動が調査された。マドリード・ジャーナリスト協会内には受入継続審査会が設置され、過去に共和主義・共産主義を支持したジャーナリストは弾圧・粛清された。実際のところ、マドリード・ジャーナリスト協会に所属登録を希望した約四〇〇〇名のうち、登録を許可されたのは一八〇〇名ほどであった。(12)

またフランコ独裁体制は、体制が求める「つぼ」を心得たジャーナリストを自分たちの手で養成することに余念がなかった。ジャーナリストとして登録されるには、内戦以前に活動していた事実が必要であり、新たにジャーナリストとなるためには最低二年、どこかの編集部で働いた経験をもつこと、ジャーナリスト養成組織での教育を受けることなどが課された。

そのため、一九四〇年には出版・宣伝国家代表部によるジャーナリスト養成コースが運営されはじめ、一九四一年には公立ジャーナリズム学校へと発展した。当時、公立ジャーナリズム学校への入学にはファランへの闘士であることが要求され、教員には「神、スペインそしてフランコ総統の御前に、祖国の統一と栄華と自由のために奉仕すること」を宣誓するよう義務づけられた。(13)公立ジャーナリズム学校は、根本的にはジャーナリストのカトリック的な精神を滋養する組織であるかにみえた。とはいえ、忘れてならないのは、内戦以前にカトリック的ジャーナリスト養成に尽力したパイオニアである「『討論』ジャーナリズム学校」は閉鎖されたままであったことである。つまり体制は、教会が独自にカトリック的ジャーナリズムを担う人々を養成することを認めなかったのであった。

このような状況にあっても、カトリック平信徒の一部がフランコ陣営の新たな言論統制部門の形成に積極的に関与していたことは注目に値する。たとえば、一九三八年二月には、全国布教者協会正会員であった内相セラーノ・スニェルが出版・宣伝国家代表部の長となった。彼は、同じく全国布教者協会正会員であったヒメネス・アレナウに草案作成を依頼して、全体主義的な色彩の強い一九三八年出版法の制定を行った(14)。

確かに、内戦直後からフランコ独裁体制初期においては、聖職者はもとより平信徒のあいだでも、フランコ陣営・フランコ独裁体制が作り出そうとする新しいシステムが教会の権利に対して敬意をはらい、そして人間的・キリスト教的な良心に照らし合わせて明確に否定すべきものとならない限りにおいては、教会は体制と協力するべきであるという考えが支配的であった。聖職者からも平信徒からも「国民運動」に対し宥和的に接する者がでたのである(15)。

その一方で、反ボルシェヴィズムの戦いに乗り出すフランコ独裁体制への共感と、ナチス・ドイツの影響を受けてますます全体主義的な様相を強める「国民運動」の方針への批判とのあいだで揺れる平信徒も存在した。また、イデオロギー的な確信があってなのか戦後の苦しい生活を生き延びるためなのかは別として、カトリック的ジャーナリストの多くはファランへとの関係を維持していたが、体制による出版社への管理・統制がカトリック教会関連の出版社にまで及んだことから、カトリック的ジャーナリストのなかには、第二共和政期の経験を活かす言論活動を展開できないことに不満を抱くものも現れたのだった。政治への不信は時折、教会のなかに見え隠れする。スペイン・カトリック教会の聖職者ヒエラルキーの頂点、トレード首座大司教ゴマが、セラーノ・スニェルが構築した検閲体制がナチズムの浸透を招くと警戒したのはもとより[16]、カトリック出版社取締役であり、第二共和政期の一九三三年から一九三六年までは日刊紙『討論』の編集長であったデ・ルイスが、一九四二年にコルテス（国会）の議席をオファーされたにもかかわらず、それを拒絶したのは、独裁体制への不信感の表れの典型的な例であるともいえよう[17]。

カトリック平信徒と「協調主義」

内戦後、フランコ独裁体制は、カトリック出版社の主要日刊紙だった『討論』に対し、再発行を許可しなかった。表向きには紙不足のためとされているが、実際は、第二共和政という政治体制を許容した『討論』への報復であったと考えられる。このように、教会ヒエラルキーと密接な関係をもつカトリック出版社でさえも、体制側の言論・出版統制を逃れることはできなかったのであった。ともあれカトリック出版社は、『討論』の代わりに第二共和政末期に発行が開始されていた『今こそ（ヤ）』を主要日刊紙に衣替えして発行することとした。

しかし、ここでまた新たな組織内闘争が始まるのであった。主要役員が共和国陣営領域にいたあいだに、フランコ陣営ではファランへ幹部であったプラデラを総務とするカトリック出版社の臨時取締役会が形成され、『今日』、『ガリシアの理想』、『理想』といった地域日刊紙の発行を推進した。内戦終結後の一九三九年六月、内戦下で誕生した臨時取締役会はその任を解かれたがあっさりと権限を委譲するはずもなく、内戦下で誕生した臨時取締役会と「旧」取締役会とが、それぞれ自己の存在の正統性を主張して衝突したのだ。こうして、カトリック出版社のなかに二つの派閥が生まれた。最終的に、カトリック出版社の指導権をめぐる戦いに株主の力を結集して勝ったのは、「旧」取締役会側であった。しかしながら臨時取締役会の機能を完全に停止させるにあたって、『今こそ（ヤ）』の編集長としてプラデラを雇用しつづけるという条件をのまざるをえなかったのである[18]。こうして、カトリック出版社は教会が出資する株式会社であるにもかかわらず、体制側の監視下におかれることとなったのだった。[19]

国家が全てを管理し、ファランへ主導のもとに組織を統合することを目指す「体制のファシズム化」とでもいうべき極端な状況は、一九四二年八月にセラーノ・スニェルが失脚するまで続いた。[20] 第二次世界大戦でのドイツ・イタリアの敗戦色が徐々に濃くなるなか、フランコ独裁体制そのものの存続意義が危ぶまれるようになると、急進的なファシズムを待望する人々は政治的中核から姿を消した。この時点では、反民主的・反リベラルであるフランコ独裁体制が存続するためには急進的ファシズムから距離をおく必要があると考える点では、体制支持者は一致をみたのであった。[21]

既に述べたように、内戦勃発時からフランコ陣営を支持し、政権運営に積極的に関与するカトリック聖職者や平信徒には事欠かなかったのだが、一九四五年七月の内閣改造により、教会と体制のあいだの協調主義はより目にみえて顕著になった。外相や教育相といったポストをカトリック平信徒が担うことで、独裁体制の対外イメージの向上へと一役買ったからである。そして、この内閣改造はカトリック的ジャーナリズムのゆくえに大きな影響を及ぼすこととなった。外相に就任したマルティン・アルタホは、カトリック・アクションの内戦以前からの中核的リーダーであり、全国布教者協会所属のジャーナリストでもあった。そして外相就任当初から体制による検閲の緩和を希望し、厳しい言論・出版統制のなかから、教会の出版物を巡る一定の譲歩を引き出したのであった。

また全体主義色を払拭するため、ファランへから教育省へと検閲に関連する権限が移譲された。一九四六年にはオルティスが教育省副長官に、またセーロ・コロチャノが出版局長に就任したことで、以降、国家による言論統制は、実質的にこれら『討論』編集部での実務経験をもつ全国布教者協会所属のカトリック平信徒の手に委ねられるかにみえた。しかし実際のところ、言論統制が緩和されるには至らなかった。教育省内でオルティスとセーロ・コロチャノは検閲を改革するため新出版法の草案を練る委員会の立ち上げに奔走したが、結局、教育相イバニェス・マルティンの強い反対にあって、法改正は実現しなかった(22)。

このように一九四〇年代後半に体制内改革を求める信徒によって試みられた政治的検閲からの解放への試みは、その後の一九五一年の情報観光省創設によって完全に頓挫する。この折、思想・言論統制、検閲等の実施に関する権限は同省に移譲された。初代情報観光相アリアス・サルガドは、より開放的な路線の出版法を求める教会と対峙した。そうして、一九六六年の出版法いわゆる「フラガ法」が制定されるまで、体制による事前検閲は存在しつづけたのだった。

事前検閲を批判する聖職者

実際の現場では、検閲を行ったのはそれに関する熟練した技能・知識をもたない公務員や政治家だった(23)。一見矛盾するようではあるが、検閲に関与する平信徒がいる一方で、教会は、あわよくば教会の発言を封じ込めようとする体制側と時として対立していくこととなった。

独裁体制下でカトリック的ジャーナリズムが開花したのは、表向きは政治とは関係のない宗教的な団体、カトリック・アクション等の媒体には政治の側は関与できない、という処置が講じられたことに端を発していた。具体例をあげるとすれば、一九四一年一月に発刊が開始されたカトリック・アクション機関誌であり、教会ヒエラルキーのスポークスパーソンの役割を果たした『エクレシア』であろう。既に言及したように、一九四五年にマルティン・アルタホが外相に任命されると、時を置かずして『エクレシア』は政府による検閲を免除されることとなった。だからといって、この機関誌の論説内容が急激に変化したわけではない。事前検閲を免れることとなっても、自己検閲とでもいうべき規制が働いていたからである。しかしながら、政治によって与えられた「治外法権」的な措置から、より開放的なカトリック的ジャーナリズムが生まれる土壌ができたということはいえるであろう。

カトリック的ジャーナリストのなかの「反体制派」の存在が顕在化するのは、一九五〇年代にはいってのことである。第二次世界大戦終結後の混乱を乗りこえて一九五〇年にローマで開催された第三回国際カトリック・ジャーナリズム大会で、教皇ピウス一二世がカトリック的なジャーナリズムのあり方と世論形成について言及したのを機に、『エクレシア』は論説で、公的機関による情報統制や独占が世論を根絶やしにすると主張した。(24)また、世界におけるカトリック的言論をテーマに一九五四年五月三日から六日にかけてパリで開催された第四回国際カトリック・ジャーナリズム大会には、『エクレシア』編集長であったイリバレン(25)が代表として派遣された。帰国後、大会参加記を記すにあたり、イリバレンは、教会がフランコ独裁体制からの恩恵を受けていることを認めながらも、体制が行う事前検閲に対する深い憂慮を表明したのであった。(26)

純粋にジャーナリスティックなまなざしでみれば、検閲には良い点よりも悪い点の方がずっと多いのです。たとえある新聞がとても良いまた信心深いものであるにもかかわらず、検閲が、新聞が新聞たるゆえん、つまり情報を与えるという機能を妨害するのであれば、人々が検閲をありがたく思うことはないでしょう。（略）たとえ回勅や司牧書簡を多く掲載しようとも、ある国の新聞が、今から百年後に歴史家が新聞雑誌文書館で冊子をめくってこの一五年間の公的生活を構築することができないようなものであるならば、意味がありません。政治・宗教・経済・社会・科学の豊富な情報が、サークルクラブでの噂話やなんどもなんども複写された手紙や新聞といった砂塵のなかに漏れていってしまうなら、新聞は自らの存在理由を危うくすることになるのです[27]。

システムとしての検閲は職業人としてのジャーナリストのレベル、そして集団的なジャーナリズムのレベルを下げるものです[28]。

こうして、一九五四年五月一五日発行のカトリック・アクション機関誌『エクレシア』に掲載された一連の発言には、さまざまな否定的な反応が寄せられた。トレード首座大司教プラ・イ・ダニエルはイリバレンに沈黙を命じたが、イリバレンに対する非難の声はおさまらなかった。政治の側からはもとより、教会内高位聖職者のなかにもイリバレンを「敵」とみなす人物が出て、収拾がつかなくなったのである。首座大司教プラ・イ・ダニエルの擁護もむなしく、結果としてイリバレンは同年九月、『エクレシア』編集長を辞するに至った。

四、兄弟会連盟、その創設・活動と葛藤

兄弟会連盟はなぜ創設されたか

このイリバレンの問題が起こる以前に、カトリック出版社取締役会メンバーを中心としたジャーナリストの一部は、教会による宗教的活動には政治が関与できない状況を利用して、カトリック性を鮮明にした新たなジャーナリスト組織を立ち上げる計画を練り、カトリック・ジャーナリスト兄弟会スペイン連盟（以下兄弟会連盟と略記）の設置委員会を創設した。兄弟会連盟の規約は、一九五四年四月一日にトレード首座大司教プラ・イ・ダニ

エルによって承認され、各地にある既存のジャーナリスト協会とは別の組織が誕生したのである。[29]

規約からは、兄弟会連盟がジャーナリストのカトリック性を担保しようと必死であったことがうかがえる。活動目的としては、教会の諸権利を擁護し、カトリック的出版事業を促進することはもとより、カトリック的ジャーナリストが高レベルの道徳・宗教・文化を職業活動を通じて伝達できるように後押しすること、などが挙げられている。また、連盟に加わることを希望する者には、国が発行するジャーナリストの身分証明書以外に、宗教実践を頻繁に行うカトリック信徒であることや、カトリック的ジャーナリストの精神に合致しないプログラムをもつ団体には所属していないこと、といった条件を課している。また兄弟会連盟の活動自体が、トレード首座大司教が任命する指導司祭によって監督されるため、会員は自分がカトリック的理念と道徳に合致した活動を行っているかどうかを聖職者の眼で監視されることを受け入れる必要があった。[30]

一九五五年一月二九日には、カトリック・アクションのリーダー養成を主目的として一九四〇年代に既に設置されていた宗教高等文化中央研究所において、アロンソ・ムニョイェロの司式で記念ミサが執り行われ、[32]「カトリック」の大義名分のもとにジャーナリストが集う団体が公の場に姿を見せたのである。[31]

兄弟会連盟の活動の実相はどのようなものであったのだろうか。中核組織はマドリードに置かれたが、活動に従事するジャーナリストは基本的に司教区単位で束ねてられていた。役員会は、会長、総務、財務、理事九名、そして助言者としての指導司祭で構成され、年に一度の総会で選出される実務委員会を会長が率いて実務を把握し、また国際的に兄弟会連盟を代表する権限をもった。[33]現在までのところ会員名簿は見つかっていないが、一九五七年の時点で登録証をもつカトリック的ジャーナリストは一三〇名あまりで、その約半分がマドリードに集中していたという言及があることからも、兄弟会連盟の組織が小規模なものであったことには間違いない。[34]

一九五六年四月二一日には、兄弟会連盟第一回全国会議がマドリードで開催され、「兄弟会連盟への入会について」「カトリック的ジャーナリズムの日にジャーナリストはなにをするべきか」という二つのテーマについての研究報告がなされた。会員のなかには、兄弟会連盟は聖フランシスコ・サレジオの祝日をカトリック的ジャーナリズムの日として記念するが、誤解を招かないようにこの日を教会ジャーナリズムの日としてはどうか、という提案を行うものもいたのだった[35]。この全国会議を通じて、兄弟会連盟は、宗教実践に熱心でかつカトリック的出版事業に金銭的に貢献する購読者をまきこんで、教会が独自の言論媒体をもつ必要性を世論に広く訴えるべきであると主張している[36]。

兄弟会連盟は、体制寄りの既存のジャーナリスト組織では不満な、教会利益の代弁を第一義に考えるジャーナリストのための選択肢となろうとした。非常に限定的ではあったが、ジャーナリストが体制の束縛から「自由」に行動しうる場をつくろうとしたのである。まず組織を安定させるために、体制側との政治的争いを回避しようとよりどころにしたのは、自分たちは一九二〇年代にまでさかのぼる、カトリック・アクションの一環として成立しているという理由づけであった。兄弟会連盟は、一九二五年一一月のカトリック出版全国評議会第三決議と一九五三年のコンコルダートの定めにしたがい、教会が体制からの束縛をうけずに独自の活動を展開できる宗教的団体、カトリック・アクションに属するということを強調したのである。

兄弟会連盟不要論をめぐって

しかし、各地の「通常の」ジャーナリスト協会から、このような兄弟会連盟の動向に対して、不満をもらす人々が現れた。彼らは、歴史的な経緯や政治的現状からみても自分たちこそはカトリック的であり、カトリック的であることを理由に新たな組織をつくる必要はない、と主張したのである。実際のところ、たとえば、マドリード・ジャーナリスト協会は、一八九五年に創設され「カトリック性」を自明の理とする団体だった。ジャーナ

図 4-1　カトリック全国布教者協会支部長会議にて（1949 年 9 月）
右から 2 人目がデ・ルイス
所蔵：Archivo de la Asociación Católica de Propagandistas

リストの守護聖人である聖フランシスコ・サレジオを崇敬し、この聖人による同協会への加護を願って規定されたジャーナリストの日には、マドリードのサン・マルティン教会でミサを毎年執り行うなど、確かにカトリック的な団体であると判断すべき要素をもっていた。

一方、マドリード・ジャーナリスト協会内部で兄弟会連盟不要論が表面化するまでには、兄弟会連盟対ジャーナリスト協会の同業者間の闘争とでもいうべき伏線があった。一九五五年三月、兄弟会連盟会長のデ・ルイスは、マドリード・ジャーナリスト協会長の地位をかけてアスナール[37]と争い、選挙で敗北を喫した。デ・ルイスがスペイン国外のキリスト教民主主義勢力とのネットワークを重視する人物であったのに対し、アスナールはドミニカ共和国大使やアルゼンチン大使などを歴任した体制協調派の人間であった[38]。体制との政治的協調関係を根本的にはよしとしないデ・ルイスが、独裁体制と深い関係をもたざるをえないマドリード・ジャーナリスト協会長に選出されるはずもなかったのである。こうして、デ・ルイスをリーダーとするカトリック的ジャーナリストが主流派となって、マドリード・ジャーナリスト協会を「真の」カトリック的団体に変貌させる夢は潰えたのだった。

兄弟会連盟の存在意義を疑う声は、一九五七年になると公の場にもちだされた。日刊紙『アー・ベー・セー』が、兄弟会連盟が正式に結成されたニュースを伝えると、兄弟会連盟設立に反対するジャーナリストは行動を起こした。一九五七年一月二九日に「危険な形容詞」という題目で同紙が掲載した公開書簡では、ファランへに忠実なジャーナリスト、デ・ラ・セルナが、ディエゴ・プラタというペンネームを用いながら、デ・ルイスに対して次のような質問を投げかけている。

（既存の）ジャーナリスト協会自体が、カトリック的ジャーナリストによる兄弟会のひとつではないですか？　それとも、協会内部にカルヴァン派や「アマチュア」でもいるというのですか？　ジャーナリスト協会が祝う行事がカトリック的なものではないとでもいうのですか？　それとも、あなたたちの気が触れているのでしょうか？　カトリック的統一性を肯定することで十字軍を終えたばかりのこの国で、こんなことがあっていいとお思いなのですか？(39)

カトリック教国であるスペインで、なぜあえて今カトリック性を旗印にしたジャーナリストの団体を作らなければならないのか、という疑問の声である。デ・ラ・セルナのような人間にとっては、「国民運動」が追求したナショナリズムには、伝統・宗教・過去の歩みが包括されており、スペイン人であることは、カトリック的であること、伝統主義的であること、そしてまた革命的でもあることを意味していた(40)。ファランへに所属することとカトリックであることに矛盾を感じないセルナは、兄弟会連盟の創設が、兄弟会に所属しないジャーナリストをまるでカトリックではないかのように扱うことにつながるとして、以下のように続ける。

［兄弟会連盟が］教会法上の兄弟会を意味し、宗教的性質をもつ同業者の集まりだとするのならば、『聖フランシスコ・サレジオのジャーナリスト兄弟会』ということだけでよいではないですか。たとえば『聖エロイ銀職人兄弟会』や『聖コスメと聖ダミアン医師兄弟会』というのと同じように。こういった信心会に入る人々は皆カトリックであると想像できるのですから。［兄弟会連盟をつくりそれが］カトリック的だと宣言す

ることは、言外に、組織の外に残る人々をカトリックではないとすることになるのではないでしょうか。

そしてスペイン内戦を想起し、内戦で命を落としたジャーナリストに言及しつつ、新たな組織を創設することでジャーナリストの世界を分断するようなまねをして、内戦での仲間の犠牲によって生みだされたスペイン全体に統一的に広がる世界観を混乱させるべきではないと非難した。

これに対して、デ・ルイスは、同じく公開書簡で、兄弟会連盟を結成するのは、第四回国際カトリック・ジャーナリスト大会を機にカトリック的ジャーナリスト集団を包括する団体が必要であるという広い認識が生まれたからだ、と主張する。そして、教会利益を第一義に考えないジャーナリストがカトリックを自負することに対して、その姿勢を非難するとともに、自分たちの正統性を訴えた。

とはいえ、編集長、時にカトリックという形容詞は私たちが気づいている以上にダメになっているのです。スペインの聖職者ヒエラルキーは、カトリック的な新聞とは教会による検閲を受け入れる新聞と定義していますが、自らの意思でこの教会による検閲のリストに加わったのは三〇ほどのスペインの日刊紙だけですし、また誰もジャーナリストに、カトリック信徒であることを理由に他の新聞で働くことを禁止してはいません。いわゆる「カトリック性」にはどうもグレードがあるようですが、自分たちのことを純粋なカトリックと考えていようとも、個人的にも協調主義的にも、自分たちをカトリックと呼ぶかどうか決めるのは、聖なる教会ヒエラルキーのおさめる範囲にあることなのです。(41)

加えて、聖職者ヒエラルキーが、カトリック的ジャーナリストは個人としても組織的にも常に信仰実践に励むべきだとしていることにふれ、所属ジャーナリストの大半が洗礼を受けたカトリックではあっても会則上は信仰実践を義務づけていないジャーナリスト協会の活動目的は真にカトリック的であるとはいえない、と論破する。だからこそ、兄弟会連盟こそが、カトリック的な信条の印のもとに集まりたいと願うジャーナリストを包括するために絶対的に必要な団体であると主張したのであった。

紙上論争はここでは終わらなかった。デ・ルイスの返答に対して、デ・ラ・セルナは、ジャーナリストを分断する必要はないと再度反論した。

カトリック的なという形容詞を使いつつ、カトリック国のジャーナリストのなかで、ある一定のジャーナリストを隔離するのは、その精神的統一性を維持するのが望ましい職業集団における亀裂を招きます。ジャーナリストまた道路エンジニア［であるあなた］のキリスト者としての生活を完徳なものにしようとするのは素晴らしいことであり、個人的には今日の今日まであなたたちが、カトリック的統一によって職業団体［ジャーナリスト協会］を通じて完徳を手にするだろうと思っていましたが、間違っていたようです。(42)

皮肉なことに、その後、デ・ルイスの職業人としての進路には大きな変化がもたらされた。カトリック出版社のなかにあっても体制との協調主義が継続されることを望む人々は、デ・ルイスの方針とカトリック出版社の方針とが同一視されることを望まなかった。そこで、彼に反旗を翻し、通常取締役会で、それまでデ・ルイスに集中していた出版社の代表権を管理部門代表権と編集部門代表権とに分割した。そして、編集部門からデ・ルイスの影響力を排し、彼を管理部門の代表とはしたものの実務を担当するのは別人、という状況を作り出した。結果として、一九五八年一月、デ・ルイスはカトリック出版社を去った。(43)

［表：兄弟会連盟役員会（1955年）］

役職	氏名	生没年	特記すべき活動
会長	F. デ・ルイス・イ・ディアス	(1896-1973)	カトリック出版社代表取締役
総務	A. オルベゴソ・ウルエラ	不明	ジャーナリズム全国評議会メンバー
会計	J. デ・ウルリタ・エチャイス	(1910-1998)	『マドリード』編集員。マドリード・ジャーナリスト協会会計
理事	J. J. ペニャ・イバニェス	不明	『日刊バスク』編集。サン・セバスティアン・ジャーナリスト協会長
理事	E. トーレス・バスケス	(不明-1967)	不明
理事	J. M. ガルシア・エスクデーロ	(1916-2002)	映像・演劇局長（1951-52）（1962-68）。『ヤ』編集員
バルセローナ司教区代表理事	A. ポセリョ・パミエス	(不明-1978)	『カタルーニャ通信』編集長
ビルバオ司教区代表理事	A. ゴンサレス・イ・マルティネス・デ・オラギベル	(1911-不明)	『北部報』編集長
マドリード司教区代表理事	I. バルベルデ・ウシエンテス	(1906?-1958)	『日刊地方』編集長
パンプロナ司教区代表理事	F. ロペス・サンス	(1896-1977)	『ナバーラの思想』編集長
サンタンデール司教区代表理事	M. ゴンサレス・オヨス	(1900-1984)	『日刊サンタンデール』編集長
サラゴサ司教区代表理事	R. セルマ	(1906-1974)	『報道』編集長

（*ABC*, 30 enero 1955, p. 46; *La Vanguardia*, 30 enero 1955, p. 7 をもとに作成）

五　兄弟会連盟とはなんだったのか

一九五六年の兄弟会連盟第一回全国会議には、情報観光省出版局長という役職上、体制側から名を連ねたガルシア・ルビオ以外、カトリック出版社と関係の深い聖職者と平信徒が三一名が参加した。そのなかには教会による検閲を受ける定期刊行物の編集長・編集員が名を連らね、女性も五名ほど含まれていた。このなかには、のちにカトリック女性運動のリーダーとなるサラスの名前がみえる。

兄弟会連盟の実務を取り仕切る役員会では、平信徒であるデ・ルイスが筆頭にたった。また映画検閲に深く関与したガルシア・エスクデーロが名を連ねるのも興味深い。理事たちは、代表的司教区内で重要なカトリック的日刊紙を率いる人物で構成されている。くわえて、兄弟会連盟設立にあたっての風当たりの強さにもかかわらず、マドリード・ジャーナリスト協会の幹部であるウルティア・エチャイスが参加している点から、既存のジャーナリスト協会と兄弟会連盟が完全に決別したわけではないことも理解できる。

兄弟会連盟の結成にはどのような意味があったのか。ここでは、兄弟会連盟を立ち上げた古参のカトリック的ジャーナリストが、第二共和政期の活発な言論活動の経験を通して、教会という大義のための言論をつくりあげる義務と責任を十分すぎるほどに理解していた事実に再度目を向けたい。独裁体制に忠実であることが要求されるなかにあって、自分たちの世界観を取り戻すために彼らがとった方策が、兄弟会連盟の設立であった。兄弟会連盟は、一九二〇年代にまでさかのぼって正統性を主張できる非政治的な信仰団体としてのカトリック・アクションに属する団体として、独裁体制に寄りかかったままではない、教会への奉仕を第一義とする言論活動を行うジャーナリスト集団の形成を模索したのである。その点で、兄弟会連盟は、限定的な範囲ではあるが、本来の宗教的なアイデンティティを取り戻したいジャーナリストによる独裁体制からの離脱へむけた動きのはじまりを意味していた。

兄弟会連盟は、教会が国民の一〇〇パーセントをカトリックと認識するような社会にあって、自らの存在をかけて、「真の」カトリック的ジャーナリストとは何を意味するのか、ジャーナリスト集団全体に問いかけた。そして、それまでカトリック的ジャーナリストとしてひとくくりにされてきた人々のなかには、宗教的に無自覚な者、「国民運動」の枠内で宗教性に重きをおきつつ体制と協調する者、「国民運動」からゆるやかに離脱し教会の求めに忠実にカトリック性を発揮しようとする者など、さまざまな立場があることが表面化したのであった。(44)

しかし、第二バチカン公会議（一九六二～六五年）開催時には、兄弟会連盟独自の活動は下火になっていたといわざるをえない。一九六二年七月の内閣改造で情報観光相に就任したフラガは、体制と検閲をめぐって衝突した聖職者イリバレンに、公会議におけるスペイン語の情報局をローマに設置してほしいと打診し、歩み寄りの姿勢をみせた。これをうけてイリバレンは、兄弟会連盟創設時からのメンバーであるモンテーロやオブレゴソ・ウルエラらとともに首座大司教プラ・イ・ダニエルを訪問し、この件に対するスペイン首都大司教団の意向を確認した。首都大司教団は独自の人選を既に行っていたものの、最終的にはイリバレンを中心とした、より開放的な路線を受容しうるジャーナリストに、第二バチカン公会議の情報局運営をゆだねたのであった。

その後、公会議の成果がスペインの教会全体に大転換をもたらし、兄弟会連盟が自己の正当化のよりどころとしたカトリック・アクションが組織存亡の危機に瀕するなかで、また一九六六年三月に出されたフラガによる新しい出版法のもとで検閲制度が弛緩しつつあるなかで、カトリック的ジャーナリストにとって、「自由な」活動を行うために必要とされたカトリックという宗派性による連帯感の創出はいったん棚上げになったと見られる。世俗化の進む現代において、カトリック的ジャーナリズムの必要性を痛感する人々によってあらためて兄弟会連盟の経験が顧みられるのは、一九八〇年代後半、民政移行の後におけるスペイン・カトリック・ジャーナリスト連合[45]の結成を待たなければならない。

注

（1）「ナシオナル・カトリシスモ」をスペイン独特のナショナリズムの発露と考えるか、歴史的文脈があるものとするか、フランコ独裁体制特有のものとするか、など現在まで議論はつきない。状況の総括には以下の文献が参考になる。Alfonso BOTTI: "Algo más sobre el nacionalcatolicismo", en Julio de la CUEVA MERINO, Ángel Luis LÓPEZ VILLAVERDE: *Clericalismo y asociacionismo católico en España: De la restauración a la transición*, Cuenca, Universidad de Castilla La Mancha, 2005, pp. 195–211.

（2）Manuel SANTAELLA LÓPEZ: *La Editorial Católica. Notas sobre la prensa y los periodistas católicos de hace cincuenta años*, Madrid, CEU Ediciones, 2008, p. 8. なお一九二四年の第三回会議で、「よき出版」から「カトリック出版会議」へと名称が変更された。

（3）José Leandro RUIZ SÁNCHEZ: "Periodismo católico en Sevilla. De la Asociación de la Buena Prensa a la Junta Nacional de Prensa Católica（1900–1925）", en J. L. RUIZ SÁNCHZ（ed.）: *Catolicismo y comunicación en la historia contemporánea*, Sevilla, Secretariado de Publicaciones de la Universidad de Sevilla, 2005, pp. 197–198.

（4）Ibid., p. 198.

（5）なお全国布教者協会の組織スローガンは「わたしを強くして下さるかたによって、何事でもすることができる」（ピリピ人への手紙、三―一三）である。

（6）Andrés Alberto GONZÁLEZ SEGURA: "La condición del periodista católico en las Asambleas de la Buena Prensa（1904–1924）", *Argonauta Español*, n. 4, 2007.（http://argonauta.revues.org/1275#tocto2n1：二〇一五年九月二〇日閲覧）

（7）José María GARCÍA ESCUDERO: *De periodista a cardenal. Vida de Ángel Herrera*, Madrid, BAC, 1998, p. 67.

（8）José ANDRÉS-GALLEGO, Antón PAZOS: *La Iglesia en la España contemporánea, vol. 1. 1800–1936*, Madrid, Ediciones Encuentro, 1999, p. 216.

（9） Félix DE LUIS DÍAZ MONASTERIO-GUREN: *Francisco de Luis*, Madrid, Fundación Humanismo y Democracia, 1983, p. 53.

（10） Justino SINOVA: *La censura de prensa durante el franquismo*, Barcelona, Debolsillo, 2006, pp. 54–55.

（11） María Cruz SEAONE, María Dolores SAIZ: *Cuatro siglos de periodismo en España. De los avisos a los periódicos digitales*, Madrid, Alianza Editorial, 2007, p. 239.

（12） J. SINOVA: *op. cit.*, pp. 63–67.

（13） Manuel VIGIL Y VAZQUEZ: *El periodismo enseñado. De la Escuela de "El Debate" a Ciencias de la Información*, Madrid, Editorial Mitre, 1987, pp. 102–104.

（14） セラーノ・スニェルもヒメネス・アレナウもファランヘでの活動を重視し、カトリック教会の利益を第一義とは考えていない点で、同じく全国布教者協会正会員でのちに外相となるアルタホなどとは決定的に異なる。

（15） Alfonso LAZO: *La Iglesia, la Falange y el fascismo*, Sevilla, Universidad de Sevilla, 1998, pp. 125–136.

（16） J. SINOVA: *op. cit.*, p. 304.

（17） Guy HERMET: *Los católicos en la España franquista. II. Crónica de una dictadura*, Madrid, CIS, 1986, p. 194.

（18） Félix DE LUIS DÍAZ MONASTERIO-GUREN, *op. cit.*, pp. 64–67.

（19） プラデラは一九五二年まで同紙編集長の地位にあった。

（20） Eduardo GONZÁLEZ CALLEJA: "La prensa carlista y falangista durante la Segunda República y la Guerra Civil (1931–1937)", *El Argonauta Español*, n. 9, 2012.（http://argonauta.revues.org/819：二〇一五年九月二〇日閲覧）

（21） Ismael SAZ CAMPOS: *España contra España. Los nacionalismos franquistas*, Madrid, Marcial Pons, 2003, pp. 372–373.

（22） Justino SINOVA: *op. cit.*, pp. 126–129.

（23） Ibid., p. 315.

（24） Francisco VERDERA: *Conflictos entre la Iglesia y el Estado en España. La revista Ecclesia entre 1941 y 1945*, Pamplona, EUNSA, 1995, p. 195.

（25） Vicente CÁRCEL ORTÍ: *Diccionario de sacerdotes diocesanos españoles del siglo XX*, Madrid, BAC, 2006, p. 639.

(26) Gonzalo REDONDO: *Política, cultura y sociedad en la España de Franco*, tomo. II, Pamplona, EUNSA, 1999, pp. 696–701.
(27) Jesús IRIBARREN: *Papeles y memorias. Medio siglo de relaciones Iglesia-Estado en España, 1936–1939*, Madrid, BAC, 1992, p. 155.
(28) Ibid., p. 156.
(29) Félix DE LUIS DÍAS MONASTERIO-GUREN *op. cit.*, p. 135. 兄弟会連盟の原語は以下の通り。Federación Española de Hermandades de Periodistas Católicos.
(30) Archivo de Alejandro VICENTE GUILLAMÓN. FEHPC: "Reglamento". Texto mecanografiado, 1954, pp. 1–2.
(31) 当時、教会行政では従軍区の統括者であり、一九四九年からは王立医学アカデミーのメンバーでもあった。なお第二バチカン公会議の列席者である。一九六八年に死去。
(32) *ABC*, 30 enero 1955, p. 48; *La Vanguardia*, 30 enero 1955, p. 7.
(33) Archivo de Alejandro VICENTE GUILLAMÓN. FEHPC: *op. cit.*, pp. 2–4.
(34) Oficina General de Información y Estadística de la Iglesia (ed.): *Guía de la Iglesia en España*, Madrid, 1954, p. 48.
(35) Archivo de Alejandro VICENTE GUILLAMÓN. FEHPC: "I Asamblea Nacional de Federación Española de Hermandades de Periodistas Católicos". Texto mecanografiado, 1956, p. 2.
(36) *ABC*, 31 enero 1956, p. 21. 会議開催前に参加者のあいだで三日間の黙想会がもたれた。
(37) http://www.apmadrid.es/apm/presidentes-apm/manuel-aznar-zubigaray-echalar-navarra-1894-1975（二〇一五年九月八日閲覧）
(38) Félix DE LUIS DÍAS MONASTERIO-GUREN: *op. cit.*, pp. 85–90.
(39) *ABC*, 29 enero 1957, p. 24. ここでいう十字軍とはスペイン内戦を指す。
(40) Ismael SAZ CAMPOS: *op. cit.*, p. 250.
(41) *ABC*, 31 enero 1957, p. 16.
(42) *ABC*, 1 febrero 1957, p. 21.
(43) Antonio MARTÍN PUERTA: *Historia de la Asociación Católica de Propagandistas. IV. Las presidencias de Francisco*

Guijarro Arrizabalaga (1953-1959) y de Alberto Martín Artajo Álvarez (1959-1965), Madrid, EDICA, pp. 221-224.

(44) Oficina General de Información y Estadística de la Iglesia (ed.): *op. cit.*, p. 39. この年鑑ではスペインの人口二八〇〇万人中、カトリック二八〇〇万人と記録されている。

(45) 原語は Unión Católica de Informadores y Periodistas de España (UCIP-E). 独裁体制末期から民政移行期以後におけるこの組織の活動については、稿を改めて論じたい。

第5章　もうひとつの「近代政治」

オランダのカトリック政党と「豊かなローマ的生活」

水島治郎

1933年オランダ総選挙にあたり、ローマ・カトリック国家党への支持を訴える文書の挿絵。出典：Michel van der Plas, *Uit het Rijke Roomsche Leven: Een documentaire over de jaren 1925-1935*, Baarn: Sesam, 1963, p. 248.

一　キリスト教民主主義の「社会的基礎」

ヨーロッパ政治におけるキリスト教民主主義

第二次世界大戦後の西欧諸国の政治を中核として担ったのは、多くの場合キリスト教民主主義政党であった。（西）ドイツ、イタリア、オランダ、ベルギー、ルクセンブルク、オーストリアなどの諸国でキリスト教民主主義政党は左派を圧倒して長きにわたって与党の座を占め、スイス、フランス第四共和制でもキリスト教民主主義政党は政治の中核に位置してきた。規模は小さいものの、北欧にもキリスト教民主主義政党は存在している。戦後ヨーロッパ政治史を考えるうえで、キリスト教民主主義政党の果たした役割を無視して考えることはできない(1)。

ただ戦後直後の時点では、旧来の保守勢力の多くがナチズム・ファシズムに協力し、あるいは妥協した過去をもち、軒並み権威を失墜させていた。そのため、むしろレジスタンスの主たる担い手でもあった左派勢力こそが、戦後政治の主役に躍り出るのではないかと見られていた。しかし東西対立の進展、アメリカによるマーシャル・プランの受け入れをめぐる各国共産党の「排除」が進むなかで、共産主義・社会民主主義に対抗できる保守勢力の再構築が求められるようになる。そこで、一部はレジスタンスに与して威信を保ち、系列の社会団体の再建にも成功したキリスト教系の勢力が、左派に対抗可能な穏健保守勢力として脚光を浴びる。こうして各国で中道保守政党としての「キリスト教民主主義政党」が結成・再結成され、戦後政治の本格的なスタートを担うのである。

本章では、このキリスト教民主主義政党の優位を支えてきた「社会的基礎」に注目する。歴史的に見れば、キリスト教民主主義政党の独自性は、それが理念的にキリスト教——とりわけカトリシズム——に由来することに加えて、キリスト教系の社会経済団体の広範なネットワークと結びつき、幅広く支えられてきたことにある。むしろ一九世紀末から二〇世紀半ばまで各国において成立していた、信徒の生活を幅広く包摂するキリスト教組織ネットワークを前提として、二〇世紀後半におけるキリスト教民主主義政党の優位が可能になったと言ってもよい。いわばキリスト教民主主義政党は、社会のなかに「根ざした」政党だったのである。

特にここで取り上げるのは、戦間期に築かれた、オランダのカトリック政党とその「社会的基礎」である。オランダではカトリック政党は、戦間期から一九五〇年代に至るまで約三割の得票率を確保してほぼすべての政権に参加し、首相を輩出してきた。しかも選挙ではカトリック信徒の八割もの票を恒常的に確保していたという点で、その安定性はヨーロッパのキリスト教民主主義政党のなかでも群を抜いている。このカトリック社会に全面的に依拠したカトリック政党が、中道政党として連合政権の中核に継続的に位置してきたことは、戦間期・戦後を通じてオランダ政治の安定に大きく寄与した。とりわけ、戦間期に国内外で反民主的政治運動やファシズム政党が伸長するなか、カトリック政党の安定性が、オランダがデモクラシーを維持するうえで少なからぬ意味を持ったことは確かだろう(2)。

本章では、そのオランダ戦間期のカトリック政党の「社会的基礎」を示すために、ファン・デル・プラス著『豊かなローマ的生活より——一九二五年から一九三五年に関する記録』(一九六三年)という資料集を主として利用する(3)。「ローマ的生活」の「ローマ的」とは、オランダでは「ローマ・カトリックの」を意味する。同記録集には、戦間期のカトリック社会の様子が、教会生活はもとより、カトリック系の学校・スポーツ・政党・マスメディアなど諸分野について、当時の雑誌、新聞、写真、イラストなどを用いて「豊か」に示されている。

同書が編集されたのは一九六〇年代の初頭であるが、国内外でカトリック教会が動揺にさらされるなかで、カトリック社会の「最盛期」だった戦間期を振り返ることで、オランダのカトリックの「原点」を探ろうとしたことが同書成立の背景にあったようだ。同書は、「オランダのカトリックによって実践されることは二度とない、全く独自の生活スタイル」(4)の記録として、一九六三年の刊行後も版を重ね、今に至るまでしばしば参考にされている。戦間期のカトリック社会を知るうえでも、他に類を見ない、「豊かな」材料を与えてくれる記録集なのである。

オランダのカトリック社会

ただ具体的な中身に入る前に、まずオランダにおけるカトリックの歴史的な位置づけを簡単にみてみよう。

一六世紀後半に始まる独立戦争を経て成立したオランダ共和国では、独立を主導したプロテスタント（カルヴァン派）が政治的・社会的に優位に立ち、カルヴァン派教会（改革派教会）が公的教会としての特権的な地位を保っていた。これに対し、カトリック信徒は直接的な迫害にあうことはほとんどなかったとはいえ、公にミサを行うことは認められず、各地に「隠れ教会」を持って信仰実践を継続するほかなかった(5)。公職に就くこともできず、また発展の遅れたオランダ南部に集中して居住していたこともあり、一種の「二級市民」としての扱いを受けてきた(6)。しかし一九世紀には、信教の自由の保障、司教区の設置による教会ヒエラルキーの復活などを通じて制度的な差別は基本的に解消し、カトリック議員らを中心とするカトリック政治勢力の活発化を経て、オランダのカトリックの政治社会的地位は大きく向上していく。一九世紀末以降は、労働組合や農民団体をはじめとして、カトリック信徒の社会生活を支えるさまざまな系列団体が設立され、発展していった。

とりわけ、人口比で三割強を占める信徒に支えられたローマ・カトリック国家党は、一九一七年の男子普通選挙導入後は恒常的に三割前後の得票率を維持することに成功し、第一党として一九一八年には初めて首相を出す。

二〇世紀を通して見るならば、最も政権参加期間の長かった政治勢力は、一九世紀後半のオランダ政治を席巻していた自由主義でもなく、かつて独立戦争を率いたとの自負を持ち、オランダ社会の本流をなす教派として誇り高いカルヴァン派勢力でもなく、カトリック勢力だったのである。

二 「豊かなローマ的生活」――カトリック社会による信徒の包摂

家族と学校

以上のようなオランダにおけるカトリックの「解放」の実現と「自信」を背景に、戦間期に「豊かなローマ的生活」は、その最盛期を迎える。この時期のカトリック信徒は、幼少期から大人に至るまで、カトリック世界に浸かった生活を送ることが当然とされ、社会生活においても、カトリック系の団体や労働組合に所属して信仰の保持に努めたのである。

カトリック信徒としての基礎が築かれるのは、まずは家庭である。信徒たちは家族で食前のお祈りを行い、週末にはカトリック系ラジオで放送される著名な神父の説教に耳を傾ける。日曜日にはミサに出席し、それから家族で団欒の時を過ごす。『われらが雑誌』という青少年向けのカトリック雑誌は、日曜日の典型的なカトリック家庭の様子を少年の視点から、次のように描いている(7)。

ミサは一時間で終わった。家にすぐ帰り、母がエルス姉さんと一緒に、屋外で朝食を食べる準備をしてくれた。そこでみんなで席に着く（略）楽しくおしゃべりしながら食事をとる。エルスがさっさと片付ける。その間に母がコーヒーを入れる。パパはパイプをふかしながら新聞を読んでいる。ママは手仕事をしている。

エルスはきれいな教科書を読んでいる。「あーあ」エルスが息をつく。「一週間の中で、いまが一番楽しい時間よね！！」

特に神の祝福を受ける理想的な家庭は、子どもがたくさん生まれる家庭とされた。戦間期のカトリックの家庭では、子どもの数が一〇人を超す大家族がめずらしくなかった。戦間期には「大家族のためのローマ・カトリック同盟」が活発に活動し、人口抑制と産児制限を主張するマルサス主義的な主張に対抗していたが、ここには聖職者も多く協力した。彼らは子だくさんの家庭を称揚し、産児制限を「責任を負わず楽を求めるもの」として強く批判した。結婚生活の最も美しい宝は子どもであり、「五人目の子どもには五番目の祝福が、一〇人目の子どもには一〇番目の祝福が与えられ」る一方、子どもが二人にとどまれば、「わがままで甘えっ子」に育ち、早熟となり、堕落すると主張した[8]。

子どもたちの父親と母親はそれぞれカトリックの信心会に属し、毎年のように黙想会に参加した[9]。両親がともにカトリック信徒であることは当然の前提であるが、そもそも宗派間結婚は厳に戒められた。閣僚として社会立法を推進し、戦間期のカトリック進歩派を代表する政治家だったアールベルセも宗派間結婚にはきわめて否定的であり、信徒たちを前にした一九二九年の講演で、「宗派間結婚との戦いは、（神の助けによって）最終的には勝利するだろう」と力強く断言している。

学齢期になると子どもたちはカトリック系の学校に通い、修道士や修道女たちから教えを受け、ミサに出席した。国語の教材にも、宗教的題材が多く取り上げられている。「よきカトリック信徒になる」ことを目標に、敬虔さを説く生真面目な文章がある一方で、ミサに出席した子どもたちが、好奇心のあまりミサ中におしゃべりしたり、歩き出したりする話が複数あるのは、当時のカトリック信徒の子どもたちの様子を示すものといえる。ま

図5-1　「子ども神父」が説教する場面。
「説教が始まった……「子どもたちよ、よくお聴き。誠実であるように。朝晩の祈りを欠かさないように。聖母マリアへの祈りを3回唱えることを、決して忘れないように……アーメン」そして小さな神父は説教壇からぴょんと跳びおり、説教の時間は終わった」。
出典：Michel van der Plas, *Uit het Rijke Roomsche Leven: Een documentaire over de jaren 1925-1935*, Baarn: Sesam, 1963, p. 48.

た、子どもが将来神父になるというテーマもあり、召命の呼びかけ＝聖職者のリクルートが、教会のみならず学校教育の中でもなされたことが興味深い。図5-1は神父に扮した子どもが居間で他の子どもたちに説教する様子を描いた、国語の教材の挿絵である。子どもの真摯な信仰心を家族が暖かく見守り支えるという、当時のカトリックの望ましい家族観を端的に示すものといえよう。

メディアとスポーツ

カトリック系メディアも、戦間期には幅広く信徒の生活に浸透した。大人たちは新聞としてカトリック系の『デ・マースボーデ』や『時』を読み、週刊誌としては『カトリック画報』を購読した。青少年であれば、『ローマ青年』や『守護天使』を読むのが普通だった。カトリック系のラジオ放送局であるカトリックラジオ放送の番組も信徒に重宝され、たとえば土曜の夜は、ラジオ説教者として人気を博した、ヘンリ・デ・フレーフェ神父の説教を家族で聴くのが一般的だった。

写真などをふんだんに用いた『カトリック画報』は特

に人気を博し、一時は発行部数が一五万部に達した。なお、「豊かなローマ的生活」という言葉は、『カトリック画報』の写真中心のコーナー「豊かなローマ的生活から」に由来する。「豊かなローマ的生活から」は一九二六年から三二年まで継続して掲載され、主として聖職者やさまざまなカトリック系団体の活動を紹介したものであるが、内容よりも「豊かなローマ的生活」という語そのものが人口に膾炙し、この語はオランダにおける当時のカトリック社会のあり方を示す有力な表現となった。(10) このコーナーに登場する信徒家族の写真は、子どもの数が一五人以上の家族に限定されていたといわれており、「豊かさ」が文字通り、子どもの数と直結して理解されていたことも興味深い。(11)

なお戦間期のカトリック関係団体やカトリック系の雑誌・新聞で活躍した中心的人物の多くは、やはり聖職者だった。そもそもオランダのカトリック社会は司教区ごとに司教が組織化を担っており、司教の監督のもと、各種団体にはそれぞれ聖職者が顧問に任命された。(12) ボロマース・デ・フレーフェ神父は特に有名であり、「大家族のためのローマ・カトリック同盟」のようなカトリック運動団体の大会からローマ・カトリック国家党の選挙活動に至るまで、さまざまな場面に現れて信徒を鼓舞する説教や演説を行い、聴衆に強い印象を与えた（彼の甥が、ラジオ説教者として先に挙げたヘンリ・デ・フレーフェ神父である）。

レジャーやスポーツ分野でも、カトリック系の団体が多数設立され、青少年をはじめとする信徒が活動に参加した。教会側も、信徒のスポーツ活動がカトリック団体の枠内で進められるよう信徒に強く要請した。たとえばハールレム司教は一九三三年、カトリック新聞の『時』に寄せた文章で、信徒のウォーキング活動はローマ・カトリック・オランダ体育同盟の枠内で行われるべきとしたうえで、非カトリック信徒の参加は認めないこと、男女別のグループで実施すべきこと、女性の服装は普段着かスポーツウエアを旨とすべきこと、日曜日や祝日の午前中に開始すべきではないこと、などを説いている。(13)

青少年を集めた活動としては、「若き守り」のようなカトリック青年活動団体のそれが有名であり、ボーイスカウトに似た青少年の野外活動が実施された。ボーイスカウトと「若き守り」に属する青少年の間には一種の緊張関係があり、短いズボンを着用するボーイスカウトのメンバーが「若き守り」のメンバーの履く長いズボンをからかい、「若き守り」のメンバーがボーイスカウトに対し、真剣さが足りないなどとして低く見るという傾向があったという(14)。

戦間期にはサッカーが青少年層に広まりを見せたが、カトリック系のサッカークラブに属する青年には、オランダのカトリック社会における先導的な役割を担うことが求められた。『時』に掲載された、一九三三年二月二三日の記事は象徴的である(15)。

> ローマカトリック・アムステルダムサッカークラブは水曜日に臨時総会を「愛の家」で開催した（略）カトリックのサッカー選手は、健全なカトリック男性として育成されなければならない。このことは、サッカー場のなかだけにとどまるものではない。
>
> カトリックのサッカー選手には、果たすべき役割がある。彼らは、労働組合や社交団体、カトリック青年会にも属すことになろう。彼らは、自分たちのカトリック放送局を支えなければならないし、二五歳になったら、ローマ・カトリック国家党にも入党しなければならない。積極的に貢献しようと思うなら、社会政治的な宣伝団体にも入れるだろう。共産主義の脅威に対抗して、実行の伴うカトリック信徒であることを示しなさい。

カトリックのサッカー選手たちは、競技場でプレーするのみならず、カトリック政党に入党し、左翼との戦いの最前線でも、全力でプレーすることを求められていたといえようか。

曲番49　右派を守れ！（Houdt Rechts！）
（選挙キャンペーン用）

図5-2　＊日本語の歌詞は水島による試訳
出典：Michel van der Plas, *Uit het Rijke Roomsche Leven: Een documentaire over de jaren 1925-1935*, Baarn: Sesam, 1963, p. 234.

三　ローマ・カトリック国家党と「赤」

「右派を守れ！」

このような戦間期カトリックの濃密で「豊かな生活」を背景として、ローマ・カトリック国家党は恒常的にオランダ政治の中核に位置することができた。選挙の際にカトリック系のメディアや団体が幅広く活用された。各地で行われた集会にはボロマース・デ・フレーフェ神父が毎晩のように登場して演説を行った。

大衆に広く訴えるため、メッセージを簡潔に伝える歌や詩も積極的に活用された。一九二七年に刊行されたカトリック系歌集には、「右派を守れ！」という選挙キャンペーンソングが掲載されている（「右派」は戦間期のオランダ政治では、カトリック政党とカルヴァン派政党からなる宗派連合を意味する）。「女も男もいざ戦わん、情熱をもって投票箱に向かえ、あらゆる対立を思い切って振り払い、何よりひとつとなろう、女も男も、オランダ政治が右派のものとなることを、望もうではないか」で始まるこの歌は、社会民主主義や自由主義を批判しつつ、カトリック政党への投票と宗派連合政権の継続を訴えるものとなっている[16]。楽譜の一部を図5-2に掲げたが、「勇ましく歌う」とあるわりにはやや牧歌的なメロディにも思える。

政治的メッセージをわかりやすく伝える手段として、絵も多用された。一九三三年の選挙で用いられた、ローマ・カトリック国家党への投票を呼びかける文書の挿絵（本章扉絵：本書一二一頁）を見てみよう。ここでは社会主義・共産主義・ボルシェビズム・自由主義などの荒波をかぶり、側面からの分派活動に浸食されながらも、カトリック信徒が団結してローマ・カトリック国家党を支持すべきことを訴えている。この挿絵からも、当時のカトリック国家党をめぐる、政治的対抗関係についての認識がうかがえる。

選挙運動では、特にライヴァルである「赤」＝社会民主労働者党が批判の対象となった。一九二九年選挙では、ボロマース神父は次のように演説した。「私は好きな赤は、血の赤だ、それはキリストの神のみ心から流れ出た赤だ。しかし私が嫌いな赤は、十字架を切り倒し、踏みつけた赤だ。御心の名において、選挙リスト第八号「ローマ・カトリック国家党の候補者リスト番号」、第一順位に［投票せよ］」[17]。選挙キャンペーンで詩人が創作した詩も、左派批判が徹底していた。「経験がわれらに教えてくれる、「赤」が支配するところ、神もなく、戒律もなく、修道院もない。宗教が尊ばれることはない！」[18]。

このようにローマ・カトリック国家党が社会民主労働者党との対抗関係を重視し、徹底的に批判を加えた背景には、司教団や党内保守派が社会民主主義に強い抵抗感を持っていたことに加えて、有力支持基盤であるカトリック労働者層を社会民主主義の脅威から「守る」必要性があった。第一次世界大戦後、男子普通選挙が開始されると、カトリックの有権者に占める労働者層の割合は、約三分の二にまで増大する[19]。しかし戦間期には、社会民主労働者党も勢力を伸ばし、労働者層への浸透を進めたことから、カトリック側は、社会民主労働者党がカトリック労働者にも勢力を拡張することを、強く警戒したのである[20]。

カトリック系の小学校の教材でも、カトリック政党への支持は自明視されていた。一九三三年に発行された、小学校の最高学年向けの社会の教材では、選挙運動や投票の方法が具体的に解説されたのちに、次のような説明がある。「選挙の時には、社会主義の政党や共産主義の政党は、口あたりの良い約束をすることに一生懸命です。

彼らの配る選挙ビラではしばしば、神を信ずる者をけなしています。カトリック信徒ならば、そんな紙切れは、すぐ捨ててしまいましょう。口当たりの良い約束に惑わされないよう、注意しなければなりません。よいカトリック信徒は、カトリックの候補者リストに投票するものです[21]」。

「豊かなローマ的生活」の繁栄と終焉

実際の政治的展開をみてみると、ローマ・カトリック国家党は、一九三九年に社会民主労働者党の入閣を認め、連立政権を樹立している。一九四〇年のナチ・ドイツの侵入によりこの政権は短命に終わったが、第二次世界大戦後は、「ローマ・赤連合」と呼ばれる両党を中軸とする連立政権が一二年にわたって存続した。オランダの政治史研究者のボスマンスが評するように、戦後再建を進めるうえで政府が積極的な役割を果たすべきとしていたカトリック政党は、国家介入を重視する社会民主主義政党とむしろ共通項が多く、それゆえに戦後は社会民主主義政党を連立政権のパートナーとして選択した[22]。

その意味では、「神の御心から流れ出た赤」と「十字架を踏みつけた赤」の間に、越えがたい溝があったわけではない。しかし社会民主主義政党（戦後は労働党）が支持を広げる中で、一九六〇年代までカトリック政党（戦後はカトリック人民党）がかろうじて最大政党として政治の中核を占め続けることができたのは、やはりカトリック政党に忠実な信徒たちの投票行動によるところが大きかった。

戦間期に完成をみ、信徒の生活を家族から学校、職業、政党支持まで覆い尽くした緊密なカトリック社会は、第二次世界大戦による中断を挟み、一九五〇年代に最後の花を咲かせることができた。

しかし一九六〇年代以降、世俗化の波がオランダ社会を襲い、系列団体もあいついでカトリックネットワークを離れていく。特に第二ヴァティカン公会議の与えた影響は大きく、これに触発された進歩的動きがオランダのカトリック内部で起こり、反発する保守派との間で厳しい対立が生じたことで、強固な一体性を保ってきたカトリック社会は大きく動揺した。さらに一九六〇年代末から七〇年代にかけて、学生運動や女性運動、平和運動などの対抗運動がオランダで活性化し、既存の政治社会的な権威そのものを否定する動きがひろがると、カトリック内部でも既成の教会中心の秩序への批判が高まりをみせ、聖職者やカトリック政党への臣従はもはや自明のものではなくなった。

支持基盤が大きく揺らいだカトリック人民党は、わずか七年でその得票率を半減させる大きな打撃を受ける。一九七〇年代に入ると、カトリック人民党はカルヴァン派政党との協力・合同に向けた動きを進めた。そして一九八〇年には正式にカトリック人民党と二党のカルヴァン派政党が合同し、宗派を超えた新党として、キリスト教民主アピールが設立される。

ここに「豊かなローマ的生活」は、決定的に過去のものとなったのである。

注

（1）水島治郎「キリスト教民主主義とは何か：西欧キリスト教民主主義概論」田口晃・土倉莞爾編著『キリスト教民主主義と西ヨーロッパ政治』木鐸社、二〇〇八年、一九—四四頁。
（2）戦間期のオランダのカトリック政党の党内組織、議会政治との関係については、作内由子による以下の論稿が詳しい。作内由子「一九三〇年代オランダ・カトリック政党の組織変容」『千葉大学法学論集』第二九巻第一・二号、二〇一四年八月、二四一—二七六頁。
（3）Michel van der Plas, *Uit het Rijke Roomsche Leven: Een documentaire over de jaren 1925-1935*, Baarn: Sesam, 1963.
（4）*Ibid*., p.10.
（5）安平弦司「宗派間関係と寛容の機能—一六七〇年代ユトレヒトにおける信仰実践を巡る闘争」『史林』九八巻二号、二〇一五年三月、一一頁。

（6）　岸本由子「オランダ議院内閣制の起源―議会内多数派と政府との相互自律性」『国家学会雑誌』第一二二巻第七・八号、二〇〇九年、二一五頁。
（7）　van der Plas, *Uit het Rijke Roomsche Leven*, p. 24.
（8）　*Ibid*., pp. 30–31.
（9）　*Ibid*., p. 11.
（10）　*Ibid*., p. 310–311.
（11）　*Ibid*., p. 27.
（12）　作内由子「一九三〇年代オランダ・カトリック政党の組織変容」、二六一頁。
（13）　van der Plas, *Uit het Rijke Roomsche Leven*, p. 229.
（14）　*Ibid*., p. 11.
（15）　*Ibid*., p. 229.
（16）　*Ibid*., pp. 234–235.
（17）　*Ibid*., p. 246.
（18）　*Ibid*., p. 251.
（19）　Jan Roes, "A Historical Development: The Roman Catholic State Party in the Netherlands," in Wolfram Kaizer and Helmut Wohnout eds., *Political Catholicism in Europe 1918–1945*, Vol. 1, London/New York: Routledge, 2004, p. 86.
（20）　他方で、ローマ・カトリック国家党と社会民主労働者党との連立政権樹立の可能性に対しては、否定的立場を強く示す司教団と、社会民主労働者党の「現実路線化」を評価し、一定の条件のもとでの連立の可能性を示唆するローマ・カトリック国家党指導者層の間には若干の齟齬があった。作内由子「危機の時代の多極共存型民主主義―一九三〇年代オランダを中心に」『千葉大学法学論集』第二七巻第二号、二〇一二年、一六一―一六六頁および一八三―一八五頁も参照。
（21）　van der Plas, *Uit het Rijke Roomsche Leven*, p. 254.
（22）　Jac Bosmans, "The Primacy of Domestic Politics: Christian Democracy in the Netherlands", in Michael Gehler and Wolfram Kaizer eds., *Christian Democracy in Europe since 1945*, Vol. 2, London/New York: Routledge, 2004, pp. 57–59.

＊本稿はＪＳＰＳ科研費（課題番号二五二八五〇三八）の研究成果の一部である。なお本稿の作成にあたっては、神戸市外国語大学教授・西川健誠氏より貴重な示唆をいただいた。

第Ⅲ部

工業化・都市化のなかの聖職者

ドイツ、ルール地方の工業都市エッセン・アルテンドルフの町並み。20世紀初め頃。出典：*St. Mariä Himmelfahrt Essen-Altendorf: 1889–1989*, Essen-Altendorf 1989, S. 46.

第6章　労働者の司教ケテラー

19世紀ドイツの社会問題とカトリック社会思想

桜井健吾

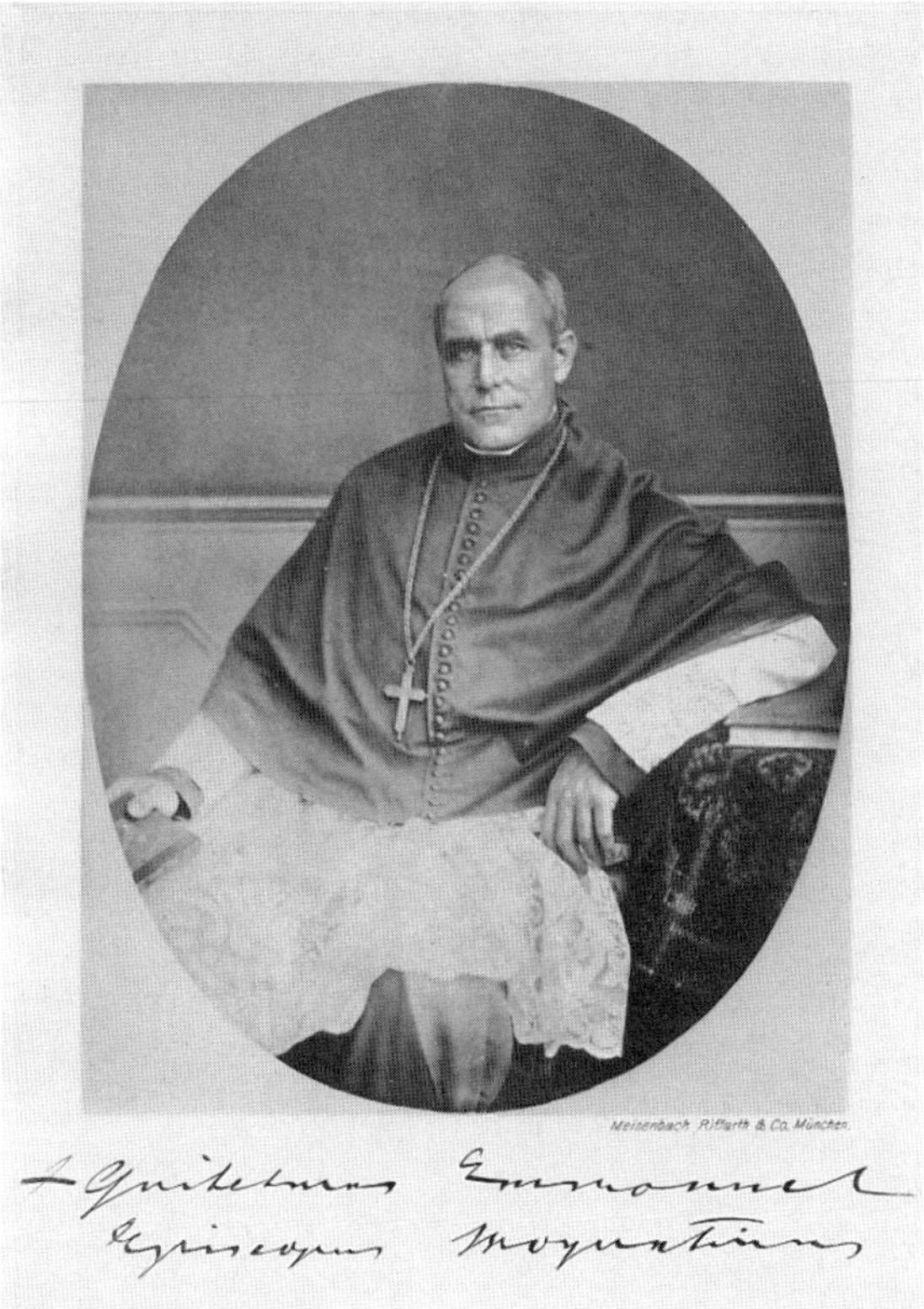

マインツ司教ケテラー。出典：©Dom- und Diözesanarchiv Mainz, Bischof Ketteler, Pfülf Bd. 1.

一　社会問題とケテラー

　産業化ないし産業革命は人類史上、画期的な出来事であった。生活水準の持続的な上昇はその最大の成果である。その延長線上に豊かな大衆消費社会が生まれた。しかし、それは現在から過去を顧みて初めて言えることである。当時の人々の目には、産業化の負の側面だけが目立っていた。古い職人層の没落、新しい賃金労働者の勃興、その悲惨な生活状況、社会そのものの混乱など、多くの弊害が見られた。この状況を言い表すため、すでに一九世紀前半のドイツでは「社会問題」の概念が用いられている。

　カトリック界も社会問題への対処では決して遅れていなかった。その先駆者の一人が「労働者の司教」と呼ばれたマインツ司教ケテラー（一八一一〜一八七七年）である。ケテラーは社会問題とどう取り組み、どのような思想を展開したのか、その思想と運動はどう評価されるのか、以上の問に答えることで、ヨーロッパ近代のカトリシズムのあり方を考える一例としたい(1)。

　ケテラーは一八一一年一二月二五日、ヴェストファーレンの中心都市ミュンスターで生まれた。この地方の名門貴族の出だとはいえ、ケテラー自らは「生まれながらの聖人」ではない。癇の強い、粗暴な性格に両親は手を焼き、家庭教育を諦め、一八二四〜二八年のあいだスイスのブリークにあるイエズス会寄宿舎学校に預けた。大学では入学早々、決闘事件さえ起こしている。暴力沙汰はその後も続いた。ゲッティンゲン、ベルリン、ミュンヘン、ハイデルベルクの各大学で法学と国家学を学び、国家試験に合格した後、ミュンスターの裁判所で実習を終え、プロイセン官僚として選良の道を歩み始めた。仕事振りは完璧であったが、何か満ち足りないものは感じていたらしい(2)。

一八三七年、ケルン大司教がプロイセン国家に逮捕され、要塞に監禁されるという前代未聞の事件、ケルン紛争が起こった。この出来事に世論は沸き立った。ミュンヘンでは、独創的な思想家ヨゼフ・ゲレスが小冊子『アタナジウス』を出版し、プロイセン国家を糾弾する論陣を張った。

ケテラーも「自分の良心を犠牲にするような国家に仕えるつもりはない(3)」と述べ、官僚の地位を投げ捨てた。数年の放浪のなか、ゲレスのサークルでロマン派詩人クレメンス・ブレンターノや教会史の有名教授デリンガーなどと出会い、聖職への道を決意する。ミュンヘン大学で神学を学んだ後、一八四四年にミュンスターで司祭に叙階された。最初はヴェストファーレン西部の小都市ベックムの助祭として、一八四六年からは北部の農村ホプステンの司祭として、聖職者ケテラーの人生が始まる。

二　ケテラーは社会問題への認識をどのように深めていったか

この貴族出の聖職者ケテラーが、一九世紀ドイツの産業化に随伴した社会問題、特に労働者問題への認識をどう深めていったか、三段階に分けて考察していきたい。

第一段階　慈善（カリタス）

一九世紀前半のドイツは農業社会から産業社会への転換期にあった。プロイセンでは、一八〇七～二一年のシュタイン・ハルデンベルクの改革によって、都市では「営業の自由」が、農村では「農民解放」が実施され、身分制的で家父長的な束縛と保護の体制は崩れていった。職業選択の自由、移住の自由、土地売買の自由、結婚の自由など、各種の自由は徐々に実現していく。しかし、新しい産業はまだ興っていない。ましてや新しい保護の必要性など、少しも認識されていなかった。

一八世紀末、それまで停滞していたドイツ人口は増加に転じた。一九世紀前半には天候異変による不作が相次ぎ、疫病も周期的に流行した。人口増加のなかでの不作と疫病の蔓延、この危機的な状況と不気味な社会不安は当時「大衆窮乏化」と呼ばれ、一八四〇年代に先鋭化した。実際、他のヨーロッパ諸国でも、この時期の人々の栄養摂取量は中世末以来、最低水準に落ち込んだと推計されている。(4)

司祭に任命されたばかりのケテラーは、この危機に直面した。最初の赴任地、人口四〇〇〇人の町ベックムでは、児童、貧民、病人の世話に努めただけでなく、病院の設立も企画し、資金集めに奔走した。この病院は一八四八年に完成し、完工式には、転任していたケテラーも招かれた。

ベックムの教会には司祭一人と助祭三人がいた。ケテラーは他の二人の助祭と共に「共同生活」と名づけた規則を作り、それに準拠した生活の実践を目指した。それを見た当時の人の証言によれば、三人は小さな助祭館で暮らし、世俗の信徒の司牧を任務とする教区司祭にふさわしい日課を定めた。朝四時に起床し、食堂で一時間黙想した後、ミサ聖祭を準備する。すべては共同であったが、自分たちの職務だけは各自の責任で遂行した。この共同生活の手本は、一七世紀の教会改革者ホルツハウザーにあった。マインツ司教に就任した後、ケテラーはこの改革者の没後二〇〇周年を記念し、司教区全体で「共同生活」を実施しようとしたが、周囲から反対されたため、仕方なく断念している。

一八四六年、ケテラーはヴェストファーレン北部の農村ホプステンへの転任を命じられた。貧しい農民に仕えたい、という希望は叶えられた。赴任直後の手紙には「この職務が神から与えられたことで、この地上で考えられる最上のものを私は手にした」と記す。

新しい任地はベックムよりもはるかに悲惨な状況にあった。自立できない半農が村の人口のほとんどを占め、貧困と病の苦しみが日々の生活に重く伸し掛かっていた。一八四六年から翌年にかけて、ヨーロッパ全域で、不作と凶作による飢餓の危機があった。この地方では、それに加え疫病、特にチフスが広まった。前任の司祭は成す術もなく、九八歳で死んでいた。ケテラーは「人々の魂よりも、体のことを心配しなければならない。というのに、ほんのわずかの人しか助けられない、とても辛い経験だ」と書いている。

この状況下、ケテラーは何をしたのか、何ができたのか。まず村の少数の富裕な人たちと協力し、困窮者のための支援団体を結成した。また緊急措置として、ケテラー家の親戚に穀物やジャガイモなど物資の救援を願い出て、荷馬車で送らせた。当面の危機は避けられた、という点で効果はあった。ケテラー自らはチフス患者の家を訪れ、その世話をし、体を洗うことまでやっている。これには村の人たちもびっくりし、最初はケテラーを避けていたが、徐々に親しみと信頼を寄せるようになった。

このような「農民司祭」こそ、ケテラーが理想とした司祭像である。その模範は、貧困を理想とし、貧民のため一生を捧げた中世の聖人フランチェスコにあった。

この型の対処は、カトリックに伝統的な「慈善」つまりカリタスである(5)。危機に対し人々は相互に助け合おうとしない、だから社会問題が生じると捉えられた。したがって、隣人愛に基づく支援が要請される。

一八四八年二月にフランスで革命が勃発すると、それにつられて三月にはドイツ各地でも暴動が起こり、社会は騒乱状態に陥った。ドイツでは革命の目標は、国家の統一と議会民主政の確立であった。前者は一八七一年のドイツ帝国の建設まで、後者はヴァイマル共和国まで実現しなかったという意味では、一八四八年の革命は挫折している。しかし、進むべき今後の政治目標は定められた。

この革命は、ケテラーには人生の第二の転機となった。フランクフルトにドイツ最初の国民代表議会が召集されると、ケテラーも議員に選出された。議会での演説、フランクフルト暴動での犠牲者のための追悼演説、マインツで開催された第一回カトリック教徒大会での即興演説「自由と社会問題」、マインツ大聖堂での六回にわたる待降節説教『現代の大社会問題』、これらの活動をとおしてケテラーは全ドイツ的な著名人となった。

待降節説教は一八四九年に単行本として出版された。その第一回「キリスト教所有権思想」には注目すべき論点が見られる。個人の排他的私有か、それとも、その全面廃止による集団所有か、所有権をめぐる自由主義と社会主義の対決、この近代世界の重要な争点に関し、ケテラーはトマス・アクィナスに遡る所有権思想を提示し、それが自由主義や社会主義よりもはるかに現代的であり、しかも現実に応用可能であることを指摘した(6)。

ここでは、一方で、排他的な私有権、つまり「この世の財物を人間が好き勝手に支配し、管理し、処分する」権利は否定される。というのは、神の掟によれば「この世の財物の目的は、人間の生存の保障にある」からである。他方で、共同の所有・管理・分配を主張する共産主義も否定される。というのは、社会に効率、秩序、平和を実現するという点で、人間本性に根ざした私有制の方が優れているからである。以上から、私有制は擁護される、しかし、その権利には社会的義務が伴うという結論が引き出される。

後者の人間本性に基づく議論はスコラ的な「自然法」思考である。当時のカトリック社会思想はまだ過去の身分制的な思考に囚われていたが、後述するように、一九世紀末以降の学者は自然法を援用することで、それを乗り越え、現実的な社会政策に辿り着く。

一八四八年の革命は、カトリック政治・社会運動の出発点ともなった。その目標は、まず国家教会主義の拘束から教会を解放すること、次にドイツの少数派カトリックの同権を実現することにあった。その結集の場「カトリック教徒大会」は、一八四八年の第一回大会から社会問題も主要議題に掲げている(7)。

第二段階　社会改革

一八五〇年にケテラーはマインツ司教に選ばれ、今後は司教として慈善を熱心に推し進めていく。司教区に多くの修道会を招き、一八〇三年の世俗化によって崩壊していた看護・教育事業を立て直し、孤児・寡婦・路上生活者などのための福祉施設を建設していった。教会を離れた人たちを呼び戻すという難しい任務、職人・農民・労働者などの信徒を職業別団体に組織化するという新しい任務はイエズス会に託された。しかし、一八七〇年代に文化闘争、つまりカトリック教会と国家の対立が始まると、看護系を除き、ほとんどの修道会はドイツ国外に追放され、施設の多くも閉鎖された。その再建はケテラー在任中には実現していない(8)。

この時期にドイツの経済状況は一変する。産業化ないし離陸は遅くとも一八五〇年頃に始動した。一八六〇年代には大企業が勃興し、大量の労働者群が生み出されていく。飛躍的な発展を遂げた工業部門は、特に多くの新規雇用を創出した。その結果、生存の危機という意味の大衆窮乏化、つまり雇用と人口の不均衡による過剰人口は徐々に緩和し、解消されていく(9)。

確かに、飢餓の危機は脱した。しかし、工場制が普及するにつれて、資本と労働の分離、資本の横暴、労働者の従属、低賃金、長い労働時間、女性・児童労働、劣悪な労働環境など、新しい問題が登場してくる。これは「労働者問題」である。一八六〇年代以降の社会問題の核心は労働者問題となる。

労働者問題は階級問題でもある。市民階級には財産と教養がある。しかし、産業社会では、財産も教養もない労働者が人口の大部分を占める。この労働者はいかに社会に「統合」されるか、それとも統合を拒否し、プロレタリアート「革命」を目指すのか、この体制をめぐる闘争も労働者問題である。

この新しい事態に慈善だけで対処できるか、という問がカトリック社会思想と社会運動に突きつけられる。一八六三年、ドイツの労働者運動は一気に盛り上がった。自由主義者シュルツェ＝デーリッチュは、四月にベルリンで六回の連続講演会を催し、自己責任と自助に基づいた社会問題の解決を訴えた。その講演は『ドイツ労働者基本綱領』と題して出版された。社会主義者ラサールは、ライプツィヒの演説会でシュルツェ＝デーリッチュを激しく批判しながら、賃金鉄則を定式化し、生産共同組合を提唱した。この演説は『公開答状』の題で刊行され、五月に結成されたドイツ最初の社会主義政党「全ドイツ労働者協会」の綱領とされた。九月にはフランクフルトで第一五回カトリック教徒大会が開催され、初めて労働者問題を主題に掲げた。ここに、ドイツ労働者運動における自由主義・社会主義・キリスト教の三大勢力の鼎立が始まる。

これらの動きに直ちに反応したケテラーは、数ヶ月で『労働者問題とキリスト教』を書き上げ、一八六四年四月に出版した(10)。

ケテラーは自由主義に批判的である。自由主義そのものには、秩序と規範の解体、人間の欲望の解放しかないからである。社会は建設的な意志や理念を必要とする。逆に、ラサールの理論と対策に好意的である。それに加え、キリスト教には独自の処方箋があると言う。それは何か。ケテラーは「すべては本書で解決された、そのような傲慢不遜なことを言いたいのではない」と断わった上で、三つの対策を提示する。

その三つとは、第一に、隣人愛、人間の尊厳、家庭、自助、労働、幸福など、キリスト教信仰を土台とした価値の再建であり、第二に、それぞれの職業に応じた団体結成の奨励であり、第三に、生産共同組合である。

第一点は「価値の再建」である。最初に、なぜキリスト教は社会問題に関与しなければならないのかと問う。それに答えながら、キリスト教なしに社会問題は解決できない、という結論を引き出す。したがって、ここでの議論は、信仰の本質にかかわり、ケテラーはそれを「キリスト教教育」と呼ぶ。ここで言う教育とは、人間形成を意味する。

もちろん、この世における教会の任務は人間の魂の救いにある。しかし、救いには社会的な側面もある。第一に、人々の物質面の困窮はキリスト教の愛の問題でもある。愛の実践、つまり慈善がなければ、真のキリスト教とは言えない。第二に「キリストは市民的、政治的、社会的、その他のどの分野でも救いをもたらした。キリストは特に労働者の救い主である」とケテラーは書く。では、そこで言う「社会的な救い」とは何か。

キリスト教には、人間は「神の似姿《にすがた》」として創造された（創世記一、二七）という人間論がある。そこから「人間の尊厳」の命題が引き出される。この論理が行き着くところ、たとえば、古代の奴隷制が廃止されていったように、政治と社会も変わっていかざるをえない。これが社会的な救いである。

同時代のイタリアの神学者ロスミーニは、宗教を純粋に審美的に捉え、時代状況を超えたところに信仰を位置づけていた。ケテラーは異なる。キリスト教の救済観と人間像は、人間社会を積極的に造り上げていく原理でもある。それゆえ、教会は公的にも活動しなければならない(11)。

この人間論と社会論を前提に、家庭、自助、労働、幸福をキリスト教的に価値づけること、それが社会問題の解決に役立つとケテラーは言う。

家庭について。人間が自他の区別、独立と献身、自己主張と協調、対立と協力、裏切りと信頼、このような社会生活の基本を学ぶ、その最も重要な最小の団体は「家庭」（家族）である。健全な家庭なしに、福祉も維持できない。この関連で、ケテラーは純潔、倹約、勤勉の生活道徳を強調する。

自助について。自由主義は「自助」ないし「自律」だけを主張する。人間は自分の力で生活できる限り、そうしなければならない、そのために神から力を与えられた、とケテラーは述べ、自由主義と同様に自助と自律を強調する。しかし、どの人も自己の力で生活できる力を持っている、というのは完全に現実に反する。人間には測り知れない差がある、だから必要な人に保護と援助を与える、そのような多様で有機体的なあり方こそ神の摂理である。端的に言えば、自助は「支援」と合わさって初めて真の機能を発揮する。

労働について。労働者問題とは「生活に不可欠な衣食住をいかに確保するか」という問題である。だから、日々の糧を稼ぐ「労働」ほど重要なものはない。しかし、労働には矛盾した二面がある。一方で、労働は辛く厳しい、できるなら逃げ出したい。他方で、労働には、極めて気高い、骨折り甲斐のある、倫理的なものがある。なぜ、このような矛盾があるのか。この矛盾は信仰なしに解けない。聖書によれば、労働は神の罰（創世記三、一七―一九）、神との和解の手段（一コリント一五、五八）であり、イエス自らも労働者となった（マルコ六、三）。ここに、労働の宗教的で倫理的な価値がある。

幸福について。なぜ、人は働かなければならないのか、その労働の動機は、自由主義では飢餓への恐怖、社会主義では快楽の最大化である。両者とも「幸福」を快楽にしか見ようとしない。この人生観を前提とすれば、貧困にあえぐ労働者は「私の人生は失敗であった」「この世は不条理だ」としか言えない。それに対し、キリスト教の幸福論は「幸福と平穏を求めて止まない心の葛藤、辛苦の労働、物財の欠乏」にも「人間内面の宝物、永遠の財貨の兆し、神の摂理」を見出す。だから「社会的地位が低く、物財に欠乏していても、理性も心も幸福と感じることができる」とケテラーは言う。

一八世紀の啓蒙思想は、物的福祉の増進に役立つ限り、宗教も認めていた。しかし、ケテラーの論理は逆である。ケテラーでは、まず根底に信仰と霊性があり、人間にとって至上の価値は何か、と問う価値の序列がある。この点は誤認されてはならない。

第二点は「団体結社の奨励」である。社会問題を解決するため、手工業者、職人、労働者、農民など、さまざまな職業に従事する人たちは、それぞれ団体を結成し、そこに結集すべきである。団体結社はカトリックの最も得意な分野である。特に一八四六年に創設されたカトリック職人組合は指導司祭コルピングのもと、一八六〇年代までに飛躍的な発展を遂げていた。「職人の父」コルピングは、労働者の司教ケテラーと共にカトリック社会運動を代表する。一九世紀末には、カトリック労働者同盟、キリスト教労働組合、ドイツ・カトリック国民協会など、大規模な大衆組織が作られていく[12]。

なぜ、団体結社が重要か。第一に、団体への結集によって、社会的に弱い立場の労働者も、自助と支援を両立できるからである。第二に、自生的な社会秩序の形成によって、国家権力の強制を回避できるからである。団体結社の奨励は、ケテラーの有機体的社会観とぴったり合致する。

有機体的な社会観は、社会の共同体（市町村、郡、州、家族、企業、職業団体など）に可能な限りの自治と自律を与える。そうして政治権力の中央集権化を阻止し、地方分権を促進する。上位の組織は、下位の組織が実行できない場合にのみ、下位の組織に介入し支援する。この発想は、ローマ教皇ピウス一一世の一九三一年の社会回勅『社会秩序の再建』で「補完性原理」として定式化される。そこにはケテラーの思想も影響している[13]。

有機体的な社会観は、教会にも適用される。一八六九年に開会された第一ヴァチカン公会議では、ローマ教皇の不謬性の定義が議題となった。ケテラーは反対の少数派に属し、しかもそこで指導的な役割を果たした。反対の理由は、時宜にかなっていないこと、司教の権限が明確に規定されていないことにあった。教会の一体性は、教皇の首位権と司教の権限の協働に保障されるという思想は、第二ヴァチカン公会議で一九六四年に決議された『教会憲章』を先取りしていた、と今日では高く評価されている[14]。

第三点は、ラサール提唱の「生産共同組合」である。資本主義のもと、資本と労働は分離し、競争が起こる。労働者は雇用を求め、自己の賃金を最低生活水準まで低下させる。そのため、賃金が持続的に上昇することなどありえない。これが「賃金鉄則」である。

この状態から、どう抜け出すべきか。その方法が生産共同組合である。労働者も自己の会社の資本家となる。そうすれば、労働者は賃金を受け取るだけでなく、「より快適な生活を保障する別種の収入源、つまり会社利潤の分配」にも与る。これで、労働者の困窮、資本と労働の分離、この二問題は一挙に解決できる。

しかし、問題は、設立資金をどう調達するかである。自由主義者シュルツェ＝デーリッチュはここでも自助を唱えた。しかし、労働者に資金はない、と社会主義者ラサールはこの案を一笑に付し、国家融資を主張した。しかし、議会は自由主義者に支配されている。とすれば、多額納税者に有利なプロイセン三級選挙を廃止し、普通選挙に変えればよい。新しい議会の多数派は労働者となる。

このラサールの考え方に、ケテラーは異議を唱えた。確かに、法手続上の問題はない。だから「合法的」である。しかし、多数さえ占めれば何を遣ってもよい、という発想の背後には力の論理がある。それでは、金に物を言わせる資本の横暴と変わらないではないか。多数を制した場合でも、人間には遣ってはいけないことがある。ラサールの提案は、その限度を超え、所有権への不当な侵害となっている、とケテラーは考えた。これは「正当性」の問題である。

ケテラーにとって、人間の自由と自律は最高の精神財である。だから、人間の自己決定も、それゆえ議会の決定も高く評価される。しかし、それは絶対ではなく、つねに高次の神の意志、自然法、道徳律に合うように行使されなければならない。これはケテラーの譲れない信念であった。後述する自由主義と社会主義への批判の本質もここにある。

続いて、実現可能性も問題視する。生産共同組合を設立するため、労働者全員に一律に資金を供与する、そのようなことは国家資金をもってしても不可能である。労働者のあいだで熾烈な資金争奪戦が勃発するにちがいない、とケテラーは危惧する。

では、それ以外にどのような資金調達法があるのか。ケテラーは、慈善、つまり寄付に期待し、それをキリスト教的生産共同組合と呼び、自らも設立を試みた。しかし、教会内でも反応はなく、挫折した。とはいえ、死ぬまで期待は捨てていない。

この第二段階では、資本と労働の分離、つまり資本主義は断罪され、それに代わる体制が模索された。この意味で「社会改革」の段階である。

この段階のケテラーの問題点を指摘しておこう。今日から見れば、生産共同組合は産業社会に適した解決策だとは言えない。前提とされた賃金鉄則も支持できない。ドイツでは、一八五〇年頃から一人当たり国内総生産高は着実に増加し始め、ケテラー死後の一八八〇年代には、労働者の実質賃金の持続的な上昇も観察されるようになり、所得格差も縮小していった。この現象を説明するには「産業化」の概念が必要である。これは、ケテラーも当時の経済学者も認識できていない。[15]

しかし、ケテラーの貢献もあった。まず何よりも価値秩序の再建が強く求められた。社会の弊害に気づき、改善を実践していく主体は人間だからである。それに加え、社会問題は構造問題だ、したがって社会改革には経済への理解が必要だとはっきり認識された。今日のカトリック社会倫理学では、心の悔い改めと制度改革の二点とも強調される。

第三段階　国家の社会政策

生産共同組合の設立が難しいとすれば、それに代わる対策を考え出す必要がある。一八六五年、ケテラーは、マインツのカトリック職人組合の記念式典に招かれ、そこで労働者問題の解決には国家の介入が不可欠だと述べた。この主張は、一万人の労働者が集う会場で行われた一八六九年七月の講演「宗教と倫理との関連での労働者運動とその努力」[16]と同年九月のドイツ司教会議に提出された報告書「工場労働者のための教会の支援活動」で詳しく展開される。前者は、その後のカトリック労働者運動の指針とされ、「キリスト教労働者運動のマグナカルタ」と呼ばれるにいたった。一八六九年にケテラーが踏み出した一歩は「偉大な突破口」だ、とカトリック社会論の学者ロースは評価する[17]。

この講演と報告でも、従来どおり、労働者の悲惨な状況の原因は、自由化、資本と労働の分離、それに由来する資本の横暴にある、それゆえ、労働者は団体に結集し、自己の利益を守るべきだ、と主張される。新しい点は第一に、労働組合の概念が明確になったこと、第二に、労働者を保護するため、国家介入が要請されたことである。

まず「労働組合」について。当時のカトリック思想家と同様に、資本と労働の分離は倫理的な悪である、それに対し、両者の一致した手工業や生産共同組合は、模範的な生産形態である、とケテラーは考えた。しかし、今日のカトリック社会科学では、資本と労働の分離そのものは倫理的に中立である。とはいえ、労働に対する資本の横暴ははっきり非難される。とすれば、資本の力と競い合い、張り合うような対抗組織を造ればよい、ということになる。そこで着目されたのが労働組合である。

ケテラーの遠い親戚に当たる若い経済学者ルーヨ・ブレンターノは『労働者問題とキリスト教』に触発され、イギリス滞在中の一八六八年、当地の生産共同組合について長い論文を執筆し、ケテラーに送り届けていた。しかし、三年後には『現代の労働者ギルド』の第一巻『イギリス労働組合史』を出版し、生産共同組合をロマン主義的な空想だとして斥け、イギリスで実地に見聞し、調査した労働組合に関心を移すにいたった[18]。

ブレンターノとの文通で、ケテラーは、労働組合がどのような組織か、何を目的とするのか、ただちに理解した。だから、一八六九年の講演では「一致団結し、労働者の利益と権利を実現する、そのために労働者を組織化しようとする基本綱領は正しいだけでなく、有益でもある」と断言できた。資本と労働の分離の現実は前提とされる。その上で、労働者は自分たちの利益を守るため、労働組合を結成し、資本と労働の力の均衡を図る。

労働者の主体的な行動による問題解決への努力という発想には、もう家父長的な保護の理念はない。それは近代世界の論理である。この方式は、体制転換の社会改革とも、国家による保護政策とも区別される。労働組合は政党ではない。そのため、政治闘争に悪用されてはならない。その目的は、正義に適った賃金や労働条件の改善など、経済目的に限られる。それゆえ、ケテラーは階級闘争を拒否し、労使協調を擁護する。

次に「国家の社会政策と労働者保護立法」について。経済の自由化は国家の立法と政策で実現した、とケテラーはすでに『労働者問題とキリスト教』で述べていた。とすれば、労働者を保護するため、国家が介入し、自由を規制することも可能なはずである。

一八六九年の講演では、正当な賃上げ、労働時間の短縮、安息日の休日化、児童労働の禁止、女性の工場労働の禁止、少女の工場労働の禁止、以上の六点の要求事項が掲げられ、その趣旨が詳細に説明されていく。

賃上げでは、当時の社会主義者さえ躊躇していたストライキも擁護する。とはいえ、すべての要求事項は、健康と家庭の保護を目的とする。だから、労働時間が短縮されたとしても「夜の街をうろつき、居酒屋に居座り続けるためにしか自由時間を用いない」とすれば、何のための保護か、自由時間の善用には倫理と宗教が必要だとケテラーは言う。

児童労働の禁止では、北ドイツ連邦議会で唯一の社会民主党議員フリッツェの発言を全面的に支持し、「子供を工場で働かせたりしないように」両親に妥協のない厳しい言葉を投げ掛ける。義務教育期の児童労働ほど、人間の成長に有害なものはないからである。

少女の工場労働については、少女への工場主や上司の性的暴力が示唆され、このような破廉恥な振舞いに対しては、解雇を覚悟した断固たる抗議を貫くべきだ、それは父や兄弟の義務だとケテラーは強く訴える。

しかし、なぜ女性の工場労働まで禁止するのか。ケテラーは、看護・教育・事務・農業などの女性労働は歓迎する。それに対し、長時間の工場労働、それによる家庭の崩壊と子育ての無視、女性労働者の人間性の蹂躙、これらの弊害の放置は許されないと考える。だが、貧困という現実のため女性の工場労働は避けられない。では、どうすべきか。当時、この事態への対処法はなかった。とはいえ、いかなる苦しい状況でも家庭の崩壊を食い止めることは至上命令であった。一八七三年にやっと「危険がなくなったと確信できる状態になれば、未婚女性の労働は許されてよい」と書かれる。[19]

続いて、労働者団体の法的な保障、労働法の制定、国家任命の監督官による工場監視なども取り上げられる。一八六九年の司教会議への報告書では、以上に加え、労働者と雇主の共同出資による病気や災害に備えた共済組合の設立、病院の建設と拡充、産婦・寡婦・新生児・孤児への援助、年金制度、葬儀互助組合・消費協同組合・信用金庫の設立、風呂場や洗濯施設の建設など、さまざまな地域や企業で実施され、成功した事例が示される。さらに聖職者にも固有な任務が課せられ、何を実践すべきか、何をしてはならないか、具体的な指針が提示される。

したがって、第三段階の対策は、現実の経済体制を是認した上で、その弊害を個別的、具体的に是正していく国家の「社会政策」である。

ここで次の問題が提起される。この政策転換は、なぜ「偉大な突破口」だと言えるのか。それは時宜にかなっていたのか、遅れていたのではないか。

まず後者の問について、批判的なケテラー研究家ヴィーゲナーは遅れていたと判断し、その理由をカリタスに求め、「カリタスは社会政策を準備したが、同時に社会政策上の認識を妨害した」と言う。[20] 国家の社会政策という新しい方法が必要なところで、伝統的なカリタスにこだわり続けたと批判する。

国家の社会保障が始まれば、カリタスの出番がなくなるのではないかという不安は確かにあった。しかし、決定的な理由は別なところ、ドイツのカトリックを取り巻く事情にあった(21)。一八〇三年の世俗化以降、教会は、教義や信仰など宗教に固有な事柄から、聖職者の養成や教会人事にいたるまで、厳しい国家干渉つまり国家教会主義に苦しめられた。一八三七年のケルン紛争以降、国家との対立が続く。これに加え、生活保障の分野にまで国家が介入してくれれば、人間は国家の奴隷に成り果てるのではないか。

国家権限の拡大がどれほどの脅威であったか、バーデンのカトリック政治家フランツ・ブスの思想遍歴に示される。イギリスを視察したブスは、工場制の普及が雇用と所得を増やしていることを見抜いた。したがって、工場制は「悪魔の産物」だと主張するようなロマン主義者ではない。しかし、工場制の弊害も見逃さなかった。ドイツでは予め対策を立て、未然に弊害を防ぐ必要があると考えたブスは、一八三七年、バーデン下院に労働者保護立法案を提出し、国家干渉を要請した。この動議は否決されたが、これはドイツ領邦議会に提出された最初の社会政策案である。

しかし、一八四八年の革命以降、ドイツの自由主義は変節し、自由よりも国家統一を重視し、教会の自由を否定するにいたった。そうすると、ブスも、自由主義に失望し、国家への警戒感を強め、ついには国家干渉を拒否するロマン主義へと後退してしまった(22)。

では、なぜ、ケテラーは国家干渉を容認したのか。第一の理由として、生産共同組合を実践し失敗したことが挙げられる。もう国家以外、頼るべきものはない、それがはっきり認識された。

さらに第二の理由として、ケテラーの現実的な姿勢も作用している。「現代の工業体制が近い将来、別のましな体制に変わるとは考えられない」。だから「この体制そのものを転覆させることは不可能である」。とすれば、この体制に見られる弊害に対しては「然るべき対策を打ち出す」が、他方で「この体制のなかで善きもの、恵みを与えてくれるもの、それは可能な限り労働者にも享受させる」。この発言には、もうロマン主義の復古思想は見出せない。[23]

とはいえ、ケテラーが市場経済を原則的に肯定したわけではない。ドイツのカトリック社会思想が、市場経済の効率的な潜在能力に気づき、それを「社会的市場経済」の形で受け入れるのは第二次世界大戦後である。また逆に、これで全面的な国家干渉が肯定されたわけでもない。有機体的な社会観はケテラーの一生を貫く。それによれば、まず重視されるべきは個人と団体の自発性であり、国家干渉は必要な限りにおいてしか認められない。今日では、労働法や社会保障など私的分野への公的介入は、市場では調整できない事柄を国家の任務とすることで、むしろ市場経済の安定化に貢献する、市場経済と国家干渉は補完し合う、と認識されている。

カトリック社会思想の偉大な突破口は、やっと一八六九年に開かれた。では自由主義と社会主義はどうしていたのか。両者の態度は、一八八〇年代の社会保障法案への反対に示される。当時の自由主義は、まだ自由放任にこだわっていたし、一般的に言って社会問題への感受性に欠けていた。当時の社会主義は、国家を階級支配の道具と見なす立場からまだ抜け出ていない。二〇世紀初めにベルンシュタインの修正主義が登場し、社会民主党内でも国家に期待する流れが徐々に強まっていく。これらの事実を見れば、ケテラーの方向転換が遅れていたとは言えないであろう。

とはいえ、ケテラーの社会政策案が直ちに実現したわけではない。司教会議の報告書は全会一致で承認されたが、同年に始まった第一ヴァチカン公会議や一八七〇年代に激化していった文化闘争への対処のため、社会問題は緊急の課題から外された。しかし、後述するように、次世代のカトリック政治家たちは政府に協力し、社会保障や労働者保護立法を実現していく。

なお、第二・第三段階でカリタスと社会改革は否定された、と誤解されてはならない。カリタスは現代ドイツ福祉体制に組み込まれ、今も重要な役割を果たしている。[24] 社会改革の試みも途絶えていない。逆に、個人や民間の自発性を引き出すため、国家権限が縮小した分野もある。三つの対処法はそれぞれ機能すべきところで、現在も生きている。

数十年遅れて、カトリック社会思想の主流はケテラーが踏み出した方向に向かう。しかし、南ドイツを拠点にしたカトリック・ロマン主義は国家干渉を否定し続けた。カトリック社会思想も一様でなかったことに注意すべきである。

三　ケテラーの社会思想にはどのような特徴があるのか

以上で見てきたように、産業化が開始し進展するにつれ、ケテラーは社会問題への認識を深め、対策を変えていった。次に、全期を通したケテラー社会思想の特徴は何か、筆者なりの観点から捉えてみたい。

第一の特徴　現実的、実践的、開かれた姿勢

未知の問題にどう対処すべきか、ケテラーはいつも開かれた姿勢を取り、現実的に行動し、実践的な目標を掲げた。マルクスから労働の商品化、ラサールから賃金鉄則を教えられ、自らは生産共同組合の設立を試みた。社会問題の解明には経済学が必要なことも認識した。ドイツ司教会議への報告書では、労働者の実情を把握するため、聖職者自らが現地の工場を実地調査すべきだと訴えている。どのような党派の人からも、現実からも学ぼうとした。

それに対し、遠い未来における理想社会の建設といった理念も、そのための階級闘争や労働者運動の政治化も拒絶した。労働者の実際の生活を少しでも改善すること、それが目標とされた。善き結果をもたらす、と判断で

きれば、どのような対策も直ちに検証した。ケテラーは好んで聖書の言葉「その結ぶ実によりて彼らを見分けるべし」（マタイ七、一六）を引用する。

しかし、ここで疑問が湧く。第二段階でケテラーは社会改革を掲げていた。もう理想は不要だと考えるのか。実利だけで十分なのか。それは思想的な堕落ではないのか。この問は一考の価値がある。

一九世紀に古い伝統社会は解体していった。しかし、新しい産業社会はまだ明確な形を取っていない。このような転換期には、一方で、過去が美化される。他方で、過去と現実の一切が否定され、未来に夢が託される。過去と未来の理想化、そのどちらもユートピア思想である。

ケテラーは復古と未来のユートピアを拒絶する。中世の身分制の復興は不可能だ、とはっきり認識していた。しかし、なぜ美しい理想を歌い上げる未来のユートピアを拒否するのか。現実の一切を悪だと断罪し、過去の人間が為してきた努力を無視する、このような思想の根底には、人間と社会への不信、過去と伝統への信頼の欠如がある、とケテラーは考えるためである。

ユートピア思想はヨーロッパ史上、繰り返しあらわれた。それは、キリスト教の終末思想を現世化する異端の形で、少なからぬ人々を熱狂的な行動に駆り立てた。しかし「わたしの国はこの世のものではない」（ヨハネ一八、三六）と言われるように、現世に楽園を造り上げることはできない。人間は、悪からも罪からも逃れられないからである。

とすれば、残る道は漸進的な改善しかない。では、この道を選ぶことで、理想は放棄されたのか。ここで、社会問題はキリスト教なしに解決できない、という上述のケテラーの言葉が生きてくる。それはどういう意味か。

ケテラーは理想を放棄していない。しかし、何の理想か。社会秩序は理想となりえない。美しく正しい社会秩序を築き上げたところで、それ自体に何の価値があるのか。真に価値あるものは「人間」である。この世で、それぞれの個人が自己の使命を見出し、それを自己の一生で実現していく、ここに真の理想があり、この点で理想は宗教にかかわる。とはいえ、人間が活動するには、秩序の安定や正義の実現が好ましい。この意味で、社会秩序には重要な価値がある。だから、政治と社会の改善は永遠に続く。しかし、最優先されるべきことは、社会のために人間があるのではない、人間が目的であり、社会は手段である、という価値序列の再建である。

このような人間と社会の位置づけは、一九世紀末のカトリック思想家・政治家ヘルトリングの自然法論によって強化された。「自然法」はまず人格権として、人間に自己の一生の目的を追求していく権利を与える。それに加え、現実の弊害を糾弾する批判的な機能、正しい秩序を構築していく建設的な機能、この二つの任務も果たせと人間に命じる。(25)

この自然法論の根底には、「神の似姿」として創造された人間というキリスト教人間像が控えている。(26) それを土台に、二〇世紀初めにカトリック司祭の経済学者ペッシュは「連帯の理念」を、一九三一年の社会回勅『社会秩序の再建』は「補完性原理」を定式化する。

第二の特徴　現実の社会運動との繋がり

ケテラーは現実を出発点に置き、職業と労働を大切にした実践思想家である。だから、一八六九年の講演の要求事項がキリスト教労働組合の綱領に取り入れられたように、社会運動に指針を与えた。同時に、ケテラーは現実の社会運動、特にコルピングのカトリック職人組合から多くを学んだ。一八六〇年代末にはケテラー自らも西部ドイツでキリスト教社会運動を興したが、これは文化闘争のためすぐに解散させられた。

実践運動との結合は、カトリック社会思想の特徴である。ケテラー死後になるが、カトリック社会運動の団体として、一八八〇年代以降の「カトリック労働者同盟」、一八九〇年設立の「ドイツ・カトリック国民協会」、一八九〇年代以降、特にルール地方に普及した「キリスト教労働組合」などを挙げることができる。西部ドイツの工業都市メンヒェングラートバッハに本部を置く国民協会は、二〇世紀初めに八〇万の会員を擁する有数の大衆組織に成長した。本部はカトリック政治・社会運動の指導者を養成する教育機関としても機能し、支部はドイツ各地に網の目のように張り巡らされた[27]。

一九世紀末には、カトリック系政党の中央党は、国家の政策決定に関与できる力も身に付けるにいたる。

一八八〇年代のドイツで世界最初の社会保障が実現した。その際、租税を財源とする扶養原理か、それとも国民自らが拠出し、権利として給付を受ける保険原理か、どちらを選択すべきか論争された。ビスマルクは前者を予定していたが、中央党の社会政策の専門家ヘルトリングは後者を主張し、その実現に貢献した。保険原理の根底には、国民を国家の奴隷としてはならない、という自律の精神がある。

一八九〇年代になると、一連の労働者保護立法の制定が始まり、カトリック司祭の帝国議会議員ヒッツェが、法案作成など基礎的な業務を担当した。後にヒッツェは、ミュンスター大学に設けられたドイツ最初のキリスト教社会論の教授に就任する。ヴァイマル時代に八年間も労働大臣を務めたカトリック司祭ブラウンスは、失業保険を筆頭に何百という労働立法を成立させ、ドイツの福祉体制の確立に大きく貢献した[28]。

以上のように、中央党とカトリック社会思想の役割を無視して、ドイツ社会国家（福祉国家）の成立を語ることは許されない。

一八世紀末から二〇世紀前半にかけての時代に、伝統社会は崩壊し、産業化と都市化が進展し、動乱、革命、戦争が繰り返し起こった。この危機的な状況下、復古と革命の過激思想が、社会の混乱に何度も付け込もうとした。しかし、カトリック社会思想の主流が過激思想に屈することはなかった。というのは、具体的な成果を求める現実の社会運動と密接に結びついていたからである。

第三の特徴　自由主義、社会主義との対決

社会問題の原因は自由主義にあると見たケテラーは、自由主義の激しい批判者となった。しかし、同時に、ラサールやマルクスの社会主義も拒絶した。両者の何が問題なのか。一八七一年の講演「自由主義、社会主義、キリスト教」では、社会主義は自由主義の「嫡出子」である、自由主義の命題を行き着く所まで徹底させる、そうすると、そこに社会主義が現れる、という独創的な命題を提起した。(29) そこでの議論は理論と政策の多方面に及ぶが、ここでは核心の人間論と社会論のみに言及したい。

自由主義と社会主義によれば、他人や社会は人間の意思や欲求を満たすための手段でしかない。確かに、自由主義は個人主義的に、社会主義は階級や国家をとおして欲望を満たそうとする。この点では両者に違いはある。しかし、最大の利益と快楽を目指し、社会をそのための便宜的施設としか考えない、という思想で両者に違いはない。両者とも、人間の意思と欲望を絶対化している。

人間には、この世で自己の一生の使命を見出し、その実現に向け努力する義務がある、とケテラーは考える。しかし、自由主義と社会主義には、そのような道徳的な義務を人間に負わせる「権威」が存在しない。ケテラーにとって、そのような権威がなければ「自由」も存在しない。自由と権威は矛盾しない。少し長くなるが、この点を敷衍する一八四八年のケテラーの文章を引用しよう。

人間には、この世で神の意志を成就していく使命がある。自分はこの世で何を為すべきか、神は何を望んでいるのか、それを自らの力で発見する使命が課せられている。その使命を自らの意志で、自己の能力に応じて実践していかなければならない。人間がこの世で果たすべき使命、人間がこの世で遣りたいこと、それは「父よ、御心《みこころ》のままに成し給え」（マタイ二六、四二）という祈りと呼応していなければならない。このよう

な自己決定には尊厳と価値がある、だからこそ、神は人間に自由意志を与えた。自由意志と自己決定によって、人間はこの世で神の御業《みわざ》を実現していく。その場合にのみ、人間は人間的に行動している、その行動には道徳的な価値があると言える。神自らも、人間の自由を尊重する。自由が与えられたため、人間は堕落するかもしれない、しかし、自由のために人間が堕落したとしても、神は決して人間から自由を取り上げようとしない(30)。

仕えるべき権威がないとすれば、なぜ、人間は他人や社会を手段化してはならないのか、答えることができない。真の社会を築くには、一方で、自由、自律、自助、他方で、道徳的な義務を課す権威、この二元秩序が必要である。そのなかで人間は自己の一生の使命を探し出し、追求していく。自由主義と社会主義には、そのような権威がないとケテラーは批判する。

自由主義と社会主義に対抗し、ケテラーが掲げる命題は「宗教が自由を必要とするように、自由も宗教を必要とする(31)」である。社会問題の解決に、なぜ宗教が必要か、社会問題に対するキリスト教に固有な解決法は何か、その答はここにある。

四　社会回勅の先駆者

一八九一年、カトリック教会史上最初の社会回勅『労働者の境遇について』を発表したローマ教皇レオ一三世は、一八七七年に死亡したケテラーを「社会回勅の偉大な先駆者(32)」だと称えた。この回勅を契機にドイツでは「カトリック社会論(33)」と呼ばれる学派が形成され始め、現代ではどの国立大学カトリック神学部にも、その講座は設置されている。

ケテラーは社会問題だけでなく、政治、文化闘争、第一ヴァチカン公会議でも重要な役割を果たし、ドイツ史に大きな足跡を残している。

注

（1）ケテラーには全集がある。Wilhelm Emmanuel Freiherr von Ketteler, *Sämtliche Werke und Briefe*. Im Auftrag der Akademie der Wissenschaften und der Literatur・Mainz, hg. von Erwin Iserloh u. a., Ab. I, 6 Bde., Ab. II, 7 Bde., Mainz 1977-2011. この全集は *SWB* と略記される。さらに書誌もある。Christoph Stoll/Bernd Goldmann, *Wilhelm Emmanuel Freiherr von Ketteler. Eine Bibliographie*, Mainz 1995.

ケテラーとカトリック政治・社会運動の歴史的な評価と位置づけについては、ケテラー（桜井健吾訳・解説）『労働者問題とキリスト教』晃洋書房、二〇〇四年に所収の「訳者はしがき―ケテラーと現代―」を見よ。

（2）ケテラーの伝記には二点の古典的研究がある。Otto Pfülf, *Bischof von Ketteler (1811-1877). Eine geschichtliche Darstellung*, 3 Bde., Mainz 1899; Fritz Vigener, *Ketteler. Ein deutsches Bischofsleben des 19. Jahrhunderts*, München/Berlin 1924. 日本語文献として『労働者問題とキリスト教』に所収の「ケテラー小伝」一九九―二二七頁。

（3）*SWB*, II, 1, S. 12. 以下、伝記的な事柄に関する注は省略する。

（4）桜井健吾『近代ドイツの人口と経済（一八〇〇～一九一四年）』ミネルヴァ書房、二〇〇一年、一―一六頁。

（5）桜井健吾「近代ドイツにおけるカリタスの再生と展開（一八〇三～一九一四年）」『南山経済研究』第二七巻第一号、二〇一二年、一―四〇頁。

（6）その翻訳として、ケテラー（桜井健吾訳・解説）『自由主義、社会主義、キリスト教』晃洋書房、二〇〇六年、二一―四一頁。

（7）桜井健吾「近代ドイツのカトリック社会運動の開始と展開―一八四八年の革命、ピウス協会、カトリック教徒大会、文化闘争」『愛知大学経済論集』第一八六号、二〇一一年、五五―八〇頁。

（8）ケテラーの司牧活動については、Philipp Müller, „Von nun an darfst du auf Erden kein anderes Interesse mehr haben, als das Seelenheil der Menschen und die Linderung ihrer Noth." Bischof Kettelers Verständnis von Pastoral, in: Karl Kardinal Lehmann/Peter Reifenberg, Hg., *Bischof Wilhelm Emmanuel von Ketteler (1811–1877) –der unmodern Moderne*, Freiburg/Basel/Wien 2013, S. 43–71.

（9）桜井『近代ドイツの人口と経済』一九―二二頁。

（10）ケテラー『労働者問題とキリスト教』。以下、この書物からの引用注は省略する。

（11）自由、国家、革命、絶対主義、自治、法治国家、宗教の自由、教会の自由などに関するケテラーの基本的な見解は、一八六二年の『自由、権威、教会』で展開されている。ケテラー（桜井健吾訳）「自由、権威、教会」（一）『南山経済研究』第二九巻第三号、二〇一五年、二五三―二八七頁、（二）第三〇巻第一号、二〇一五年、三三―六八頁、（三）第三〇巻第三号、二〇一六年、二〇九―二四七頁。

（12）尾崎修治「一九世紀末ドイツのカトリック社会運動―『ドイツ・カトリック国民協会』の組織網の考察から」『西洋史学』第二四六号、二〇一二年、二一―四〇頁、桜井健吾「デュッセルドルフのコルピング職人組合（一八四九～一九一四年）」『南山経済研究』第二四巻第三号、二〇一〇年、一九三―二三一頁、「ルール地方のカトリック労働者同盟とキリスト教労働組合（一八六〇～一九一四年）」『南山経済研究』第二五巻第一号、二〇一〇年、一―四五頁。

（13）桜井健吾「補完性原理の萌芽―ケテラーとテュージングの論争（一八四八年）」水波朗・阿南成一・稲垣良典編『自然法と宗教Ⅰ』創文社、一九九八年、二五九―三〇三頁。

（14）Erwin Iserloh, *Wilhelm Emmanuel von Ketteler –sein Kampf für Freiheit und soziale Gerechtigkeit*, Stuttgart 1987, S. 17–19.

（15）ケテラー『労働者問題とキリスト教』に所収の付論「ケテラーの賃金論について」一七五―一九一頁。

（16）この二文献は、ケテラー『自由主義、社会主義、キリスト教』四二―七五頁、七六―一一一頁に翻訳されている。以下、この二文献からの引用注は省略する。

（17）Lothar Roos, Kapitalismus, Sozialreform, Sozialpolitik, in: Anton Rauscher, Hg., *Der soziale und politische Katholizismus. Enwicklungslinien in Deutschland 1803–1963*, Bd. 2, München 1982, S. 82.

(18) Hermann-Josef Grosse Kracht, *Wilhelm Emmanuel von Ketteler. Ein Bischof in den sozialen Debatten seiner Zeit*, Köln 2011, S. 161.

(19) *SWB*, I, 4, S. 244. ケテラー（桜井健吾訳）「ドイツ帝国におけるカトリック教徒―政治綱領草案（一八七三年）」（四）『南山経済研究』第一〇巻第三号、一九九六年三月、四六三頁。

(20) Vigener, *Ketteler*, S. 420.

(21) 桜井健吾「近代ドイツ・カトリック運動の出発点としての一八〇三年の世俗化」『南山経済研究』第二八巻第三号、二〇一四年、二〇三―二四三頁。ヴァイマル憲法が教会の自由を保障することで、それまでの国家と教会の対立関係は解消され、第二次世界大戦後には両者の協力関係は強化されている。

(22) 桜井健吾「近代ドイツのカトリック社会思想、社会改革、社会政策（一八〇〇～一九一四年）」（一）『南山経済研究』第二三巻第三号、二〇〇九年三月、一六七―一六九頁。

(23) ケテラー『自由主義、社会主義、キリスト教』八〇頁、八四頁。

(24) 本書第一一章の中野智世論文を見よ。

(25) 桜井健吾「近代ドイツのカトリック社会思想、社会改革、社会政策（一八〇〇～一九一四年）」（二）『南山経済研究』第二四巻第一号、二〇〇九年六月、三四―三六頁。

(26) ケテラーの人間論については、ケテラー「自由、権威、教会」（一）、二六一―二六二頁。

(27) 注12の文献を見よ。

(28) 本書第七章の尾崎修治論文、注25の論文の二七―三三頁。

(29) ケテラー『自由主義、社会主義、キリスト教』一一三―一四四頁。

(30) 同上書、二四―二五頁。

(31) 同上書、一五頁。

(32) Erwin Iserloh, *Die soziale Aktivität der Katholiken im Übergang von caritativer Fürsorge zu Sozialreform und Sozialpolitik, dargestellt an den Schriften Wilhelm Emmanuel v. Kettelers*, Wiesbaden 1975, S. 22.

(33) カトリック社会論の基本文献として、ネルブロイニング（桜井健吾訳）「カトリック社会論」『社会と倫理』第五号、一九九八年、一二三―一三九頁、ラウシャー（桜井健吾訳）「キリスト教社会論」『社会と倫理』第八号、二〇〇〇年、一―一五頁。

第7章　世紀転換期ドイツの赤い司祭

H・ブラウンスとカトリック労働運動

尾崎修治

鉱夫とその守護聖人バーバラ（カトリック鉱夫協会の旗のモチーフ）。エッセン・フリントロップのカトリック鉱夫協会創立90年記念誌より。所蔵：ドイツ・エッセン司教区文書館（Bistumarchiv Essen）。

一　ドイツの労働問題とカトリック聖職者

第一次世界大戦後のドイツに誕生したヴァイマル共和国が、労働者の保護や生活保障、権利の拡大などに先駆的に取り組んだ国家であったことはよく知られている。しかし、そのための法制度の整備を主導した当時の労働大臣ハインリヒ・ブラウンス（Heinrich Brauns 一八六九～一九三九）がカトリックの聖職者であったことは、おそらくあまり知られていない。聖職者といえば一般に保守的で「頑迷」というイメージがついてまわる。しかし、ブラウンスは共和国の労働大臣として、八年にわたって社会保障制度の確立に取り組んだ。このことが意外な印象を与えるとしたら、それは、労働者の利益の擁護や労働運動といった言葉が、一般に「近代的」という枕詞とともに語られ、またその担い手としてまず想起されるのが社会主義勢力、ドイツの場合には社会民主党だったからであろう。しかも、カトリック教会と聖職者は、その社会民主党から「資本の手先」と呼ばれ、ながらく非難の対象とされていた。しかし実のところ、ひとりのカトリック聖職者が、二〇世紀ドイツの社会保障制度の基盤を整備したことは、意外なことでも、また偶然でもなかった。

ドイツのカトリック労働運動

工業化時代のドイツで、労働条件の改善や労働者の地位向上をもとめて運動を組織したのは社会民主主義勢力だけではなかった。カトリックという宗派共同体に依拠した「カトリック労働運動」も、カトリック地域では広範なひろがりを持っていたのである。ドイツは宗派混合の国家であり、一八七一年に成立したドイツ帝国では人口の三分の二がプロテスタント、三分の一がカトリックであった（工業労働者に限れば二〇世紀初めでプロテスタント約六一パーセントに対しカトリックが約三八パーセント）[1]。社会民主党はプロテスタント労働者への浸透に成功したものの、カトリック労働者の多くはカトリック陣営にとどまった。つまり彼らは、「階級」による連帯よりも「宗派」、つまり信仰による結びつきを優先したと言えるが、それを可能にしたのがカトリック労働運動であった。

この運動の萌芽は一八七〇～八〇年代に遡るが、当初は一部のカトリック工場主や聖職者のイニシアティヴによる労働者の保護、いわば後見的な性格を強く持っていた。しかし世紀転換期以降、カトリック労働者が運動の主体となり、自らの要求を反映させるようになるにつれ、多くの労働者の組織化に成功するようになった。そして、その労働者の主体的取り組みを促し、運動拡大の局面を牽引したのが、主に工業都市の小教区で活動する聖職者たちであった。彼らは、しばしばストライキ支援などを理由に、企業家や行政当局から、社会主義者と同様に「危険」な人物とみなされ、「赤い」司祭と呼ばれた。そして冒頭のブラウンスもその一人であった。

本章の舞台となるのは、当時、多くの赤い司祭があらわれた、ドイツ西部の工業地域である。ライン川下流に沿い、ベルギーやオランダとの国境が近いこの地域は、炭鉱と製鉄所の集中するルール地方をはじめ、いくつもの新興工業都市が並ぶドイツの工業化の中心地であった。加えてこの地域ではカトリック人口が相対的に多く、しかもその比率は労働者層において高かったため、ドイツ全体で見てもカトリック労働運動が強い影響力を持ち、中でもルールでは社会民主党と競合し、ときにはそれを凌駕する勢いも見せていた。

背景としての「信仰の危機」

なぜ、聖職者が労働者支援や労働運動に取り組んだのであろうか？　もちろん困窮者の支援はカトリックにとって信仰上の義務でもあり、聖職者であればそれを強く意識していたとしても不思議ではない。しかしそうした普遍的、超時代的な動機とは別に、工業化時代の聖職者を強く駆り立てたのは、今まさに信仰が「危機」にあるという時代認識であった。ドイツでは一八六〇年代以降、工業化の本格的進展にともない労働者の困窮が大きな問題となるが、それは教会にとっては単なる経済生活上の問題ではなく、信仰上の重大問題でもあった。当時、大都市を中心に教会離れが進行しつつあったが、聖職者がとくに「危険にさらされた」存在と見なしていたのが工業労働者層であった。まさにこの時代、彼らは伝統的な農村を離れ、急激に膨張する工業地域に大量に流入し、根なし草的存在になると思われたからである。しかも、新興の工業都市では教会や聖堂が不足していたうえ、工場や炭鉱での過酷な労働が労働者の心身の健康や「平和な」家族生活を奪うことも懸念されていた。それらが道徳の退廃や信仰の喪失をもたらすと考えられたのである。

さらに、社会民主党のアジテーションも、労働者の信仰にとって大きな脅威になると考えられていた。同党はしばしば、資本家と並んで教会と聖職者も攻撃の対象とし、宗教や教会は階級支配を隠蔽するための道具立てにすぎず、聖職者は、弱者の味方と称しながら、実は困窮する民衆に、現世における「忍耐」と「あの世の幸福」を説くことで「資本に奉仕」する存在であり、社会民主党こそが現実世界で民衆の側に立つ真の救済者である、と主張していた。そうした説明は、民衆の困窮に対する教会の無策に不満をもつ労働者に、教会離れを促すひとつの要因となった(2)。たとえば、ドイツ西部のプファルツ地方のカトリック鉱夫で、後に社会民主党指導者になったオスターロートは回想録の中で、自身が社会主義に目覚めたのは、それまで民衆の味方と信じていた司祭が、労働者を不当に扱った雇用主の弁護にまわったことへの怒りと失望がきっかけだったと回想している(3)。

以上のような状況のもと、労働者の支援に積極的に取り組み、教会こそが民衆の「真の味方」であると示すことで、労働者の信仰離れを阻止する行動をいち早く起こしたのが、ルールをはじめとする西部地域の工業都市や炭鉱の小教区で活動する司祭であった。彼らは、日々労働者の困窮に接するとともに、社会民主主義者のアジテーションも、身近で行われる集会やビラ、新聞などから目にしたからであった。

赤い司祭の行動と思想

本章は、ドイツ帝国期の西部工業地域で活動した赤い司祭を考察の対象とし、その行動と思想を見ていくが、考察の目的は二つある。第一の目的は、赤い司祭に焦点を当てることで、彼らが主導したカトリック労働運動の性格を具体的な形で示すことである。カトリック労働運動は、社会民主党の革命路線を批判しつつ、現存社会の斬新的改革による労働者問題の克服をめざしたことから、同時代の社会民主党の改良主義や、市民的な社会改良運動とも共通性を持っていた。しかし、その根底において、カトリックの信仰と世界観が重要な位置を占めていた点で、近代的な価値に依拠したそれらの運動とは明確にことなる性格を持っていた。

第二の目的は、赤い司祭の活動において、信仰がいかなる意味をもっていたのかを明らかにすることである。従来の歴史研究において、赤い司祭についての一般的評価は、労働者の社会的地位向上や権利の拡大に取り組み、カトリック世界の民主化と近代への適応を促した存在といったものである(4)。もちろん、それもひとつの側面であるが、彼らが聖職者である以上、その行動の背景にある信仰上の動機を問うことは不可欠であろう。それにより、近代ヨーロッパの労働運動において、宗教がいかなる役割を果たしたのか、その一端を示したい。

本章が、多くの赤い司祭の中でとくに焦点を当てるのが、すでに紹介したブラウンスである(5)。彼は一九世紀末、一〇年にわたって小教区司祭として労働者支援に取り組んだのち、二〇世紀に入ると、ドイツのカトリック労働運動の全国レベルの指導者として大きな影響力を持つに至った。そこから、労働者の利害を代弁するカトリック左派の代表として、カトリック保守派の有力者とのあいだで激しい論争も展開することになった。つまり、その時期のブラウンスの活動を追えば、工業都市の赤い司祭の行動と思想を見ることができるだけでなく、彼が主導したカトリック労働運動の性格、さらに、その運動がドイツのカトリシズムにおいて占めた位置を考察することも可能になるのである。以下、ブラウンスが赤い司祭として、また労働運動の指導者として活動した二〇年あまり（一八九〇～一九一二年頃）を、その背景にあった思想を含めて具体的に叙述する。

二　工業都市の赤い司祭

ブラウンスの生い立ちと社会問題への目覚め

ブラウンスは一八六八年一月三日、ドイツ西部の大都市ケルンの旧市街で生まれた。両親は紳士服の仕立屋を営み、生活は貧困とはいえないが質素であった。父親が、家を購入した際の借金の返済に追われており、母親は病気がちであった。そうした少年期の経験からか、ブラウンスは後の一八九七年にジーガーラントの鉱夫たちに向かって、自分も労働者階級の出自であると述べている。また、彼の両親は敬虔であり、とくに母親は息子が聖職者になることを望んでおり、本人も早くから、自分が将来司祭になることを「確信していた」という(6)。

ブラウンスの社会問題への関心は、すでに一七歳の頃に見て取ることができる。当時、一八八五年には、ケルン市の各地区で「カトリック労働者協会」の設立がはじまっていた。カトリック労働者協会とは、社会民主党の台頭に対抗してカトリック労働者を小教区ごとに組織化するため、一八八四年以降各地で設立がはじめられた団体であった。設立の主唱者は、ドイツのカトリシズムにおける、労働者問題と社会政策の第一人者と言われた司祭フランツ・ヒッツェであり、同協会では、各種支援金庫による労働者の相互扶助のほか、司教に任命された「指導司祭」の監督のもとでの親睦、信仰と道徳を強化するための教育などが行われていた。また、ケルンでは一八八四年、町の労働者が千人単位で社会民主主義運動に流れるという、カトリックにとって衝撃的な出来事も起きており、(7) この頃は町の各地区で相次いでカトリック労働者協会が設立されていた。ブラウンスは当時、地元のカトリックのギムナジウムに通っていたが、日曜日ごとに開かれた労働者協会の集会に通い、ときには演説もおこなっている。(8)

その後ブラウンスは、ボン大学で神学と教会史を学んだあと、一八八八年にケルンの神学校に入った。その神学校時代に、彼のその後の歩みに影響をあたえる事件が起きた。ケルンからそう遠くないルール炭鉱で、一八八九年に起こった大ストライキである。ルールの全鉱夫の八割以上にあたる八万七〇〇〇人が参加したこのストライキに対して、経営者側は一切の譲歩を拒否したため、鉱夫はストライキ継続の資金と組織の必要性から、同炭鉱で最初の労働組合の設立に取り組み始めた。ブラウンスによれば、その鉱夫の運動は、「当時、ケルンの神学校で、もっともわれわれの関心を引いた」事件であり、以来、彼は鉱夫と労働組合についての勉強を始めたのだという。(9)

労働者の困窮を目の当たりに

一八九〇年、ブラウンスは二二歳で司祭に叙階されると、ルール地方の西隣に位置する繊維工業都市クレーフェルトの小教区で、施設付き司祭として司牧活動に従事することになった。

クレーフェルトは伝統的に絹織物とビロード織の町として栄え、とくに一八七〇年代には未曽有の好景気により急速に発展したが、一八八〇年代に入り、機械化の進展により伝統的な手織りの衰退がはじまると、労働者は

図 7-1　クレーフェルト時代（20 代中頃）のブラウンス

図 7-1〜図 7-3 の出典はいずれも、Privatarchiv Mockenhaupt.

賃金の大幅な低下と大量失業に見舞われることになった。後にブラウンスが執筆した論文によれば、当時のクレーフェルトでは、かつて職人団体と雇用主側との合意で定められた労賃の基準が守られなくなり、賃金は雇い主の「思うがまま」に引き下げられたため、たとえば、ビロード産業の織工の賃金は一八七二年から一八九〇年代前半までに四分の一まで減少し、「飢餓賃金」と呼ばれる水準に陥っていた[10]。そのクレーフェルトでブラウンスは、しばしば織工の作業場もおとずれ、労働者との直接の対話もおこないながら[11]、当地の繊維産業労働者のおかれた状況の把握をこころみた。彼は後に一九〇三年から一九〇五年にかけて、ボン大学とフライブルク大学で国家学や国民経済学、社会政策などについて学ぶが、その際、クレーフェルトでの調査をもとに博士論文をまとめ、その中で、当地の労働者の低賃金、居住環境等について詳細に考察し、問題克服に必要な法制度上の問題点も指摘している[12]。つまり、ブラウンスがクレーフェルトで得た現実の労働者の状況に関する知見は、彼が後に労働者問題への理解を学術的に深め、社会政策の専門家となっていくための貴重な基礎になったといえる。

キリスト教鉱夫組合の支援へ

一八九五年、二七歳になったブラウンスは五年を過ごしたクレーフェルトを去り、ルール地方の炭鉱町、ボールベックの助任司祭となり、当地のカトリック鉱夫協会の指導司祭になった。カトリック鉱夫協会とはカトリック労働者協会の一種であるが、労働者協会にはあらゆる職種のカトリック労働者が加入できたのに対して、鉱夫協会は会員資格を鉱夫に限定していた。それは、鉱夫という職業の特殊性に由来する強い同胞意識を反映したものであったが、いずれにせよブラウンスは、神学校時代以来関心を寄せていたルール鉱夫に実際に接することになったのである。ちなみにこの異動は、当時ケルン大司教区の補佐司教であったヘルマン・ヨーゼフ・シュミッツの意向によるものであり、労働者問題への理解者として知られるシュミッツが、ブラウンスを、当時、ルールのカトリック鉱夫が自発的に設立した「キリスト教鉱夫組合」を支援させるために送り込んだのだと言われている。

キリスト教鉱夫組合とは、その名の通り、キリスト教を信仰する鉱夫による労働組合であった。信仰に敵対的な社会民主主義系の労働者を排除し、信仰を持つ労働者だけで団結する組合である。これを設立したのは、ルールのカトリック労働者協会や鉱夫協会に所属していたカトリック鉱夫たちであった。彼らはいわば教会に「忠実」な労働者であったが、始めからこうした宗派的な労組の設立を目指していたわけではなかった。彼らカトリック鉱夫は、一八七〇年代頃から労働者固有の利害に目覚め、先述の一八八九年の大ストライキに参加し、その際にルールで最初の労働組合、いわゆる「旧組合」の設立にも加わっていた。しかし旧組合は、発足当初こそ宗教・政治信条の違いを超えた統一的な労組を目指したものの、ほどなくして組合内部で、社会民主主義系鉱夫の反宗教的発言にカトリック鉱夫が反発するといった摩擦が生じることになった。カトリック鉱夫は翌一八九〇年に脱退するとあらたに独自の組合設立に動き、一八九四年、信仰を保持する一部のプロテスタント系鉱夫にも呼びかけてキリスト教鉱夫組合を設立したのであった。

注目すべきは、このキリスト教鉱夫組合をルールの聖職者、とりわけカトリック労働者協会や鉱夫協会の指導司祭たちが支援する決断をしたことであった。当初彼らは、労働者が自発的に、つまり司祭の承諾を得ずに組合設立を進めたことに冷淡な態度をとった。そもそも一九世紀末のドイツでは、カトリック聖職者のほとんどは労働組合に強い警戒心を抱いており、また、工業都市の司祭の場合、労組の設立が小教区内の労使関係に「不和」をもたらすことや、労働者が組合活動を通じて自立し、司祭による後見を離れていくことなどを危惧していた。加えてキリスト教鉱夫組合の場合、カトリック鉱夫がプロテスタントと協力することで彼らの宗派意識が揺らぐこと、「異宗派婚」増加の可能性なども懸念材料であった(13)。

それでも聖職者たちが同組合を支援したのは、労働者の要求に応えることが彼らの信仰離れを防ぐことになると考えたためであった。とくに、労働者が社会民主主義系労組に加入し、その思想的影響を受ける「危険」に比べれば、キリスト教鉱夫組合ははるかに望ましい選択肢であり、異宗派との協力も、より小さな「悪」といえた。また、数年前の一八九一年、「社会派」教皇レオ一三世が回勅『レールム・ノヴァールム』で、労働者の団結を「自然の権利」として認める姿勢を打ち出していたことも、決断の追い風となったであろう。

これ以降、ルールの聖職者による労働者支援の取り組みは、従来のような、後見的な立場から労働者を保護するといった性格のものから、労働者の主体的な運動を聖職者が側面から支援する形へと徐々に変化していくことになった。実際、カトリック鉱夫の側も、聖職者の資金調達力や労働者への影響力、動員力などをあてにしていたため、結局、キリスト教鉱夫組合の運営には、聖職者が「名誉会員」と呼ばれる助言者として関わることになった。その名誉会員になったのが、先述のカトリック労働者協会設立を主導した司祭ヒッツェ、そしてブラウンスであった。実際にブラウンスは、当時の組合指導部の助言者として重要な役割を担った。たとえば、キリスト教鉱夫組合が発行した機関紙『鉱夫』の初期の記事は大部分ブラウンスによって執筆されたという。また、彼の呼びかけでキリスト教鉱夫組合への加入者も増加した。組合の初代議長であった鉱夫アウグスト・ブルストは回想のなかで、設立当初、もしもブラウンスの支援がなく自分自身しか頼れない状況であったら、とても「あのようなことは成し遂げられなかった」と述べている。[14]

赤い司祭ブラウンス

ボールベック時代のブラウンスは、ルール各地の集会で頻繁に演説をおこない「明瞭で、誰にでもわかる言葉」[15]で、鉱夫たちにキリスト教鉱夫組合への加入の必要性を説いてまわった。たとえば一八九六年には、組合員がなお少ないことに苦言を呈したうえで、炭鉱の弊害を嘆いて批判するだけでは「何も成し遂げたことにならない」と戒め、組合に入り「真実と、自由と、権利」のために努力し、労働者が賃金の決定に関与するための「賃金委員会」設立を実現するよう訴えている。[16] さらに翌年には、労働者が、自分と家族の生活を支える賃金の決定に関わることは「誰にも奪うことのできない権利」であり、それを「労働市場」の需給関係によって決めるのは「キリスト教」の倫理に反すると批判している。[17] また、同じ頃にブラウンスは、労働者が自分の問題を言葉で上手く表現できるよう学ぶための「討論学校」をボールベックで設立し、それが人気を博すと、他の町でも設立するよう新聞紙上で求めている。[18]

集会での演説でブラウンスは、鉱山経営者に対する抗議も展開した。一八九七年秋にジーガーラントでおこなった演説では、集まった数千人の鉱夫を前に、少し前に当地で起きた事件、すなわち、キリスト教鉱夫組合議長ウッチュが、クナップシャフト金庫の役員選出の際に雇用主側ではなく労働者の候補を推したことで、経営者側から懲戒処分を受けたことを次のように批判した。

「きみたちの議長は何の不正もしていない。それなのに鉱山経営側は、彼を不当に扱ったのだ。（盛んな拍手）彼らのとった措置は、法律で保障された労働者の権利の侵害であって、団結の自由の権利への攻撃だ。（くり返し、盛んなブラボー）いま君たちは全員で、大声で言わなければならない。彼は大変な不正を被ったのだ！と。

（非常に強い拍手喝采）労働者に権利が与えられないのなら、それこそが法に反している。（略）彼らは、きみたちの指導者を叩いて、きみたちの組織を壊したいのだ。この一撃を払いのけなければならない。」演説の最後にブラウンスは、労働者の勝利のために、また、そのための資金を増やすためにも「できるかぎり多くの者が組合に加入する」よう訴えた。[19]

こうした演説をおこなうブラウンスに対しては行政当局も監視を怠らず、その、二九歳の若さで「広く人気があり、労働者層と盛んに交流のある」[20]司祭の動向を注視していた。彼が労働組合について演説するときは、当局から速記タイピストと警察官が派遣され、県知事がケルン大司教に、「社会主義的」発言をおこなうブラウンスを、ルール地方から遠ざけるよう働きかけたこともあったという。[21]

「階級闘争」と「身分のあいだの宥和」

以上のような活動によって、ブラウンスは「赤い」司祭と呼ばれるようになった。しかし無論、本人は、自身の思考・行動はあくまでカトリックの規範に沿ったものであり、階級闘争を唱える社会民主主義者とは明確に対立するものととらえていた。実際、彼はキリスト教労組の労働者に向かって、運動の目標は、雇用主と労働者の対立をできるだけ緩和しながら、労働者の要求を徐々に貫徹させていくことにあり、[22]そのためにも、つねに産業を全体として見たうえで、「雇用主の権利」も視野に入れなければならないと説いていた。[23]

こうした立場はブラウンスに限らず、同じ様に労働者支援に取り組んでいた司祭の共有するものであり、異なる身分の間の「宥和」を説くカトリックの伝統的な秩序観に沿ったものであった。たとえば、当時キリスト教鉱夫組合を支援した司祭たちによって執筆、刊行された啓蒙パンフレットは、雇用主と労働者は、しばしば利益の対立が生じるとはいえ、経済の健全な発展のために、つねに相互の理解と「利益の調和」を模索しなければならず、そのためには労働組合も、いつも「断固とした」態度をとるだけでは不十分で、ときには控え目な姿勢や、あえて少なめに要求をすることで、雇用主側との「平和」的関係をつくることに重きをおかなければならないと主張している。その意味で、同パンフレットによれば社会民主主義者は、その利益の調和の意義を理解せず、階級闘争を掲げて、あるべき「経済の平和を破壊」する「愚か」者であるとされた(24)。

こうした主張に対しては、社会民主党系の新聞が、キリスト教鉱夫組合は「資本主義とその黒幕」が「鉱夫たちの目をごまかすために」設立した組織であり、その目的は鉱夫の連帯を阻止することにある、という反論を展開していた。その際にはブラウンスも、その巧みな演説力ゆえに「侮ってはならない」カトリック鉱夫の運動の黒幕、労働者の「分裂を煽っている」聖職者として攻撃された(25)。

もちろん、そうした、社会民主党の説く司祭のイメージは、ブラウンスが雇用主側の不正に激しく抗議したことを見れば一面的であることがわかるが、ただ、ブラウンスは同時に雇用主との調和も説いている。そのことは一見矛盾した態度に見えるが、カトリック司祭の秩序観からすればごく自然なことであった。つまり彼は、労働者に対して、雇用主の立場への配慮を説いたのと同じように、雇用主側にも、労働者の利益を考慮するよう求めていたのである。言い換えれば、雇用主側の不正や横暴も、カトリックで理想とされる多様な社会層の間の宥和を乱す行為にあたるのであった。上述の啓蒙パンフレットも、雇用主が、労働者を「卑しい階層の人間」と見下し、労働力を単なる「商品」ととらえ、それが「人間的」なものであることを忘れたかの態度をとることは、非難されるべき行為であると強調している(26)。

赤い司祭は以上のような、カトリックの伝統的な秩序観に従って労使関係をとらえ、あるときは、労働者と雇用主のあいだの相互理解、利益の調和を説き、またあるときには、資本の「横暴」や企業家の不正を非難したのである。

そして、その世界観は、彼らの主導したカトリック労働運動にも刻印されることになった。また ブラウンスは、労働運動に積極的に取り組みながら、同時に司牧活動もおこたらなかった。彼はボールベック時代を通じて信心会の指導に携わり、好んで地域の子どものための宗教授業をおこない、また、新しい小教区の設置や聖堂建設に携わり、さらに信徒のための告解も日々欠かさなかったという。復活祭の時期には、「労働者の司祭」ブラウンスのもとで告解を受けるために、労働者たちが「ほこりまみれの靴で何時間もかけて」歩いてきた。(27) そして、当のブラウンスは、そうした信心深い労働者に、信仰の「守り手」としての期待をかけていた。そのことは、彼が一八九八年、ボールベックのカトリック労働者協会でおこなった説教のなかで、「君たちの協会、わが親愛なる労働者こそが教会の最高の後ろ盾なのだ」と述べ、「キリストの良き兵士として努力せよ！」と訴えていたことにも表れている。(28)

三　労働運動の司令塔として

炭鉱町の小教区で活動していたブラウンスが、その後ドイツのカトリシズムのなかで大きな影響力を持つことになった大きな理由は、彼が、「ドイツ・カトリック国民協会」(29) という、カトリック労働運動の拡大に重要な役割を果たした組織の指導者となったことにあった。そのきっかけは、ボールベック着任から五年後の一九〇〇年、三一歳になっていた彼を襲った神経系の病であった。たえまない不安におそわれ、ミサの際にも言葉が出ず、しばしば中断を余儀なくされるようになったブラウンスは、司教に休暇を願い出て、小教区での職務を解かれた。療養のため、同年秋にひとまず司教局の内勤の仕事についたが、その頃ブラウンスの状況を聞き及んだ既述のヒッツェが、クレーフェルトの隣の織維工業都市メンヒェングラートバッハにある国民協会本部のデスク・ワークに就くことを薦め、なかば偶然にその一員となったのである。(30) 国民協会はブラウンスにとっても周知の組織であり、同協会の集会で演説を務めたこともあったが、加入の経緯からして、彼がそこで重要な役割を果たすことになることは、当初は周囲にも、また本人にも必ずしも予想されていなかった。

ドイツ・カトリック国民協会の赤い司祭たち

ドイツ・カトリック国民協会の創立は、先述のキリスト教鉱夫組合よりもはやく一八九〇年、社会民主党に対抗し、カトリック労働者をカトリシズムのもとに組織化するための宣伝・啓蒙活動をおこなう組織として設立された。設立を主導した人物には、ドイツのカトリックの利益を代弁する中央党の党首ヴィントホルスト、ドイツのカトリシズムの保守派の重鎮である貴族のフォン・ローエやトリアー司教コールムらが名を連ねていた。設立の背景には、労働者問題に対するドイツ帝国の政策転換があった。一八九〇年は周知の社会主義者鎮圧法が撤廃された年でもある。その理由は、同法の下でも社会民主党が八〇年代を通じて勢力を拡大し、九〇年の帝国議会選挙で二〇パーセント近い票を得て大きく躍進したことで、抑圧的手法の限界が明らかになっていたからであった。そこで政府は新たな対策として、同年の二月勅令により、社会政策の拡充によって労働者問題に対処していく姿勢を明らかにした。これを受けてカトリック陣営では、労働者に向けて、社会民主党の「危険」性と、社会政策的な「救済」の道があることを啓蒙するためにカトリック国民協会を設立したのであった。

国民協会の役割は、メンヒェングラートバッハの本部で宣伝・啓蒙雑誌やパンフレット、ビラを執筆、印刷し、それらを全国各地の地域集会や家庭訪問を通じて普及させていくことであった。当時のカトリック系の協会は通常職業や社会層ごとに分かれていたが、国民協会は地域・社会層に関わりなく、「全て」のカトリック系成人男性の加入を求めた。それは、社会民主党への対抗宣伝に可能な限り多くの信徒を動員するためであると同時に、ドイツのカトリックを結集する組織を、国民協会によって実現しようという狙いからであった。

国民協会は世紀転換期以降、労働者層の獲得に成功しはじめると急成長し、第一次世界大戦前には八〇万の会員数を誇るにいたった。背景には、ブラウンスと、彼と同様の経歴をもつ、ほぼ同年代の若い「赤い」司祭が国民協会本部の指導を掌握し、組織を、カトリック有力者らの当初の思惑よりも「左」へと導いていったことが作用していた。

ブラウンスの同僚となった二人の赤い司祭の一人がアウグスト・ピーパーであった。彼は一八六六年にヴェストファーレンの農家で生まれ、一八八九年にローマで司祭に叙階されたのち、ドイツにもどりルールの炭鉱都市ボッフムでカトリック鉱夫協会の指導に関わりつつ、地元の新聞で労働者問題について論じていた(31)。その頃にブラウンス同様ヒッツェに見いだされ、一八九三年に国民協会本部のあらゆる業務を取り仕切る「総務」に就任した。もう一人のオットー・ミュラーは、一八七〇年にベルク地方で教師の息子として生まれ、二三歳で司祭となり、その後メンヒェングラートバッハのカトリック労働者協会で、労働者に社会問題についての啓発教育を試み、企業家から「赤い」司祭と呼ばれた。その後助言を得るためにピーパーを訪問したことをきっかけに一八九九年、国民協会本部に入った(32)。

全国啓蒙に携わる

ブラウンスは早くも一九〇一年に協会本部の「組織化と宣伝活動」担当となり、出版物を執筆し、工業地域を中心に各地で講演をはじめた。とはいえ、まだ十分に健康とはいえなかったため、ピーパーがブラウンスの休息時間や仕事内容にも配慮し、たとえばケルンの労働者協会から仕事の依頼があったときには、夜遅くまでかかるという理由で断ってもいる(33)。しかしブラウンスの国民協会での活動は徐々に精力的なものになっていった。

ブラウンスはピーパーと共に、国民協会が発行した膨大な出版物のかなりの部分、とくに各種の啓蒙パンフレットや、『指導司祭通信』という、小教区の司祭に労働者支援を促すための雑誌の記事を執筆した。その中でブラウンスは社会政策の意義、社会民主党への対抗宣伝の方法などを説き、自身が支援していたキリスト教鉱夫組合の普及を訴え、またカトリック織維工や金属工が始めた、同様のキリスト教的な労働組合設立運動の促進も呼びかけた。そうした記事やパンフレットは、彼が小教区時代に労働者協会や鉱夫組合の労働者に向けておこなった演説がもとになっていたという。いまやそれらが国民協会の組織網を通じて、ドイツ各地の労働者と、その支援に取り組む司祭に発信されることになったのである。

また各地の集会での演説を通じて、ブラウンスは信徒たちにカトリック国民協会への加入を呼びかけた。一九〇一年九月には、かつて二〇代を過ごしたクレーフェルトでも演説をおこない、「信仰と道徳がますます蝕まれていく」なかで、「わが教会への攻撃」に対する「堤防を築く」ために、国民協会の活動に参加するよう訴えた[34]。のちには啓蒙活動のためにドイツ各地を「縦横に」旅することもあった。たとえば一九一〇年に彼は、年間に五三ヶ所での国民協会の集会や会議に参加し、講演をおこなっている。

各地の集会を訪れた際にブラウンスは、そこで活動する数多くの活動家と積極的に交流し、その後も密に通信を交わしたという[35]。全国レベルの指導者としても、彼がとくに重視したのは、各地の小教区で支援に取り組み、土地の労働者の状況や要求をよく知る末端の活動家――その多くは小教区の司祭や助祭であった――からの情報であった。

図7-2　メンヒェングラートバッハの国民協会本部でのブラウンス（左端）

労働者から指導者を養成する

そうした末端の情報から、国民協会指導部は、地域の活動の場に生じたさまざまな問題を知ることになったが、当時大きな懸案だったのが集会演説者の不足であった。もともと演説者としては聖職者のほか、教師や出版関係者といった「教養のある」平信徒の貢献が期待されていたが、後者は相対的に教会離れが進んでいたせいか、国民協会の活動にあまり参加せず、そのぶん聖職者に多くの負担がかかっていた。

その問題を克服するための方策としてブラウンスは、労働者を教育して演説者に養成することを提案した。彼は一九〇二年の『指導司祭通信』誌上でそのメリットを強調し、労働者の口から「すべての身分のあいだで均衡のとれた公正」という理念を説く方が、同じことを財産や教養のある「他の身分」の者から言われるより説得力があると論じた。それは具体的に言えば、労働者のなかから、仲間から「全幅の信頼」を寄せられ、それでいておごらず「道徳的にしっかりとした」者を見いだし、教育を通じて彼らを、演説に熟達し、「達筆」で、政治や社会問題、社会政策、労働運動の歴史に関する知識を持ち、社会主義の理論に反論する能力も備えたリーダーへと養成するという構想であった。ブラウンスの考えでは、そうした能力をもつ労働者は、今後カトリック労働者がキリスト教的な労働組合を自ら運営していくために不可欠であり、その上で彼らは、これまで聖職者が担ってきた指導的役割を手助けし、いずれは肩代わりできるようにもなるはずであった(36)。ブラウンスがかねてから労働者教育に熱心であったことは、ボールベックで討論学校を設立したことからもうかがえるが、彼は当時と違い、今やそれを小教区にとどまらず全国に展開することが可能な地位についていた。

「自立」のための労働者教育

実はブラウンスがこの提案をする前から、国民協会はピーパーとミュラーの主導で労働者教育に取り組み始めており、一八九八年から各地のカトリック労働者協会や鉱夫協会に「社会教育講座」を設置していた。それは、各協会の指導司祭が教師役となり、夜間に、国民協会作成のテキストを用いて、労働者に資本主義経済や社会問題、社会政策、労働組合などについて教える取り組みであった。

そして一九〇一年に、その社会教育講座修了レベルの労働者のための「国民経済講座」が開設されると、ほどなくしてブラウンスが講座を統括する責任者となった。別名「労働者大学」と呼ばれたこの講座は国民協会本部での集中授業であり、その教育目標は、労働者に「批判的思考」を促し、彼らが、「自立的」に「責任をもって」行動できるよう導くことにあった。そうした資質こそが「革命的労働運動」に対抗する指導者に不可欠だと考えられていたのである。授業内容は社会政策の枠を超え、国民経済や金融、株式、労働法、イギリス労働運動や「社会民主党の戦略」など多岐にわたった。(37)講義のほかに演説の訓練とレポートがあり、そのレポートについてはブラウンスが形式と内容を「厳しく」精査した。(38)一九〇三年に講座に参加したアルザス出身の鋳型製造工ヨーゼフ・ヨースの回想によれば、教師としてのブラウンスは、受講生たちの発言に、脱線や誇張、見栄や皮相な「おしゃべり」が見られると、「容赦なく芽のうちにつぶした」という。(39)

この国民経済講座を修了した労働者の中から、キリスト教労働組合の専従職員をはじめ、カトリック労働運動の指導者が数多く生まれ、そのうちの何人かは中央党の要職も占めるようになった。その背景には、党の指導層が選挙戦を見すえて、労働者の支持を着々と増やしていた国民協会の動員力を無視できなくなったという事情があった。労働者出身の党幹部の代表的人物が、一九一二年に中央党幹事長となり、ヴァイマル共和国で郵政大臣となったヨハネス・ギースベルツであったが、彼は国民経済講座が「われわれに考えることを教えた」と回想している。労働者出身の指導者の多くはブラウンスを「師と仰ぎ」、政治上の「重要な決定」の前にはしばしば助言を求めたという。(40)

工業都市の「使徒」としての労働者

ブラウンスにとって労働者教育の目的は、以上のような労働運動指導者の養成にとどまるものではなかった。もうひとつの重要な狙いが、労働者を、彼らが生きる工業都市の「信仰の守り手」とすることであった。

ブラウンスは、国民経済講座を修了した教え子たちを送り出す際、「君たちは使徒職に召命されたのだ」と説いている。彼は労働者に、「主キリストに倣い」、民衆を「肉体的困窮」から救うのみならず、その「魂」のために、「道徳」の向上に全力を注ぐよう求めたのである。[41] 実際、前述の社会教育講座、国民経済講座のいずれにおいても、労働者は社会経済的な事柄のみならず、信仰を擁護するための「護教学」も学ぶことになっていた。というのは、当時国民協会では、カトリック労働者たちが「作業所や工場内、炭坑」で、日々何時間ものあいだ、教会の教えを「嘲笑い」、信仰について「汚い冗談」を飛ばす者たちと過ごすことによって、しばしば信仰の「動揺」に陥ることが問題視されていたからである。協会指導部は、そうした信仰への「攻撃」に対して、労働者たちがただ「沈黙」するのではなく、それを「専門知識と威厳」をもって「退ける」能力を身につける必要があると考えており、さらに可能であれば、効果的な反論によって相手に「尊敬」の念を抱かせ、「思案」に陥れ、最終的には「友人」にさせることさえも期待していた。[42] そのために、たとえば国民経済講座では約二週間にわたり、自然科学や「物質主義的見解」にもとづく攻撃に対して、キリスト教の「真理」を擁護する術を学ぶことになっていた。[43] つまりブラウンスは、労働者教育を通じて労働者が、カトリック労働運動の優れた担い手となるだけでなく、同時に、自身の信仰を強化しつつ、一度信仰を離れた労働者をふたたび教会に取り戻す、いわば、近代世界における「使徒」の役割を果たすことも求めていたのである。

さらに言えば、国民経済講座は先述のように労働者の「自立」を求めていたが、それは自立こそが、彼らが今後、司祭の支援を受けずに労働運動に取り組み、同時に「使徒」的役割をまっとうするために不可欠な資質とみなされていたからであった。つまり、ブラウンスの同僚ミュラーの説明を借りれば、「聖職者は工場の中まで労働者についていくことはできない」ので、そこでは労働者たちが、司祭の手を借りずに、「宗教と信仰に対する攻撃に対抗するために、自分で、自身の宗教的確信を擁護する能力を持たなければならない」のであった(44)。

四　信仰実践としての労働運動

保守派との対立

以上のようなブラウンスの活動と、その背後にあった思想を見ると、彼の労働者、労働運動への支援は、近代世界においてなお信仰を維持していこうとする、一種の「再キリスト教化」の取り組みでもあったことがわかる。しかしながら、そうしたブラウンスと国民協会の運動は、常にドイツのカトリック保守派からの批判にさらされることになった。批判者の代表は、ブレスラウ大司教コップ、トリアー司教コールム、フライブルク大司教ネルバーらの有力司教であったが、彼らは、労働組合や労働者の自立への教育を、労働者の社会民主主義化や教会離れを促しかねないものとみなし、またキリスト教労働組合の超宗派的性格も、カトリック的規範からの逸脱と考えたのであった。ブラウンスは、長年キリスト教労組を支援してきた立場ゆえにその批判の矢面に立ち、同労組を擁護する論陣を張ることになった。この論争は「労働組合紛争」と呼ばれ、帝政期ドイツのカトリック世界をもっとも動揺させた紛争と言われる。

保守派司教らがキリスト教労組を最初に公式に批判したのは、ブラウンスが国民協会に加入する直前の一九〇〇年八月のことであった。具体的には、ドイツの司教が集まるフルダの司教会議が、議長を務めるブレスラウ大司教コップの主導のもと、職業団体は「カトリック的性格」を備え、労働者も「宗派にもとづいて」組織化されるべきとする司教教書を可決した。教書はその理由として、「教会の教え」に従えば、すべての生活領域は「キリスト教の原則」、つまりカトリックの原則に従っていなければならないためであると述べていた。[45] この主張は、いわゆる「統合主義」という見解を拠り所としていた。それは、人間生活には信仰と関わらない「世俗」領域は存在せず、公的、私的領域にかかわらず、あらゆる問題への解答は信仰によって与えられる、とする立場である。それゆえ統合主義者は、人間のすべての行動、あるいは少なくとも「正しい」信徒の行動は教会の示す原則、指導に沿っていなければならないと考えるのである。[46] こうした考えは、この頃のドイツでは次第に少数派になりつつあったとはいえ、有力司教にも一定の支持者がいたため、なお侮りがたい影響力を持っていた。

こうした主張に対してブラウンスは、一九〇三年ごろから講演や公開論争、新聞の論説、そしてレナーヌスという偽名で執筆した著作[47]を通じて反論を展開し、キリスト教労働組合を擁護した。

ブラウンスはまず、自身も含めたキリスト教労組の支持者は、司教会議と同様、カトリックの原則に従った労働運動を断固として支持しているとしたうえで、[48] ただし、超宗派労組でもカトリックの教えを守ることは可能だと主張した。なぜなら、キリスト教労組は「物質主義的」観点に立つ社会主義労働運動に対抗し、宗教的信念と「道徳的原則」の尊重を掲げる団体であるがゆえ、[49] 会員は異宗派の同僚の「宗教的感情」を傷つけないよう「用心する」ことになっているからであった。[50]

そのうえでブラウンスは、司教会議の統合主義的主張にも反論した。彼はまず、人間の経済的、社会的活動に一定の「枠」を与え、そこを超えたら「不正」になるという境界線を示すのはカトリックの「道徳」にほかならない、ということを認めた。その上で、しかし労働組合は、経済や国政と同様、現世的課題に取り組むものである以上、その活動目的や形態は、教会の原則や道徳から導き出されるものではなく、考慮されるべきは「時代の変化にさらされ、多様な前提のもと、国ごとにもさまざまな形を取る」現世の事情であると主張した。[51] つまり、カトリックが少数派であるドイツの事情を考えれば、社会民主主義者を除く「信仰を尊重する」労働者のみで影響力のある労組を設立するには、プロテスタントを含む超宗派的な組織とするほかの道はないのだと。

以上のブラウンスの主張は、キリスト教労組を批判していた司教の一部をその後支持者へ転じさせ、一九一〇年のフルダ司教会議では、キリスト教労組に加入したカトリック労働者は、信仰と道徳の涵養に努めるべく、カトリック労働者協会にも入ること、という条件つきで超宗派労組が一応容認されることになった(52)。しかしコップら統合主義者は、世俗領域への教会の干渉に異議を唱えるブラウンスを、カトリック教会の権威に盾をつく「信仰心に欠けた」司祭としてなおも糾弾した(53)。

社会活動と信仰

しかし、ブラウンスが、現世の領域への聖職者の干渉を戒めたとしても、それは世俗領域からの信仰の撤退を受け入れるということではなかった。なぜなら、本章で明らかにしてきた通り、ブラウンスが指導したカトリック労働運動そのものが、労働者を支援することで、その信仰離れを阻止し、ひいては、彼らを工業都市における「使徒」へと養成していこうとする試みであり、それを通じて、カトリックの信仰と世界観を、近代世界においてなお維持していくための、再キリスト教化の取り組みだったからである。

その意味で、ブラウンスにとって労働運動を支援することは、批判されるいわれのない、まさに司祭にふさわしい行動であり、司牧活動の一部でもあった。だからこそ、彼は、高位聖職者と対立しながらもなお、キリスト教労働組合を擁護し続けたのであり、のみならず、統合派が執拗におこなう労働運動への干渉を、「時代の要請を見誤った」、カトリックの信仰に「悲劇的結末をもたらしうる」「災い」として、強く批判したのであった(54)。

そもそもブラウンスは、いわゆる「社会活動」、彼の場合は労働者支援、は「信仰」の不可欠の要素、あるい

図7-3　労働大臣ハインリッヒ・ブラウンスの執務室。左手奥の壁にキリスト磔刑像が見える

は信仰と不可分のものと考えていた。たとえば、一九一三年のカトリック国民協会総会における演説で、彼は次のように述べている。信仰生活と社会活動には「内的な相互作用」があり、社会活動には常に信仰がともなっていなければならず、その逆に、いかなる敬虔な行為も、社会活動を軽視すれば「中途半端な信仰」にしかならず、社会活動を厭う時代はいつでも信仰の「堕落」に陥る(55)。

つまり、労働者の支援はブラウンスにとって、あるべき信仰実践そのものであった。まさにそれゆえに、彼はカトリックの司祭でありながら、近代ドイツの労働運動の進展と拡大にきわめて重要な役割を果たすことになったのであろう。

共和国大臣になった赤い司祭

さて、本章の冒頭でも述べたように、その後ブラウンスは第一次世界大戦後の一九二〇年六月、ヴァイマル共和国の四度目の内閣として発足したフェーレンバッハ政権の労働大臣に就任し、ついに国政レベルでも労働者支援に取り組むことになった。そして一九二八年までの八年間にわたり、一二の内閣で労働大臣を務め、その間、未曽有の住宅不足に対処し、帝政時代に導入された社会保険制度や労働者保護立法の改善と拡充を進め、失業保険を初めて導入したうえ、労使の同権にもとづく調停制度の導入に向けて法制度を整備した[56]。

共和国大臣として多忙な時期にあっても、ブラウンスが聖体拝領や祈り、瞑想を欠かすことはなかったという。彼の大臣用の執務室にはキリストの磔刑を描いた大きな絵がかけられ（図7-3）、机の上にもキリスト十字架像が置かれていた。また閣議中であっても、自分の管轄に話が及ばないときにはしばしば退席し、議場の隣でロザリオの祈りを捧げていたという[57]。ブラウンスにとって社会活動と信仰が不可分であったように、共和国労働大臣になっても、彼が司祭であることに変わりはなかったのである。

注

（1）Gerhard A. Ritter/Klaus Tenfelde, *Arbeiter im Deutschen Kaiserreich* 1871 bis 1914, Bonn, 1992, S. 747.

（2）労働者の教会離れについて詳しくは、*Ibid.*, S. 765-780.

（3）Nikolaus Osterroth, *Vom Beter zum Kämpfer*, Berlin 1920, S. 131-135.

（4）当時の赤い司祭に関してはまずブッデによる人物伝があり、さらにヒーペルやバッヘムレームによるカトリック労働運動に関する研究が、労働者を側面から支援する司祭を副次的に考察している。Heiner Budde, *Man nannte sie „rote" Kapläne. Priester an der Seite der Arbeiter*, Köln 1989; Claudia Hiepel, *Arbeiterkatholizismus an der Ruhr*, Stuttgart, 1999; Michaela Bachem-Rehm, *Die katholischen Arbeitervereine im Ruhrgebiet 1870-1914*, Stuttgart 2004.

（5）ブラウンスに関しては、モッケンハウプトによる伝記がもっとも重要である。Hubert Mockenhaupt, *Weg und Wirken des geistlichen Sozialpolitikers Heinrich Brauns*, München-Paderborn-Wien 1977. 生涯を通観した伝記であり、赤い司祭の史的役割を考察するものではないが、本章も多くの知見と示唆を得ている。史料としては、モッケンハウプトが、ブラウンスに関連する新聞記事、未刊行文書を収集、整理したハインリッヒ・ブラウンス文書（エッセン司教区文書館）が有用であった。そのほか、ブラウンスが指導的役割を果たしたキリスト教労働組合、ドイツ・カトリック国民協会関連の文書（ドイツ連邦文書館、メンヒェングラートバッハ市立文書館）、国民協会発行の『指導司祭通信』、ブラウンスと彼に近い赤い司祭たちの回想録、著作などを参照した。

(6) Mockenhaupt, *Weg und Wirken*, S. 15–17.

(7) “Katholischer Arbeiterverein Köln-Süd”, in: Ernst-Detlef Broch, *Katholische Arbeitervereine in der Stadt Köln 1890–1901*, Wentorf/Hamburg 1977, II. Teil (Quellen), S. 9–16, ここでは、S. 10f.

(8) Mockenhaupt, *Weg und Wirken*, S. 18.

(9) *Ibid*, S. 21–23.

(10) Heinrich Brauns, *Der Übergang von der Handweberei zum Fabrikbetrieb in der Niederrhinischen Samt- und Seiden-Industrie und die Lage der Arbeiter in dieser Periode*, Leipzig 1906, S.49, 56–60.

(11) Mockenhaupt, *Weg und Wirken*, S. 26.

(12) Brauns, *Der Übergang*, S. 82f.

(13) Hiepel, *Arbeiterkatholizismus*, S. 175f.

(14) Hermann Vogelsang, *Geschichte, Verfassung und Verwaltung des Gewerkvereins christlicher Bergarbeiter Deutschlands*, Essen 1915, S. 49.

(15) *Essener Volkszeitung*, 12. Aug. 1896, in: Bistumarchiv Essen, S8 (Heinrich-Brauns-Archiv), Nr. 107.

(16) *Essener Volkszeitung*, 23. April u. 12. Mai 1896, in: Bistumarchiv Essen, S8, Nr. 107.

(17) *Bergknappe*, 1. Dez. 1897, in: Bistumarchiv Essen, S8, Nr. 38.

(18) Mockenhaupt, *Weg und Wirken*, S. 38.

(19) *Bergknappe*, 1. Dez. 1897, in: Bistumarchiv Essen, S8, Nr. 38.

(20) Brief des Bürgermeisters von Borbeck an Reg. -Prasidenten von Düsseldorf vom 29. 3. 1897, in: Bistumarchiv Essen, S8, Nr. 49.

(21) Mockenhaupt, *Weg und Wirken*, S. 33.
(22) *Essener Volkszeitung*, 12. Aug. 1896, in: Bistumarchiv Essen, S8, Nr. 107.
(23) *Der Bergknappe*, 1. Dez. 1897, in: Bistumarchiv Essen, S8., Nr. 38.
(24) *Christliche Gewerkvereine. Ihre Notwendigkeit, Aufgabe und Thätigkeit. Auszug aus den Verhandlungen des 4. Delegiertentages der katholischen Arbeitervereine der Erzdiözese Köln zu Essen* (*Ruhr*) *am 23. Oktober 1898*, S. 18f.
(25) *Deutsche Berg- und Hüttenarbeiterzeitung*, 25. Jan. 1896, 22. Jan. u. 1. Mai 1897, in: Bistumarchiv Essen, S8, Nr. 106.
(26) *Christliche Gewerkvereine*, S. 19.
(27) Mockenhaupt, *Weg und Wirken*, S. 36.
(28) Predigt zum 25 jährigen Stiftungsfest des Arbeitervereins 1898, Borbeck, in: Bistumarchiv Essen, S8, Nr. 6, 236-237, Mockenhaupt, *Weg und Wirken*, S. 38.
(29) カトリック国民協会について詳しくは、尾崎修治「一九世紀末ドイツのカトリック社会運動―『ドイツ・カトリック国民協会』の組織網の考察から」『西洋史学』第二四六号、二一―四〇頁を参照。
(30) Mockenhaupt, *Weg und Wirken*, S. 39-43.
(31) Heitzer, Horstwalter, "August Pieper (1866-1942)", in: *Zeitgeschichte in Lebensbildern*, Bd. 4, Mainz 1980, S. 114-132, ここではS. 116.
(32) Aretz, Jürgen, "Otto Müller (1870-1944)", in: *Zeitgeschichte in Lebensbildern*, Bd. 3, Mainz 1979, S. 191-203, ここではS. 191f.
(33) Mockenhaupt, *Weg und Wirken*, S. 43f.
(34) 以上、*Ibid*., S. 44f.
(35) *Ibid*., S. 53-56.
(36) *Präsides Korrespondenz*, 1902, S. 203-205.
(37) *Ibid*., 1904, S. 67-72.
(38) Emil Ritter, *Die katholisch-soziale Bewegung Deutschlands im neunzehnten Jahrhundert und der Volksverein*, Köln 1954,

S. 263.

(39) Mockenhaupt, *Weg und Wirken*, S. 49f.

(40) Emil Ritter, *Die katholisch-soziale Bewegung*, S. 263f.

(41) Mockenhaupt, *Weg und Wirken*, S. 51.

(42) *Präsides Korrespondenz*, 1906, S. 200–202.

(43) *Ibid*., 1904, S. 70.

(44) Otto Müller, "Errinerung an die Katholische Arbeiter-Bewegung", in: *Texte zur katholischen Soziallehre II, 2. Halbband*, Stuttgart 1976, S. 840–1026, ここでは S. 860f.

(45) *Akten der Fuldaer Bischoftkonferenz, Bd. 3*, 1900–1919, Mainz 1985, Nr. 1: Protokoll der Bischofskonferenz, Fulda, den 21. -22. Aug. 1900, S. 5, Nr. 8: Anlage zu Nr. 1, Die Christlichen Gewerkvereine, S. 11.

(46) Mockenhaupt, *Weg und Wirken*, S. 61, Anmerkung 263.

(47) Rhenanus (Brauns), *Christliche Gewerkschaften oder Fachabteilungen in katholischen Arbeitervereinen?* Cöln 1904.

(48) *Ibid*, S. 88.

(49) O. V. (Heinrich Brauns), *Die christlichen Gewerkschaften*, M. Gladbach 1908, S. 78f.

(50) Rhenanus (Brauns), *Christliche Gewerkschaften oder Fachabteilungen*, S. 20.

(51) Heinrich Brauns, *Soziale Reformarbeit. Zwei Vorträge, gehalten bei der „Sozialen Woche“ (5. –10. Sept. 1911) in Wien*, Soziale Studien, Heft 1., Wien 1912, S. 19.

(52) Wilfried Loth, "Bischof Karl Joseph Schulte von Paderborn (1910–1920) und der Streit um die Christlichen Gewerkschaften", in: *Westfälische Zeitschrift*, Bd. 142, 1992, S. 345–360, ここでは S. 348f.

(53) Mockenhaupt, *Weg und Wirken*, S. 65f. コップは、ブレスラウ大司教区で国民協会の集会を禁じ、他の司教にも同様の対応を呼びかけるなど、ブラウンスらの活動に圧力をかけ続けた。Bundesarchiv Berlin, R8115/Nr. 97, Bl. 9.

(54) Rhenanus (Brauns), *Christliche Gewerkschaften oder Fachabteilungen*, S. 88.

(55) "Volksverein für das katholische Deutschland", in: *60. Generalversammlung der Katholiken Deutschlands in Metz vom*

17. Bis 21. August 1913, S. 485–510, ここでは S. 501.

（56） Mockenhaupt, *Weg und Wirken*, S. 175–222. 福澤直樹『ドイツ社会保険史』名古屋大学出版会、二〇一二年、九三―一一六頁。

（57） Mockenhaupt, *Weg und Wirken*, S. 226–229.

第8章　都市化とカトリック教会

ピエール・ランドが見た両大戦間期のパリ郊外

長井伸仁

パリ郊外の住宅地（撮影地区、年月不明）。出典：Pierre Lhande, *Le Dieu qui bouge*, Plon, 1930, non paginé.

一　宗教史と都市史の交点

近代都市とカトリシズム

近代ヨーロッパを特徴づける事象のひとつに都市化があることは疑いない。そうである以上、近代におけるカトリシズムを問うなかで、カトリシズムが都市化にいかに向き合ったのかが問われねばならない。本章はかかる問題意識から、都市化を前にした教会の認識と対応について、両大戦間期パリ郊外の一事例を取りあげて検討するものである。

フランス史に関する限り、このような観点からの研究は多くはない。その背景には、都市化と信仰を相容れないものとする認識が広く存在し、カトリック教会自身もそれを共有していたことが指摘できる。もとより、キリスト教と都市の関係は単純ではない。ヨーロッパの歴史を一瞥しただけでも、両者の関係が幾重にも変化してきたことがわかる。

ローマ帝国では、キリスト教ははじめ都市から都市へと伝播していった。フランス語で、異教徒や不信心者を意味する païen と農民を意味する paysan が語源を同じくすることは、かつてキリスト教と都市が結びついていたことの名残ともいわれる(1)。だが、キリスト教が農村部にも浸透してゆくにつれ、そのような結びつきは弱まる。修道士たちが人里離れた地において信仰を研ぎ澄ませようとしたことも、キリスト教の都市的な性格を薄める結果になった。のち、一三世紀に登場する托鉢修道会は都市を活動の地としたが、その一方で、都市を現世的で悪

習のはびこる場とみなす言説も現れる。(2)

近世に入ると、キリスト教と都市の関係は複雑さを増す。宗教改革期、「異教」の風習が根強く残るとされた農村は、プロテスタントによってのみならず、トリエント公会議を開いたカトリック教会の側からも指弾された。ところが近代化が進行すると、むしろ都市こそがキリスト教にとって好ましくない場とみなされるようになる。(3)それは、都市の膨張が急速に進み、教会もそれにより甚大な影響を被っていたという事実によるところが大きい。以下、この点について具体的にみておきたい。

都市化の流れは、西ヨーロッパでは一九世紀に決定的になった。人口五〇〇〇人を都市の基準とした場合、都市人口が全人口に占める割合は、一八〇〇年のイギリス（連合王国）で二一パーセント、同年のフランスでは一三パーセントであった。一世紀後の一九〇〇年、その割合はイギリスでは六七パーセント、農業国との印象が強いフランスでも三五パーセントに達していた。(4)これら人口増のかなりの部分は外部からの人口流入によるものであっただけに、宗教の領域にも影響することは避けられなかった。

その帰結のひとつは異なる宗派の併存であった。アイルランドからの大規模な人口移動が起こったイングランドやスコットランドの諸都市や、ポーランド系の人々が移住したベルリンでは、プロテスタントとカトリックが併存する状態が出来した。

他方で、人口過密化やスプロール現象は、教区という教会制度の骨格を超えて進行したため、その再編は教会当局にとって喫緊の課題になった。一九世紀後半のイングランドでは、国教会は都市部を中心に三〇〇〇近くの聖堂を建造している。ドイツ帝国の首都となったベルリンでは、既存教区のキャパシティを上回る人口増加が生じたため、一九・二〇世紀転換期の一〇年で市周辺部を中心に四二の聖堂が建設された。(5)フランスでも、いくつかの大都市で教区の再編がおこなわれている。マルセイユでは一八〇〇年から一八八〇年のあいだに人口が一一万から三五万へと三倍を超えたが、この間、教区数もそれに応じて一〇から三〇へと増やされている。他方、同じ時期のパリでは、人口が五五万から二二七万へと四倍になったが、教区数は三九から六九へと、倍にも達しなかった[6]。

増加した人口に応じて教区を分割し聖堂を建造するという措置は、都市化への対応としては部分的なものというべきである。本来、人口の規模や密度のみが都市の本質をなすわけではない。人々の生業、住環境、空間的流動性、人的紐帯、心性・文化など、多くの点において、都市は非都市とは大きく異なるはずである。

しかし、近代フランスのカトリック教会に関する限り、都市、さらには都市化が生みだす諸問題をカトリック教会がみずからのものと捉え、しかるべき関心を寄せてきたとは言いがたい。たしかに、近代を特徴づける社会集団である労働者は教会の働きかけの対象であったが、彼らの多くが住む都市に向けられるまなざしは、弱いものであった。それも、農村に存在するような共同体の欠如や、人口増による教区制度の空洞化が、人々の「教会離れ」の主因になっているとする、単純で否定的な見方に覆われていた[7]。フランスで、カトリックの神学者や知識人が都市についての本格的な考察に取りくむのは、おおむね一九六〇年代以降のこととされる[8]。歴史学においても、近現代宗教史研究が都市を問うことは少なかったが、それはこのような事情によるところが大きい。ただし、現実に都市化と信仰が相反するものだったのかどうかは、それ自体として検討する必要がある。本章の主題に引きつけて述べれば、近代フランスの都市は、はたしてカトリック教会が思い描いたような「不信仰の地」だったのか、ということである。この問いに答える手がかりになるのが実践率である。

「都市の空気は自由にする」のか

実践率とは、ミサないし礼拝への出席や、復活祭での聖体拝領など、キリスト教信仰の外形的行為を実践する者の割合を意味する。この実践率について、フランスでは第二次世界大戦後、おもに宗教社会学の観点から調査研究が積み重ねられてきた(9)。それによれば、革命以後今日に至るまで実践率は全体として低下しているが、その過程は単線的ではなかった。

まず、一九世紀なかばをひとつの頂点に、信仰心の顕在化ないし発露とよびうる現象がみてとれる。フランス革命によって教会組織は甚大な打撃を被ったものの、教会からの統制がゆるんだこともあり、民俗的な信仰はむしろ活性化に向かった。折しも、パリ（一八三〇年）、ラ・サレット（アルプス地方イゼール県、一八四六年）、ルルド（ピレネー地方、オート＝ピレネー県、一八五八年）、ポンマン（西部マイエンヌ県、一八七一年）などで聖母出現が報じられ、多くの信徒がこれらの地に巡礼に向かった(10)。

このような信仰の活性化とおそらく関係しているのであろう、一九世紀半ばにかけて、信徒の実践率は相対的に安定し、地域によっては上昇さえした。復活祭の聖体拝領率をみると、ナントでは、一八三九年に八六パーセントだったものが一八六三年には八三パーセントに、ランスでは一八三八年に三六パーセントだったものが一八八一年には三三パーセントへと、工業化が本格化しヒトやモノの移動が活発化した時期にあって、ほぼ同水準を維持した。オルレアンでは、一八五二年に一九パーセントだったものが一八六五年には二七パーセントへとむしろ上昇している(11)。

社会階層ごとにみると、労働者の実践率が低い事例が目に付く。たとえば一九一四年時点のパリで日曜にミサにゆく者の比率は、富裕層が多く住む第七区では四六パーセントだったのに対し、典型的な労働者地区である第二〇区では六パーセントにすぎなかった(12)。リヨンでの比率も、一九五〇年代半ばの数値であるが、下は五パーセントから上は四四パーセントと教区による大きな差があったが、全体として労働者はもっとも低率であった(13)。

しかしながら、「教会離れ」は労働者に限った現象ではなかったし、労働者がみな信仰実践を示さなかったわけでもない。一例を挙げると、南仏アヴェロン県の炭鉱町ドカズヴィルは、一八八〇年代に大不況を背景に激しい労働争議が起こる地だが、一八七二年時点ではこの町の男性の四三パーセントが復活祭に聖体拝領をおこなっていた(14)。

じつは、宗教社会学の調査がもたらす重要な知見は、社会階層や都市／農村の区分以上に地域が実践率を決定づけていたということである。実践率の差は、同一地域内での都市農村間よりも、異なる地域間での方が、より大きかったのである。

このことは、宗教は社会経済的な条件からは本質的に独立した事象であったことを示唆する(15)。宗教を「民の阿片」と言い切ることはできないのである。近代フランスのカトリック教会は都市を「不信仰の地」として危険視する傾向にあったが、現実はそれほど単純ではなかった。

ならば、近代の都市において教会や宗教はどのような存在だったのかが、歴史研究において問われねばならない。フランス近現代史研究で、このような視点が意識されるようになったのは最近のことでしかない。一九九〇年代末に刊行されたフランス都市史研究の文献目録は、全体で三一〇〇余点の研究をリストアップしているが、革命期から二〇世紀末までの二世紀について、宗教を主題とした図書ないし論文としては二〇ほどを数えているのみである(16)。それでも、二一世紀に入ると論集や個別研究が刊行され、研究者の関心を集めるようになっている(17)。これらは時代、地域、テーマなどが相当に異なる個別論文をまとめたもので、論点が浮かびあがってくる段階とは言いがたいが、この問題系の重要性が認識されてきていることはたしかである。

このような動向を承けて、本章ではフランスのイエズス会士、ピエール・ランド（一八七七〜一九五七年）を取りあげ、彼がパリ郊外のカトリック教会の活動について記したルポルタージュ『郊外のキリスト』（一九二七年(18)）を手がかりに、郊外での教会の活動や教会人の都市へのまなざしを明らかにすることを目指す。ランドは、近現代パリ史研究に関わる文献では頻繁に言及されるが、学術研究の対象になったことは少ない[19]。本章では、ランド自身の著作と若干の先行研究のほか、イエズス会フランス管区文書館所蔵の「ランド文書」[20]に依りつつ論を進める。

二　ピエール・ランド

バスクの司祭

ピエール・ランドは一八七七年七月九日、フランス南西部バスク地方の都市バイヨンヌにて、金物商ジャン＝ピエール・ランドとポリーヌ・エギのあいだに生まれた[21]。ポリーヌはウルグアイのモンテビデオで生を受けていたが、父祖がバスクから南米に移住しており、ルーツはジャン＝ピエールと同じであった。

一八八五年に父ジャン＝ピエールが仕事先のスペインで急死するが、母方の援助と資産のおかげで子供たちは学業をつづけることができ、ピエールは私立コレージュを経てバイヨンヌの神学校に入学、一九〇〇年、南仏アヴェロン県の県都ロデズでイエズス会の修練所に入った。時あたかもフランス共和政政府の反教権主義が強まりつつあったため、修練所はベルギーへの移転を余儀なくされ、ピエールも修練期の大半をベルギーやスペインなど国外で過ごした。司祭に叙階されたのは一九一〇年、三三歳のときである。

司祭になったランドは、スペインを拠点に教育や執筆活動にいそしんだ。故郷バスクについては、修練期に刊行した『バスクの家族をめぐって』（一九〇八年）を皮切りに、『バスク移民』（一九一〇年）、『バスク地方鳥瞰図』（一九二五年）、『バスク語辞典』（一九二六年）などを上梓している。他に、『ラテンの姉妹国、スペイン』（一九一九年）や、小説として『リュイス』（一九一二年）、『ヨランダ』（一九二一年）なども著した。この間、第一次世界大戦には衛生兵として従軍している。

一九二〇年から二四年まで、ランドはトゥルーズの大学でバスク文学を講じた[22]。一九世紀のフランスでは、共和派が国民文化の形成と浸透を図り、カトリック教会は対抗上、地方文化の擁護に努める傾向にあった。ランドによるバスク文化の称揚は、そのような構図に合致するものだったといえよう。

そして一九二四年、イエズス会が刊行する総合雑誌『エチュード』[23]の文芸批評欄を担当するべく、ランドはトゥルーズからパリに居を移すのである。

上京したランドは、のちに彼の名声につながる二つの事象をまのあたりにする。ひとつは新たなメディアであるラジオの登場と普及、もうひとつは新たな社会現象である都市郊外の形成であった。

教会の声

ピエール・ランドの名はラジオと分かちがたく結びついて記憶されている。彼は黎明期のラジオ放送を用いて説教をおこない、その巧みな話術で名を挙げたからである。

フランスでは、一九二〇年代末でも人口一〇〇人あたり一・五台しかなかったラジオ受信機は（同時期のアメリカでは九台）、一九三〇年代になると着実に普及し、第二次世界大戦前夜には一〇〇人あたり一〇台を超え、放送局も民間局一四、公共局一〇を数えるまでになった[24]。

近代の新しいメディアのなかで、カトリック教会は映画の悪影響に強い懸念を抱いたが、ラジオについては、福音伝達の手段としてはやくから関心を寄せていた。ランドのラジオ説教も一九二七年にスタートしている[25]。

聖堂の説教壇から信徒を見下ろすのが常の司祭にとって、スタジオでマイクに向き合い眼前にいない信徒＝リスナーに語りかけるラジオ説教は、参照できる例のない試みであった。ランドも試行錯誤を重ねたようで、初回の放送は談話調で、第二回は通常の説教に近い調子でおこなっている。リスナーから手紙で届いた反響は談話調の方に好意的だったようだが、ランドは原稿を用意し、巧みにアドリブを折り込みつつ話すことをみずからのスタイルとして確立してゆく(26)。たとえば、ある年の四旬節の放送は次のような調子であった。

みなさん、彼女〔リジュの聖テレジア〕の柔和な姿を目の前に持ってきてもらえませんか。私も今、マイクの前に置いています。（略）彼女の姿を描いた版画が身近にある人は、どうかみなさん、私が話しているあいだ、それをスピーカーの近くに置いてもらえませんか。ジュヌヴィエーヴ、寝室に探しに行って。マルグリット、祈禱書のなかに挟まっているでしょう。ジャコ、デデ、マルセル、ピエール、暖炉の上ですよ。待っていますから。はい、いいですか。はじめます(27)。

反響という点では、ラジオ説教は大成功を収めた。正確な聴取率調査がない時代ではあるが、リスナーの数は一九三四年頃には一〇〇万に達していたという証言もある(28)。ランドの名声は国外にも及んだ。はじめに番組を持った放送局「ラジオ＝パリ」は、フランス全土をカバーしていた上に、イギリス、モロッコ、ドイツなどでも受信できた。ランドはラジオ説教を単行本にまとめ、計一二点を彼の名で刊行している。

一九三三年末、ラジオ＝パリの国有化にともない国が同局の宗教番組の中止を決めると、ランドは隣国のラジオ＝ルクセンブルク（現在のルクセンブルク＝ラジオ＝テレビ局（RTL）の前身）の電波を借りて説教を継続した。放送中止に対してはリスナーからも強い反発の声が上がったため、フランス国会は決定を見直し、翌年四月にはランドのラジオ説教は再開されている。

しかしその直後、ランドは講演先のルーアンで病に倒れた。ラジオ説教は別の司祭が引きついだが、発話がままならなくなったランドは一時期スタジオから遠ざかった。その後、放送に復帰し講演活動も再開するが、重点は『エチュード』誌での執筆に置かざるをえなかった。第二次世界大戦がはじまるとランドはパリを去って故郷バスク地方の小村に蟄居し、一九五七年、そこで生涯を閉じる。

ランドの郊外「発見」

郊外もまた、当時としては新たな社会現象であった。フランスの多くの都市では、一九世紀後半になると人口増が行政上の市域を超えて進み、郊外が形成された。パリの場合、行政区域としてのパリ市を除いたセーヌ県市町村を郊外とみなすと、一八六一年の人口はパリ市一七〇万、郊外二六万だったのに対し、四〇年後の一九〇一年にはパリ市二七一万、郊外九六万に達していた[29]。このような郊外は、長く農村であった地がごく短期間で人口集住地になり、そこに大規模工場が建設されるなどしたため、旧来の都市内部とはまったく異なる様相を呈していた[30]。

都市化の最前線である郊外は、教会人の目には布教地として映った。リヨン市内東部の教区に主任司祭として赴任したロラン・ルミユ（一八八二〜一九四九年）は、「正しく言うならば、大都市の城外区《フォブール》は布教地と見なすべきである」と断言している[31]。ル・プレの影響を受けたカトリックの著述家で、労働者の生活について多数の著作をものしたジャック・ヴァルドゥール（本名ルイ・マルタン、一八七二〜一九三八年）も、「城外区は布教地である。パリのほとんど、さらにはフランスの大部分も同じ様ではないだろうか」と述べている[32]。

このような郊外をランドが「発見」するのは、上京後まもなくのこととみられる。そのきっかけは、後述する『郊外のキリスト』によれば、パリ右岸の富裕層居住地で復活祭のミサを終えたランドが、教区の主任司祭と雑談するなかで、市内の華やかさとはまったく対照的な郊外の様子を聞かされたことだったという[33]。真偽のほどはともあれ、ランドは郊外の「住宅難民《マル・ロチ》」について聞き取りを実施し、それにもとづくルポルタージュ「屑屋の神様」を『エチュード』誌一九二五年九月五日号に掲載した。以後、さる実業家の未亡人から借りうけたという自動車を足に、パリ郊外の新興住宅地を駆けめぐり、同誌にルポルタージュを重ねていった。[34] これをまとめたものが、『郊外のキリスト』（一九二七年）、『移動する神』（一九三〇年）、『市壁の十字架』（一九三一年）の三部作である。[35]

刊行にあたっては、表現に若干の手直しがなされたほか、連載順とは異なる構成がとられている。[36] 内容は、「住宅難民」の苦境と信仰心の喪失が叙述の軸になり、それに関連づけられつつ、市内とのコントラスト、郊外の劣悪な環境の描写、パリへの通勤の様子、共産党の根づきなど、多岐にわたっている。次節では、それらを具体的に検討しつつ、三部作がもつ「まざなし」を浮かびあがらせてみたい。

三　『郊外のキリスト』

街の様子

郊外の根本的な特徴は、住むためだけに造成された地という点にあった。かつて、農村はもちろん都市も生産と消費の機能を併せ持っていたが、近代都市の周囲に出現した郊外は職住分離という近代社会の特徴が集中的に表れる場、それ自体では完結しない街であった。

［パリ北東のボビニーについて］空き地に通されたばかりのこれら幹線道路には、昼間は人っ子一人いない。男も女もパリで働き、子どもたちは学校にいる。（略）だが夕方になると、パンタン発の労働者用の路面電車が労働者の一群を平野に吐き出す。ここには資源はひとつしかない。ビストロである。ほか、映画館も劇

場も、遊歩道もない（『郊外のキリスト』六一頁、以下同）。

しかも、その住環境が劣悪きわまりない状態にあった。

アチス＝モンス、ジュヴィジ、ヴィトリ＝シャチヨン、サヴィニ［いずれもパリ南部の自治体］にまたがる四キロメートル四方のこの分譲地で、いったいどれほど不安定で厳しい生活を送らねばならないのか。出口はひとつ、駅しかない。だが、その駅が遠い……徒歩で半時間か四分の三時間もかかる。（略）至る所、水ばかりである。掘っ立て小屋の腐った床板の下にも水がある。道路の轍からも水があふれ、それが水たまりとなってどこまでも並んでいる。水たまりのなかには、ほとんど液体のごとき泥が島々のように点在している。このようなはてしない汚水溜を通って、夜明け前、あるいは漆黒の夕闇のなか、作業員、雑役夫、鉄道労働者、工場の女性労働者たち、女性たちや娘たちが、靴底の波模様で泥をいかようにもこねながら、通ってゆく。雨期が来れば、さらにひどい状態になるだろう。（略）このような状態になれば、この地に「住宅難民協会」が結成され、彼らの要求（それはしばしば至って正当なものだが）を共産主義者たちが利用するのも、当然のことと言うほかないだろう（二二三―二二四頁）。

すぐに水浸しになる道路事情の悪さは、ランドの叙述に繰り返し出てくるテーマである。当時の読者は第一次世界大戦の兵士を悩ませた塹壕の泥を重ね合わせて読んだのかもしれない。ともあれ、問題は住環境に限られなかった。

この侵略［労働者の市内からの移住を指す］が恐ろしいほど突然で集中的だったため、深刻かつ困難な問題が突然に持ち上がったが、それがどれほどのものか、読者には容易にわかるであろう。すなわち、住居の問題、交通の問題、行政にかかわる問題、そして、とくに社会・道徳・宗教の次元の問題である（一一頁）。

最後の「宗教の次元の問題」は、司祭としてランドが懸念するところであった。

信仰。何より、この精神の砂漠には信仰の存在を表わすようなものは、一切ない……十字架は、四つ辻にもなければ、天空にも見えない……窓の隙間から内側をのぞき込んでも、壁には敬虔な絵など一切なく、ばかげた版画や、趣味の悪い風刺画や、雑誌の付録や、たまにレーニンやトロツキーの肖像があるくらいだ（三頁）。

郊外に生きる人々

このような地に暮らす人々の多くは、市内から追われてきた労働者で、郊外では物質的にも精神的にも病んだ状態にあって、怒りをため込んでいるとみなされていた。

［ボビニーの事例］さて、大波になって無人の野に押し寄せてくるこれらの人々は、どのような要素からなっているのか。多いのは労働者である。石工、雑役夫、土方、屑屋、そして「泥まみれ［清掃夫を指す］」である。なかには鉄道労働者もいて、彼らは数平方メートルの土地を買うか借りるかし、そこにあばら屋を建てる。また、先に述べたように、外国人の数もおびただしい（六一頁）。

ランドは郊外の人々を細かく分析しているようで、その実、羅列の域を出られていない。彼においては、郊外人口を構成する諸要素は全体を彩るディテールにとどまっている。

今日でも、すでに混雑したパリ中心部を追い出されたあらゆるものたち――労働者、浮浪者、ボヘミアン、寄生者、外国人、地方出身者など――が、急ごしらえの設備の無秩序のなかに、慌ただしく積み重なっている。混雑は、日々大きくなっている（五―六頁）[37]。

このような十把一絡げの認識から、郊外の人々を危険視するまでは、わずかの距離しかなかった。

頼るもののないこれらの人々は、とげとげしく、貧しく、パリの周囲で恐るべき危険な存在になりかねない。もしある日、道徳もなく、貧困で怒り狂い、貪欲さから錯乱してしまった百万もの人々が、パリの市門まで猛り狂って押し寄せてきたら、いったいどのような人力にそれを止めることができるだろうか（一一―一二頁）。

さかのぼれば、一九世紀前半のフランスでは、パリなど大都市の「労働階級」を「危険な階級」と同一視する言説がエリートを中心に乱れ飛んだ[38]。それから一世紀を経て、パリ郊外の「百万もの人々が、パリの市門まで猛り狂って押し寄せて」くるという荒唐無稽な考えが、大真面目に語られ、読まれていたわけである。

共産主義の脅威

貧した住民が押し寄せてくる可能性は低いにしても、共産主義は、住環境の悪さを嘆く先の引用にも言及されているように、現実味がある脅威とみなされていた。そして、この共産主義なる「妖怪」と戦うのがカトリック教会であり、その司祭たちであった。

巨大な環状都市となったパリ郊外では、中心部を追われた労働者たちが、怨恨を背負い、怒りを引きずりつつ、潮のように広がっている。その至る所で、尊敬すべき司祭たち、思いもよらなかった司祭たちに出会うことができた。彼らはしばしば何も持たず、およそ快適さらしきものはなく、土着の人々に混じって暮らしながら、あらゆるところで社会の最悪の敵に立ち向かう。そして、ボルシェヴィズムの野蛮な激高に対し、福音の理想をやむことなく突きつける（三頁）。

いま、この使徒の務めはかくも集中的かつ迅速になされたため、パリの周囲であればどこでも、カトリック教会は共産主義や無宗教と対峙している。（略）アカの委員会、「ソヴィエト」、「細胞」、共産主義青年団などがあるところにはまちがいなく、教区連合、堅忍協会、パトロナージュや、さらにはカトリックの学校や作業所がある（一九頁）。

郊外は善と悪が相対し闘いを繰り広げる地だったのである。

「建設者としての司祭《キュレ＝バチスール》」

では、教会はどのように共産主義と闘うのか。雨後の筍のごとく簇生した郊外にあっては、教会はそもそもインフラを欠いていたので、まずはその整備が必要であった。

［パリ東方のグラヴェルについて］この「地下蔵」で、二〇〇人もが日曜ごとにミサを聞いているし、一年で五三人の子供が初聖体拝領をすませ、五八人の新生児が洗礼を受け、四六〇〇の聖体が配られた。もっと荘

図8-1　テントの教会（パリ郊外ジュヌヴィリエ市、グレジヨン地区、1912年）

出典：Pierre Lhande, *Le Christ dans la banlieue*, Plon, 1927, non paginé

厳で、もっと広い建物を建設した暁には、この数値がたやすく倍増することは間違いない。だが資金がない。ここの人々は、パリ市水道局の労働者、「合金」社の工場の労働者、「電気配線」社の労働者などだからである（一六八頁）。

その「もっと広い建物」をどのように建設するのか。建設の役目はまずもって司祭に委ねられるのだった。荒れ野で孤独な活動をつづけている郊外の司祭たちは、資金と資材を集め、ときには自らの手で聖堂を造ったと描かれる（図8-1）。

この託児所、この診療所を造ったのは彼だ。借りうけた部屋に最初の信徒たちを集めたのは彼だ。定期市の射的場があったところに屑屋の子供たちを集めたのも、旅籠に男たちを集めたのも、彼だ。（略）彼は建設した。おそらく今でも建設しているだろう。長さ五〜六メートル、幅三メートルほどの板からできた聖堂を。（略）ずっと後に、彼自身か後継者かが真の教区街を建設するであろう。ちょうど、戦前は荒れ野にすぎなかった四〇の地が、ここ数年でそうなったように（五頁）。

郊外は形成されて間もないから、司祭も地元の人物ではありえない。では、司祭はどこから派遣されるのか。

パリからであった。その構図は、かつて教会が「新世界」を宣教してまわった際のそれにも似ている。

パリ大司教座は宣教師たちを派遣してくれるだろう。ただし、説教をする人たちではなく（説教するにしても、どこでできるというのか。ホールも礼拝堂もないこと、しばしばである）、そこにとどまる人たちである。彼らは開拓者となるのだ。彼らの役割は、まずその地にしがみつき、そこに穴を掘り、最後には定住することである。つまりは、そこに教会とわれらが主を据え付けるのである（一五頁）。

「宣教師」や「開拓者」の比喩はランドの描写の随所にみられる。彼の思考のなかでは、けっして大袈裟な表現ではなかったのであろう。

『郊外のキリスト』の冒頭でランドは、同書の目的をこう述べている。

今この時、ここパリの周辺で宗教史の新たな頁、比類なき頁が書かれている。そのことをフランス中が、さらにはわが国の精神的な資源についてよく知らない外国が、知ってくれることを、われわれは望むものである。これほど麗しい頁を示せるのは、布教地の年代記をおいてほかにない。（略）そして教会は、時とともに新たな征服の目印を定めることに、喜びを見出している。その教会は、宣教師たちが成し遂げた偉業の傍らにあって、四〇もの新たな宗教施設を開くことを、この上ない慰めとともに記録するであろう。二〇世紀のはじまりに、異教と革命の不可侵の封土になりつつあるフランスの一地域において開くことを（Ⅳ頁）。

「宣教」の比喩は、おのずと「文明」の比喩をともなう。「宣教師」を送り出すパリと彼が派遣される郊外とを分かつのは、「文明」の有無であった。

［ジュヴィジについて］そう、私たちの国フランス、もっとも洗練された文明の国フランスに、そして二〇世紀のまっただ中、パリから一六キロメートルの所に、次のような光景がみられる。ブルターニュ出身の貧しき司祭が、屋根裏部屋でフランスの子供たちに洗礼を施している。洗礼盤には、古い箱の上に置かれたたらいを使いながら（二三四―二三五頁）。

「野蛮」の地に「文明」が移植されるとき、「文明」は一様に広がるのではなく、移植された地点から周囲へと同心円状に拡散するものと表象される。二〇世紀初頭のパリ郊外でも、布教はそのようなイメージで捉えられていた。その「文明」が移植される地点とは、聖堂にほかならなかった。

ふさわしい聖堂、とくに芸術的な聖堂を建設した途端に、「黒い村」がたちまち清潔な街区になり、よい人々が住み、エレガントにさえなった例は、枚挙にいとまがない。（略）良き神の館を建てようと、たいていは貧しい司祭が選んだ土地の周囲には、たちどころに学校、診療所、別荘などが整然と建ち並ぶのを、至るところで見るだろう（二四二―二四三頁）。

ランドのまなざし

ここまで、ランドの筆をなぞりつつ、『郊外のキリスト』が伝える郊外像を検討してきた。筆者ランドのまなざしは、どのようなものといえるだろうか。

まず、一九世紀のエリートにしばしばみられた労働階級を危険視する意識は、ランドにも受け継がれている。舞台は市中心部から郊外に移り、「危険な階級」は共産主義者へと姿を変えたものの、危険視する際の言説が酷似していることは、先に見たとおりである。

つぎに、相反する見解や指向性が混在していることも指摘できる。郊外の住民について、ランドは彼らを分類して多様性を示そうとしつつも、その実、単純な語りに陥る。また、劣悪な環境に置かれた人々に同情を示すかと思えば、一転してきわめて危険な存在ともみなす。

そのうえで、ランドが郊外の問題を「文明」の視点から理解していることが顕著である。制度としての教会は「文明」を体現し、場としての聖堂は「野蛮」な郊外における「文明」の橋頭堡のごとくである。そして、そこから布教に乗り出すのが「建設者としての司祭《キュレ＝バチスール》」であった。

ランドにとって郊外の問題は、環境の悪さそのものよりも、そのことで人々が信仰心を失い、共産主義に取り込まれてしまうことにあった。郊外の殺伐とした光景の描写を通じて、共産主義への敵意は随所で滲み出ている。実際、ランドをはじめ教会全体が、この当時、インフラ整備や住環境の向上を行政に対して熱心に働きかけたとはいいがたい。つまるところ、ランドの関心は郊外の社会よりも、そこでの宗教と政治にこそあったというべきである。

しかも宗教といっても、ランドの関心はおもにその外的側面に向けられていたのであり、内的側面、ひいては近代化や都市化のなかで信徒が抱くであろう葛藤や逡巡などについて割かれた紙幅は目立たない。

反響

それでも、『郊外のキリスト』は出版物としては成功を収めた。第一巻『郊外のキリスト』は一九四四年時点で一四五刷りを重ね、発行部数は三部作あわせて一二万部を超えた[39]。劇作家グレゴワール・ルクロは『郊外のキリスト』を下敷きに三幕物の劇『極貧のノートル＝ダム』を書き、一九四一年にはそれが映画化されている[40]。

ランドが著書の所々で資金の必要性を訴えていたこともあり、刊行後、多額の寄付金が彼のもとに届けられた。最初の記事が掲載された一九二五年から第二次世界大戦が起こる三九年までの間に、ランドが受け取った寄付は総額で二四六万フランに達している。[41] 集まった寄付は、当初は彼を含め数名のイエズス会士が管理した後、大司教区を通じて各教区に分配されていたが、あまりに膨大な額に上ったため、一九二八年にランド関係の寄付を管理する課が大司教区内に設置されたほどであった。[42] 寄付はおもに郊外における教会の活動に用いられた。ランドが『移動する神』で記しているところによれば、この寄付の貢献もあって、一九二五年から三〇年の間に八〇区画の土地が購入され、五二の聖堂もしくは礼拝堂が建設されたのをはじめ、診療所が四〇ヶ所、保育所が八ヶ所、学校が一二校、それぞれ開設されたという。[43] この動きを受けたパリ大司教区は、一九三一年に「パリ郊外新教区事業」――一般には「枢機卿の建設運動」の名で呼ばれる――を開始し、一九四〇年までに二二の教区聖堂（パリ市内で六、郊外で一六）と四四の補助聖堂を建設することになる。[44]

反響の大きさは類書の刊行になって表れた。デュフール神父『赤い地の畝』（一九二七年）、ジャン・ド・ヴァンセンヌ『僻地の神様』（一九二九年）、シャルル・コラン『分譲地のシルエット』（一九三二年）など、郊外のルポルタージュは戦間期フランスの出版界でひとつのジャンルになった。[45] またランドはみずから地方都市に足を運び、郊外の問題について講演をおこなった。[46]

また、地方の司教区が都市化や郊外での布教に取り組む際に、ランドの著作に言及したり、彼に協力を求めることもしばしばあった。たとえば、リヨンにおけるカトリック布教事業は、ランドの著作にちなんで「郊外のキリスト」を名乗っていたし、[47] 西部サン＝ナゼールの地方紙『サン＝ナゼール通信』は、同市郊外での教会の活動のために資金集めを呼びかけるよう、ランドに依頼している。[48]

四　転換期の教会

「郊外問題」の伝道師

ピエール・ランドは、両大戦間期パリのカトリック教会において重要な役割をはたしたのみならず、近代都市における教会の歴史に大きな足跡を残したといって過言ではない。

ランドは、ラジオ説教でも郊外をめぐる問題を頻繁に取りあげていた。たとえば、ラジオ説教をもとにした『国境なき福音』（一九三四年）では、ひとつの章が郊外の問題にあてられ、「枢機卿の建設運動」の総括も述べられている。[49]また、マント、ランブイエ、ヴェルサイユなどパリから離れた郊外地区を描いた『緑の郊外』（一九三九年）[50]も、ラジオ説教をもとに書かれたものであった。

ランドはまた、「輝きを放つフランスの大使」[51]として国外に講演に赴いた時も、郊外の問題に言及するのを忘れなかった。一九二七年一二月にベルギーでおこなった講演は、まさしく「郊外のキリスト」と題され、同名の著書に記されているサン＝トゥアンでのマキャヴェリ師の話、すなわち、はじめて訪れた郊外の教区で子供から石を顔に投げつけられたが、「その石を礎石に新たな聖堂を建てて見せよう」と切り返したという話を、ほぼそのまま聴衆に語っている。[52]

ランドは、一九三〇年にウルグアイ、アルゼンチン、チリ、ブラジルを訪れ、各地で数多くの講演をこなした。たとえば、ブエノスアイレスでは、「宗教研究センター」でのフランス語の講演を六度、スペイン語によるラジオ講演を一二度、ヨーロッパ向け短波放送でのフランス語講演を一度、ほかさまざまな場で一〇以上の講演をおこなっている。[53]この南米での「宣教旅行」でもパリ郊外での活動にたびたび言及していた[54]（図8-2）。

図8-2　ランドの遺品に含まれていた写真。アフリカ旅行のときのものと思われる（撮影年月不明）。
出典：A. C. J. -P. F., L1/1-4

しかしながら、ランドが世界各地で重要性を説いて回った聖堂建設に対しては、まもなく教会内部からその限界を指摘する声が上がりはじめる。

教区を超える

第二次世界大戦中の一九四三年、『フランスは布教地なのか』と銘打った一冊の小著が世に出た(55)。著者アンリ・ゴダン（一九〇六～四四年）とイヴァン・ダニエル（一九〇九～八六年）はともにキリスト教労働青年団（JOC）に関わっていた司祭で、労働者の信仰生活や郊外での教会の活動に強い関心を寄せていた。なかでもゴダンは、ランドが描いた司祭の活動に感銘を受け、自らもパリ郊外クリシーの助任司祭を経験している(56)。この『フランスは布教地なのか？』は、信仰の衰退に危機感を抱いた「現場」の司祭の筆になるということもあって、広く読まれて版を重ね——英語とドイツ語にも訳されたほどであった——、その論争的な書名は人口に膾炙した。

同書では、農村民と都市民が対照的に描かれている。農村民は世紀を超えて受け継がれる伝統を生き、信仰を容易には失うことはない。しかし都市民の生は表面的で、伝統からも現在からも断絶している。そのような異教ともいえる都市社会のなか、キリスト教徒は身を寄せ合って生きているのが実状である、と。

一方、ランドの著作や郊外での聖堂建設運動については、たいへん厳しい評価が下されている。

総括をしてみよう。［ランドやパリ郊外での聖堂建設運動の］成果は素晴らしい。ひとつの魂を勝ちとることは、一生涯を費やして努力するに値することだ。しかも、それが何百という魂に届いたのだから……／しかしながら、プロレタリアートへの浸透という観点から見れば、成果はないに等しい。／新たに設立したキリスト教共同体は、たしかに百を超える。だが、これら共同体がはたして何をなしえたのか。異教のただ中にあって、臆病で、迷い、信仰の実践をやめていたキリスト者を、数百名ほど受け入れただけである。[57]

全体として同書は、制度としての教区が限界に近づいているという認識に貫かれていた。著者ゴダンは、かつてパリ郊外のクリシーで司祭であったとき、教区が労働者から完全に分離してしまっていることを痛感していた。[58]ランドへの批判は、より身近なところからも発されていた。かつて、上京まもないランドと寝食をともにし、『エチュード』の編集長も務めたイエズス会士デュ・パサージュは、礼拝の場さえ充分にあれば信仰が戻るであろうと考えていたランドを「蜃気楼の犠牲者だった」とさえ形容している。[59]

第二次世界大戦後のフランスのカトリック教会では、教区や聖堂を中心とする従来のあり方からの脱却を模索する動きが生じていた。宗教史家で、信仰実践の調査をおこなったジャン・シェリニは、一九五八年の著作のなかで「大都市では、まさしく宗教の「脱教区化」が生じている」と指摘している。[60]一九七〇年には、『聖堂建設はまだ必要なのか』と題された小冊子が数名の司祭によって刊行されるまでになった。[61]

このような脱教区化の流れは、現在、教会を覆い尽くすには至っていないし、「枢機卿の建設運動」は今でも事業として存続している。それでも、この文脈に位置づけるとすれば、ランドは旧来のカトリシズムに属していたというべきであろう。

しかしながら、ランドが教会人や信徒の目を都市の物理的・社会的な多様性に向けさせたことは、それ自体が画期的であった。近代フランスのカトリック教会では、都市は教区の集合体とみなされ、非キリスト教化への対応も聖堂までの距離の適正化によって成し遂げられると考えられがちであった[62]。それは裏を返せば、都市内部での地域的多様性、さらには、本章の導入部で述べたような都市社会の諸特徴に、教会が正面から向き合ってこなかったということでもある。この点でランドは、たしかにステレオタイプ的な郊外のイメージに囚われてはいた。しかし、従来の都市像にも農村像にもあてはまらない、まったく新たな空間が大都市周辺に出現しつつあることを、人々に広く知らしめたことはまちがいない。

注

（1）Emile Poulat, « La découverte de la ville par le catholicisme français contemporain », *Annales ESC*, 1960, no. 6, pp. 1168–1179, p. 1168; Philippe Boutry, André Encrevé, dir., *La Religion dans la ville*, Bordeaux, Editions Bière, 2003, p. 7.

（2）田中史高「西欧一一―一三世紀教会人の都市批判」『社会科学研究』（早稲田大学）、第四三巻第三号、一九九八年、六五五―六八三頁。

（3）近代都市をめぐる教会人の言説に関しては、Olivier Chatelan, « Villes et territoires », Bruno Dumons, Christian Sorrel, dir., *Le Catholicisme en chantiers. France, XIXe–XXe siècles*, Rennes, Presses universitaires de Rennes, 2013, pp. 99–110; Arnaud Baubérot, Florence Bourillon, dir., *Urbanophobie. La détestation de la ville au XIXe et XXe siècles*, Bordeaux, Editions Bière, 2009, pp. 19–22.

（4）Jean-Pierre Bardet, Jacques Dupâquier, dir., *Histoire de la population de l'Europe. II. La révolution démographique, 1750–1914*, Paris, Fayard, 1998, p. 221.

（5）Jacques-Olivier Boudon, et al., *Religion et culture en Europe au XIXe siècle*, Paris, Armand Colin, 2001, pp. 149, 157.

（6）Jacques Le Goff, René Rémond, dir., *Histoire de la France religieuse*, tome 3, Paris, Seuil, 1991, p. 393. Louis Chevalier, *Classes laborieuses et classes dangereuses à Paris pendant la première moitié du XIXe siècle*, Paris, Plon, 1958 (réédition 1984), p. 315［ルイ・シュヴァリエ（喜安朗ほか訳）『労働階級と危険な階級―一九世紀前半のパリ』みすず書房、一九九九

三年、一七六頁〕; Yvan Daniel, *L'Equipement paroissial d'un diocèse urbain. Paris (1802–1956)*, Paris, Editions ouvrières, 1957, p. 151. なお、第二帝政期のいわゆるパリ改造によって市域面積は約二・三倍に広がっている。

（7）Olivier Chatelan, « Les catholiques et l'urbanisation de la société française », *Vingtième siècle. Revue d'histoire*, no. 111, 2011, pp. 147–158; Philippe Boutry, « Paris Babylone. Louis Veuillot et les "odeurs" de la ville », Baubérot, Bourillon, dir., *Urbanophobie*, pp. 23-38.

（8）Chatelan, « Les catholiques et l'urbanisation »; Chatelan, « Villes et territoires ». 第二次大戦後まもなく刊行が始まり、今日でもフランス語によるカトリシズム事典の代表格といえる『カトリシズム—過去、現在、未来』は、神学や教会関連の事項のほかにも種々の社会現象を網羅しているが、「都市」という項目は設けられていない。*Catholicisme: hier, aujourd'hui, demain: encyclopédie*, 15 vols., Paris, Letouzey et Ané, 1948–2000. Cf. Claude Langlois, « Le catholicisme à la rencontre de la ville. Entre après-guerre et Concile », *Annales de la recherche urbaine*, no. 96, 2004, pp. 17–23, p. 19.

（9）一九三〇年代初頭、法制史家ガブリエル・ル・ブラは、ミサの出席率や洗礼・結婚など儀礼の実施の比率にもとづいた実践率調査を呼びかけた。第二次大戦後、聖職者として司牧の方法を模索していたフェルナン・ブラールは、ル・ブラの調査結果を分析して公刊したうえで（Fernand Boulard, Gabriel Le Bras, « Carte de la pratique religieuse dans les campagnes », *Cahiers du clergé rural*, novembre 1947）、みずからも調査に乗り出し、その後に多くの宗教社会学者がつづいた。ブラールが晩年に構想した「フランス人民宗教史資料集成」は、革命以来現在に至るまでの実践率の推移や地理的分布を悉皆調査に近いかたちで示しており、フランス近現代宗教史研究の基礎史料をなしている（*Matériaux pour l'histoire religieuse du peuple français*, 4 vols., Paris, Editions de l'EHESS / Presses de Science Po, 1982–2011）。

（10）上垣豊「一九世紀フランスにおける巡礼とカトリシズム」『西洋史学』第一三六号、一九八四年、一九—三三頁、とくに第三章を参照のこと。

（11）Le Goff, Rémond, dir., *Histoire de la France religieuse*, tome 3, pp. 241-244.

（12）Gérard Cholvy, « Notes et documents », *Revue d'histoire de l'Eglise de France*, 97, 2011, pp. 337-344, p. 341.

（13）Gérard Cholvy, *La Religion en France de la fin du XVIIIe siècle à nos jours*, Paris, Hachette, 1991, p. 127.

（14）Gérard Cholvy, *Christianisme et société en France au XIXe siècle*, Paris, Seuil, 2001, p. 114. ほか、Gérard Cholvy, Yves-

Marie Hilaire, *Histoire religieuse de la France contemporaine*, tome 1, Toulouse, Privat, 1985, p. 253ff.

(15) Jacques Prévotat, *Etre chrétien en France au XXe siècle*, Paris, Seuil, 1998, p. 134; Robert Tombs, *France, 1814–1914*, London, Longman, 1996, p. 242. 一九世紀後半のイングランドでも同様に、都市／農村の区分よりも地域差の方が実践率に大きく影響していた。Hugh McLeod, *Religion and Society in England, 1850–1914*, London, MacMillan, 1996, p. 60ff.

(16) Isabelle Backouche, *L'Histoire urbaine en France (Moyen Age - XXe siècle). Guide bibliographique, 1965–1996*, Paris, L'Harmattan, 1998.

(17) Boutry, Encrevé, dir., *La Religion dans la ville*; Jacques-Olivier Boudon, Françoise Thelamon, dir., *Les Chrétiens dans la ville*, Mont-Saint-Aignan, Publications des universités de Rouen et du Havre, 2006; Bruno Dumons, Bernard Hours, dir., *Ville et religion en Europe du XVIe au XXe siècle. La cité réenchantée*, Grenoble, Presses universitaires de Grenoble, 2010; Olivier Chatelan, *L'Eglise et la ville. Le diocèse de Lyon à l'épreuve de l'urbanisation (1954–1975)*, Paris, L'Harmattan, 2012. ほか、長井伸仁「都市空間と宗教―一九～二〇世紀パリの事例から」川北稔、藤川隆男編『空間のイギリス史』山川出版社、二〇〇五年、一〇四―一一六頁も参照されたい。

(18) Pierre Lhande, *Le Christ dans la banlieue. Enquête sur la vie religieuse dans les milieux ouvriers de la banlieue de Paris*, Paris, Plon, 1927.

(19) ランドについては、伝記として Jeanne Moret, *Le Père Lhande, pionnier du Christ dans la banlieue et à la radio*, Paris, Beauchesne, 1964 が存在するが、典型的な「聖人伝」である。都市史研究の観点からは、未公刊の修士論文として、Camille Canteux, *Le Père Lhande et la banlieue parisienne*, mémoire de maîtrise, Université Paris I, 1996 がある。また、ラジオ説教に焦点を合わせた研究として、Corinne Bonafoux-Verrax, « Le Père Lhande (1877–1957) : pionnier de la prédication radiophonique », *Revue des sciences religieuses*, vol. 78, no. 3, 2004, pp. 401–416.

(20) Archives de la Compagnie de Jésus, Province de France（以下 A. C. J. -P. F. と略記), séries L1–L12.

(21) ジャン＝ピエールはもともとポリーヌの姉モニクと結婚していたが、一八七四年にモニクが死んだため、二年後に妹ポリーヌと結婚した。モニクとの間に二人の女子がいたジャン＝ピエールは、ポリーヌとの間に三人の男子を授かり、その長子がピエールであった。ランドの出自については、Canteux, *Le Père Lhande*, chapitre 1; Moret, *Le Père Lhande*, pp. 9–94.

(22) Canteux, *Le Père Lhande*, p. 27.

(23) 『エチュード』は一八五六年に創刊された総合誌で、この当時は月二回の頻度で刊行されていた。

(24) Bonafoux-Verrax, « Le Père Lhande », pp. 402-403.

(25) Bonafoux-Verrax, « Le Père Lhande », p. 408.

(26) Bonafoux-Verrax, « Le Père Lhande », p. 409.

(27) Bonafoux-Verrax, « Le Père Lhande », p. 410.

(28) Bonafoux-Verrax, « Le Père Lhande », p. 410.

(29) Chevalier, *Classes laborieuses et classes dangereuses*, p. 315（シュヴァリエ『労働階級と危険な階級』一七六頁）。

(30) 近現代パリの郊外は、一九八〇年代以降、フランス都市史研究の中心テーマのひとつになっている。さしあたり、次の文献を参照されたい。Annie Fourcaut, « L'histoire urbaine de la France contemporaine: Etat des lieux », *Histoire urbaine*, no. 8, 2003, pp. 171-185（中野隆生、前田更子訳「フランス二〇世紀都市史―その成果と課題」中野隆生編『都市空間の社会史―日本とフランス』山川出版社、二〇〇四年、二一〇―二三四頁）。

(31) 一九一六年のこと。Emile Poulat, *Naissance des prêtres-ouvriers*, Paris, Casterman, 1965, p. 119.

(32) Jacques Valdour, *Le Faubourg*, 1925, cité dans Poulat, *Naissance des prêtres-ouvriers*, p. 124. ヴァルドゥールについては、礒部啓三「J・ヴァルドゥールのみたパリとその郊外における労働者の生活環境」『成蹊大学経済学部論集』第一六巻第二号、一九八六年、二三―三一頁も参照。

(33) Lhande, *Le Christ dans la banlieue*, pp. 1-3; Moret, *Le Père Lhande*, pp. 86-87.

(34) 最初のルポルタージュは単独記事の様相が強かったが、翌一九二六年三月五日から連載が本格化し、幾度かの中断を挟んで、最終的には一九二九年六月二〇日号までつづいた。

(35) Pierre Lhande, *Le Christ dans la banlieue*; Lhande, *Le Christ dans la banlieue. Le Dieu qui bouge*, Paris, Plon, 1930; Lhande, *Le Christ dans la banlieue. La Croix sur les fortifs*, Paris, Plon, 1931.

(36) たとえば、第三巻にあたる『市壁の十字架』のもとになった論考は、第二巻『移動する神』のものよりも前に掲載されている。

（37）Voir Lhande, *Le Dieu qui bouge*, pp. 102, 156.

（38）Chevalier, *Classes laborieuses et classes dangereuses*（シュヴァリエ『労働階級と危険な階級』）.

（39）Canteux, *Le Père Lhande*, p. 147.

（40）映画作品については、Annie Fourcaut, « La banlieue et la grâce. Autour de « Notre-Dame de la Mouise » », *Cahiers de la cinémathèque*, nos. 59/60, 1994, pp. 117–124.

（41）A. C. J. -P. F. L5/1-1. イエズス会フランス管区文書館のランド文書には、寄付の祭に添えられた手紙が保管されている。たとえば、一九四三年五月にリヨンで死去したさる女性は、「赤い郊外の司祭たちの住居がいくらかでも心地よいものになるよう」にと三万フランを委ねている。また、ラジオ説教の熱心なリスナーであったジュネーヴ在住の女性は、五〇〇フランをランドに渡して必要に応じて使ってもらうよう、遺言に記している。いずれも、A. C. J. -P. F. L1/2-4. なお、寄付は金銭だけではなく現物のかたちでもおこなわれていた。一九二九年の厳冬の際には暖房用の石炭の寄付があり、必要な教区に分配されている。

（42）Canteux, *Le Père Lhande*, p. 156ff.

（43）Lhande, *Le Dieu qui bouge*, p. 240; Annie Fourcaut, *La Banlieue en morceaux. La crise des lotissements défectueux en France dans l'entre-deux-guerres*, Grâne, Créaphis, 2000, p. 162; Michel Bricasier, « Implantation des lieux de culte dans le diocèse de Paris (1871–1980) », *Cahiers de l'IHTP*, no. 12, 1989, pp. 73–89; Blaise Wilfert, « Les chantiers du Cardinal, une œuvre attendue », *Eglises parisiennes du XXe siècle*, Paris, DAAVP, 1996, pp. 26–42.

（44）Wilfert, « Les chantiers du Cardinal », p. 35. 長井「都市空間と宗教」。

（45）Voir Fourcaut, *La Banlieue en morceaux*, pp. 153–156.

（46）ランドは多くの講演依頼を受けていたようで、一九二九年には次のような手紙をさる女性に宛てている。「カレー市の別の事業のために、『赤い地帯でのキリスト』についての講演をすると約束しています。それはたぶん来年になるでしょう。今年はもう空いている日がないからです。」（一九二九年一月一六日付。A.C.J.-P.F., L6/1-1）

（47）A. C. J. -P. F., L5/1-1.

（48）*Le Courrier de Saint-Nazaire*, 4 décembre 1937, A. C. J. -P. F., L6/2-1.

(49) Pierre Lhande, *L'Evangile par-dessus les frontières,* Paris, Spes, 1934. Voir Canteux, *Le Père Lhande,* chapitre 3.

(50) Pierre Lhande, *La Banlieue verte,* Paris, Bloud et Gay, 1939.

(51) *Courrier de Genève,* 12 avril 1932, A. C. J. -P. F., L1/2-3.

(52) A. C. J. -P. F., L6/2-4; Lhande, *Le Christ dans la banlieue,* pp. 247-248.

(53) « Maduré, Toulouse, Madagascar », (revue inconnue), no. 9, octobre 1930 - janvier 1931, A. C. J. -P. F., L1/2-3.

(54) Pierre Lhande, « Une excursion apostolique en Amérique du Sud », *Etudes,* tome 207, 5 juin 1931, pp. 513-533, p. 531.

(55) Henri Godin, Yvan Daniel, *La France, pays de mission?,* Paris, Cerf, 1943.

(56) Michèle Rault, Nathalie Viet-Depaul, « « Missionnaires au travail » en banlieue parisienne », Jacques Girault, dir., *Ouvriers en banlieue, XIX*^{e}*-XX*^{e} *siècle,* Paris, Editions de l'Atelier, 1998, pp. 290-314, p. 294.

(57) Godin, Daniel, *La France, pays de mission ?,* réédition 1950, p. 69. 引用中のスラッシュは原文中の改行箇所。

(58) Chatelan, *L'Eglise et la ville,* p. 68; Luc Perrin, *Paris à l'heure de Vatican II,* Paris, Editions de l'Atelier, 1997, p. 140; Rault, Viet-Depaule, « Missionnaires au travail », p. 294.

(59) Henri du Passage, « Dans la banlieue parisienne, le Père Lhande », *Etudes,* novembre 1956, pp. 299-306, p. 306.

(60) Jean Chélini, *La Ville et l'Eglise. Premier bilan des enquêtes de sociologie urbaine,* Paris, Cerf, 1958, p. 169.

(61) Jean Baboulène, Michel Brion, Jean-Marie-Viannay Delalande, *Faut-il encore construire des églises? Des communautés nouvelles, des lieux de culte nouveaux,* Paris, Editions du Fleurus, 1970. Voir Cholvy, *La Religion en France,* p. 174.

(62) Poulat, « La découverte de la ville »; Jean-Luc Marais, « Bâtir des lieux. Les paroisses et leurs œuvres dans l'espace urbain. L'exemple d'Angers du Concordat à nos jours », Jean-René Bertrand, Colette Muller, dir., *Religions et territoires,* Paris, L'Harmattan, 1999, pp. 65-76; 長井「都市空間と宗教」一一五頁。

第Ⅳ部

社会問題とカトリックの世界観

ドイツ、ライヒェナウ島の祠。(2012年9月4日撮影：尾崎修治)

第9章　奇蹟の聖地と医師

ルルド傷病者巡礼を通してみる宗教と科学

寺戸淳子

ルルドの聖域の聖堂前広場。ボランティア（女性は修道女や看護師のような格好をしていることが多い）が押すストレッチャーや車いすが慌ただしく行き交う。（撮影：寺戸淳子）

一　聖地ルルド

「傷病者の聖地」

パリから直通の高速鉄道で約六時間、スペインとの国境近く、ピレネー山脈の麓に人口約一万六〇〇〇人のルルドという町がある。パリに次ぐホテルのベッド数を誇るフランス第二の国際的観光地で、年間約六〇〇万人が訪れ、そのうち一〇〇万人前後が公式巡礼団に参加する「巡礼者」として数えられる。巡礼団の国別比率はフランスとイタリアがそれぞれ三〇パーセント前後で、ベルギー、スペイン、イギリス、オランダがそれに続く。巡礼団の規模は数百人から数万人単位まで幅があり、形態も司教区（教会運営上の行政単位で「県」のようなもの）単位、修道会主催、民間のツアー、同じ問題を抱える人々（アルコール依存、障害者と家族など）のグループなどさまざまである。公式巡礼団参加者のうち六万人が「傷病者」という資格で参加しており、「参加者の一割の傷病者と、同じくらいの数のボランティア」というバランスが巡礼団の理想とされ、屋外で盛大に行われる祭儀に参加する巡礼団の執行部やボランティア組織のメンバーは、車いすやストレッチャーに乗った「一目でわかる」傷病者の数をそろえるのに一生懸命である。巡礼団は復活祭（三月末から四月半ばの間に行われる）から一〇月末までの巡礼シーズン中、平均一週間滞在し、ミサ・宗教行列などの祭儀、講演会や傷病者との交流会などの催しに参加する。

巡礼の目的地は、キリストの母マリアが現れたとされるマサビエルの洞窟である。一八五八年、ベルナデット

図9-1　ルルド旧市街の城塞から見た聖域全景。
中央の教会は、出現の舞台となった洞窟の上と左側を囲むように建っている。前方左手の楕円形に広がった芝生は、地下大聖堂（バリアフリーで２万人収容可能）の屋根。撮影：寺戸淳子

という少女が町外れの洞窟で一八回にわたって白く輝く女性を見たという出来事が、四年後に地元の司教区を管轄する司教によって「聖母出現」と認められ、一八六六年に聖堂と鉄道が完成し、一八八〇年代からは遠く北フランスからも司教区単位の巡礼団が訪れるようになった。洞窟の奥には、現れていた女性の指示で少女が掘り出した泉があり、その水によって傷や病が癒えるという「奇蹟の泉」の評判が出現騒ぎの最中から広く知れ渡っていた。このことから、ルルドには泉の水による「奇蹟的治癒」を求める傷病者が大挙してやって来ていると考えられがちだが、実は巡礼者の多くはルルドの魅力に取りつかれたリピーターで、彼らは「ルルドにはウィルスがいて、一度かかるともう治らない（来ずにはいられなくなる）」という冗談をよく口にする。聖地の誕生から現在までに「公式に認められた」奇蹟的治癒は六九件で、巡礼者誘致の観点からは、この数字が効果的なのか逆効果なのか意見が分かれるところである。実際リピーターを惹きつけているのは、奇蹟よりもむしろ傷病者とボランティアの存在である。「傷病者のいないルルドはルルドではない」といわれ、観光ガイド『ミシュラン』（一九八〇年版）には三つ星付き観光地として「希望に胸を熱くする傷病者の姿が聖地に霊的な雰囲気を与えている」と紹介されている。全国司教区巡礼団長協会監修『巡礼の手引き』の「傷病者」と題された頁には、「ルルドで私たちは傷病者を目

の当たりにします（略）興味本位に見るのはやめましょう、写真を撮るのはやめましょう、隣人として出会うように努めましょう」（強調は原文による）という注意書きまで見られる。[1] 一九世紀末にリュミエール兄弟が商業映画のためにルルドを撮影した時から、ルルドらしい光景といえば、車いすやストレッチャーに乗った傷病者と、彼らに寄りそう〈オスピタリテ〉という傷病者支援組織のメンバーの姿であった。

このような傷病者の聖地を作り上げたのは、被昇天会[2]という修道会が主催する〈全国巡礼〉が、一八七四年に始めた「傷病者巡礼」であった。当時のフランスは、普仏戦争の敗北や世界初のプロレタリア蜂起とされるパリ・コミューンなど、大きな社会的混乱のさなかにあった。かつての貴族など上流階級の人々が中心となって行われた全国巡礼は、「フランス革命とその後の社会的混乱の犠牲者である『貧しい病気の労働者』の苦しみには、キリストが人類の罪を贖うために神に捧げた受難の苦しみと同じ贖いの力がある」という観念に基づき、一人でも多くの重症者を参加させて彼らの苦しみを神に捧げながら傷病者とフランス社会の治癒（崩壊しつつある伝統的共同体とカトリック王国の復興）を祈り、参加者の心をその目的に向けてひとつにするために行われた。傷病者の奇蹟的治癒は、神がフランスの治癒を約束したしるしと受け止められ、全国巡礼では多くの奇蹟的治癒が報告されるようになった。

全国巡礼に参加する傷病者の数は瞬く間に増え、一八八一年には傷病者を介助する慈善組織〈オスピタリテ〉が創設されたが、当時その会員は上流階級の男性に限られた。活動の真の目的は、フランス革命前の身分制社会における「ノブレス・オブリージュ」（高貴な身分に伴う社会的義務としての慈善活動）と倫理規範の復興にあった。当初ルルド巡礼を牽引したのは、自由・平等という共和国的理念に異を唱える人々であり、ルルドは「正しい身分制社会」という対抗的な理想に具体的な形を与えて実践する場だったのである。傷病者巡礼はすぐに素晴らしい祈りの巡礼として評判となり、他の巡礼団もそれに倣って傷病者を伴うようになって、傷病者巡礼がルルド巡

図 9-2　聖母出現の舞台となった洞窟（絵はがき）

聖母出現の舞台となった洞窟、歩けるようになった人々がお礼に置いていった松葉杖（洞窟左上部）、かつての沐浴場（左の建物）、車いすで最前列に並ぶ傷病者、説教する司祭（洞窟右手）という、ルルドを代表する情景（Alsace des Arts Photomécaniques, Strasbourg）。

図 9-3　現在の洞窟

かつては柵で仕切られていたため中に入れなかったが、出現 100 周年を機に、出現当時の姿に近づけるために他の装飾などと共に撤去された。左手奥の床に開けられたガラス張りの丸窓から、水の流れる様子を見ることができる。撮影：寺戸淳子礼の正しいスタイルとして定着していった。だが司教区単位の巡礼団にとっては、教区共同体という伝統的共同体の再建が最大の関心事であり、フランス・カトリック王国の復興という理想はそこでは強調されなかった。オスピタリテもまた、類似組織がルルドの聖域や他の巡礼団によって次々に創設されていくと、「上流階級の人々が果たすべき、身分に伴う社会的義務としての慈善」という理念は語られなくなり、庶民も参加する、今でいうボランティア組織へと変化していった。こうして現在の「傷病者巡礼の世界」ができあがっていったのだが、これを、他人の不幸を見世物にする反道徳的な「苦しみのスペクタクル」だとみなす批判も繰り返されてきた。そのような批判に対してルルドを擁護してきたのが医師たちだったのである。その具体的な活動を見る前に、ルルドの巡礼世界を成立させているカトリック的世界観について説明しておく。

カトリック的世界観

聖母マリアが人々の前に姿を現す、傷や病が奇蹟的に癒える、などという話は、迷信のはびこる遠い昔の出来事に思われるかもしれない。だがルルドに聖母が「現れた」のは一九世紀半ばのことで、フランスではほかにも一八三〇年にパリのバック街、一八四六年にアルプス山中のラ・サレット、そして一八七一年にはブルターニュ半島のポンマンに聖母が現れたとされ、出現地を管轄する司教区責任者（司教）によって聖母出現として認められている。二〇世紀に入ってからは、ベルギーのボーランとバノー、ポルトガルのファティマの聖母出現が認められている。カトリック教会世界において、聖母出現はいつ起きてもおかしくない想定範囲内の、あるいはそれ以上に、人々に期待されている出来事なのである。

その背景には、キリスト教のなかでも特にカトリック教会世界を特徴づける、「キリストの受肉（神が人間の肉体をもって生きた）」の教義と「死後の復活」への希望を重視する傾向がある。出現は、映像として見えることを意味する「幻視」とは区別され、聖母が肉体を伴ってその場に存在したことを意味する。そのようなことが「ありえる」のは、聖母が死の三日後に息子キリストと同じように復活し、迎えに来たキリストによって天に上げられたという聖母被昇天の観念があるからである。このような「物語」に馴染みのない人にとっては聖母出現などありえない話だろうが、それが自分たちの生きる世界の真の姿を語っていると考える人にとって、聖母出現は「神の受肉と復活によって祝福された肉体・物質的世界」という世界観にリアリティーを与える出来事なのである。また聖母を見たとされるベルナデットは一八七九年に三五歳で世を去ったが、その遺体は現在ガラスケースに収められ、彼女が生涯を終えた修道院の聖堂に飾られている。カトリック的世界観では、彼女のように神から特別な恵みを授かったとみなされる人物は「聖人」として人々の崇敬を集める資格があると考えられるのだが、それを調査する列聖審査においては、遺体が腐敗していないかどうかが判断の重要な決め手のひとつとなる。医学的調査の結果、ベルナデットの遺体は腐敗していないことが確認され、彼女は一九三三年に聖人となった。

このような聖母出現、腐敗しない遺体、泉の水で傷や病が癒えるという奇蹟的治癒などの「不思議」はすべて、「神に祝福された肉体的・物質的世界」という世界観があるからこそ起こる出来事である。そして、これらの不思議に正統性を与える役割を果たしてきたのが、出来事の科学的判定を行う医師などの専門家であった。常識的には、「近代化」とは宗教的な世界観が科学的な世界観によって挑戦を受けることで徐々に権威とリアリティーを失っていく過程であり、合理・科学的な精神は宗教的な世界観とは相容れず、専門家としての医師が「人々を迷妄から救うために過ちを正す」という批判的な目的以外で宗教にかかわることなどありえないと思われるかもしれない。だがルルドでは、医師がさまざまな形でポジティブ（積極的・肯定的）にこの世界（観）の存続にかかわってきたのである。

以下ではルルド巡礼の世界を事例に、傷病者巡礼の意義を「社会の医学化・医療化」との関係で考えていくとともに、「宗教と科学」と一口に言われているものを宗教界と医学界の関係として捉え直すことを試みる。

二　医師・科学者とルルド

ベルナデットの精神鑑定と泉の水質検査

ベルナデットの精神鑑定は、県知事の要請のもとにルルド市長の主導で行われた。一九世紀半ばに起きた聖母出現騒ぎは、地方の行政責任者たちにとっては頭の痛い問題だった。一八四八年に王政から共和政へ、さらに一八五二年にクーデターによって第二帝政へ移行するという激動の時代にあって、人心を惑わす騒ぎは政治的な混乱に直結する危険をはらんでいた。知事も市長も聖母出現騒ぎに適切に対処できなければ中央政府から無能とみなされ、自分たちの立場が危うくなりかねなかったのである。知事は社会秩序を守るため、ベルナデットを精神疾患患者として入院させることで事態を収拾しようと考え、その依頼で施療院の医師三人がベルナデットの精神鑑定にあたった。だが医師たちは、ベルナデットがエクスタシー（ヒステリー）状態で幻覚を見ている可能性はあるが入院の必要はないとして入院許可証を発行せず、知事も市長も成り行きを見守るほかなかった。ここには当時、医師が行政の依頼で「公益を守る仕事」を補佐していた様子とともに、患者（ヒステリー症状）に対するおおらかともいえる態度が認められる。

次に行われたのは泉の水質検査であった。当時ピレネー山脈一帯は鉱泉が湧くことで知られ、多くの湯治客が集まるようになっていた。だが源泉がなく湯治客が素通りするだけだったルルドの市長にとって、理由はどうあれ「傷や病を癒やす泉」が湧きだしたことは朗報だった。良質の鉱泉に違いないと考えた市長は水質検査を依頼し、予想通りの結果を得て満足していたが、化学者の反論が地方紙に掲載されたため、トゥールーズ大学の教授に改めて検査を依頼した。その結果は「特別な成分を含まない普通の水」というもので、水自体に効能があるという結果によって奇蹟騒ぎも収まるに違いないと期待していた市長には、二重の意味でがっかりする結果となった。

この二つの事例は、地方行政の責任者が自分たちの判断の正当性を保証してもらうために科学（者）に協力を求めたものだが、地方紙に反論を載せた化学者のように、科学者の方でも知識と技術を公益に役立てるという自分たちの務めを意識し、自ら積極的に公人として公論の形成にかかわる気風があったことが窺われる。

奇蹟的治癒の医学的調査――〈医学審査局〉の成立と活動

ルルドを管轄するタルブ司教区の司教は、教区内の聖職者に「出現騒ぎにかかわってはならない」と通達して成り行きを見守っていた。そして、行政主導で行われた調査の結果や、ベルナデットや家族の態度、洞窟に集まる人々の様子などを見極めた上で調査委員会を設置し、出現の真偽判定に向けて本格調査に乗り出した。このような真偽判定の場合、カトリック教会の伝統に基づいて、神の恩寵の物的証拠として奇蹟的治癒事例が存在しなければならないため、医師による治癒の実態調査が行われた。だが実はこれ以前から、聖母出現の現場でベルナデットの身に起きた不思議な出来事を目撃・検証した医師ドズーが、奇蹟的治癒の信憑性を確信して個人的な関心から調査を行っていた。委員会の医師たちはドズーのノートをもとに詳しい調査を行い、一二の治癒事例を「超自然的」性格とする報告書を司教に提出した。司教はさらにその検討を、モンペリエ大学医学部の元教授で地域の水質検査官も務めていたヴェルジェ医師に依頼し、その結果を基に七つの治癒事例を証拠として採用して、ルルドでの出来事を聖母出現と認めたのである。

奇蹟的治癒は本来このように、聖母出現の真偽判定や聖人の認定などの重要な判断を下すとき、その証拠として採用することを目的に調査されるもので、そのような判断・決定とは無関係に、治癒が起こるたびに個別に調査の対象となることはなかった。だがルルドでは、その一線が越えられていく。

ルルドの聖域では、一八六八年に聖域司祭団が発行する機関誌『ルルドの聖母便り』(3)が創刊された。聖母出現や聖域の歴史、巡礼団の報告レポート、聖職者のメッセージ、治癒者のお礼の手紙や治癒についての物語などが掲載され、他言語版も出版されて国内外に郵送され、ルルド巡礼の世界を「聖地」を越えて盛り立てるネットワークの役割を果たした。そのなかで治癒についての記事が徐々に増え、それに伴い治癒の語り方にも変化が起きていった。初めは、治った本人や治癒を間近に見知った聖職者などが思い思いに書き送ってきたお礼や報告の手紙を掲載していたが、一八七八年に治癒についての正確な情報提供を呼びかける記事が掲載されたことで転機が訪れた。病歴、病名、病因、病状、治療と効果など、医学的知識が必要な項目についての情報を含む、資料的価値をもつ報告書が求められるようになったのである。

翌年、機関誌に先述のヴェルジェ医師の署名入り記事が初めて掲載され、以後定期的に見られるようになる。一八八〇年には全国巡礼に参加を希望する傷病者に対して、聖職者と医師が書いた証明書の提出が求められるようになった。また治癒が起きたとき直ぐに調査に入れるよう、出発前に一五名の医師で構成される委員会で診察を行い、症状の証明書が発行されるようにもなった。だがこの頃にはすでに治癒調査の是非を問う声があがっていた。機関誌一二月号に転載された、「ルルドと奇蹟」という他紙の記事の抜粋では、「治癒は治った本人が判断すればよいことで、医師がとやかく言うことではない」と書き手である医師が述べている。

奇蹟的治癒審査の体制は、ルルドの聖域や司教区教会の主導で整ったように思われているが、聖域機関誌の記述をみると、むしろ全国巡礼を主宰する被昇天会や積極的な医師の個人的な活動が大きな影響を与えていたことがわかる。先述の一八七八年の方針転換も、前年に全国巡礼の参加者が飛躍的に増大したことがきっかけだった。

被昇天会の修道士たちは、カトリック教会世界の擁護と復興のために奇蹟的治癒を活用するという明確な方針を掲げていた。彼らは教会とルルドを攻撃する人々に対し、「本物の治癒」を提示することで自分たちの活動の正当性を証明するだけでなく、それによって神の恩寵の働きの存在を証明しようとした。そのためには反論の余地のない治癒事例を提示する必要があったのである。

全国巡礼が奇蹟的治癒の起こる巡礼として有名になるとともに、傷病者の管理が強化される一方で、治癒の追跡調査も組織化されていった。その担い手となったのが〈医学審査局〉であった。「全国巡礼が創始したものの中で特に重要なのは医学審査局である」と書かれているように[4]、後に医学審査局と呼ばれることになる医師たちの活動は全国巡礼の副産物として始まった。一八八三年「医師五名が（略）治癒者の調書作成を任されていた被昇天会士と聖域司祭を手伝い[5]」、翌年、治癒者を迎えるために小屋が建てられた。「奇蹟的治癒を管理する使命を帯びた医師たちは（略）信徒のつとめを怠りなく果たすルルドを愛する人々で（略）彼らの厳格な慎重さは、信仰をもたない医師たちから行き過ぎだと思われるほど」であった[6]。「被昇天会士と聖域司祭は常に二名、時には四〜五名の医師の協力を得ている。パリ大学とリール・カトリック大学の医学生も同席を許されている[7]」。治癒審査に携わる医師の組織的活動は、このように全国巡礼の期間中、被昇天会の修道士を補佐する形で始まった。

その初代局長とされているのが、ジョルジュ＝フェルナン・デュノ・ド・サン・マクルー医師である。全国巡礼にオスピタリテの一員として参加しながら治癒の調査にも協力していたが、一八八三年に聖域司祭団の要請でルルドに移住し、聖域機関誌で治癒に関する記事を担当するようになった。彼の下で治癒の医学的調査の形式が整ったとされ、その最大の功績は、「科学的な説明が不可能」という奇蹟の定義を定着させることで奇蹟的治癒の「医学化」を実現したことだとされる[8]。治癒者の調査は共同・公開で行われ、居合わせた医師が信仰の有無にかかわらず参加を認められた。この公開討論は、あらゆる立場の医師に自由な議論と知的交流の場を提供するこ

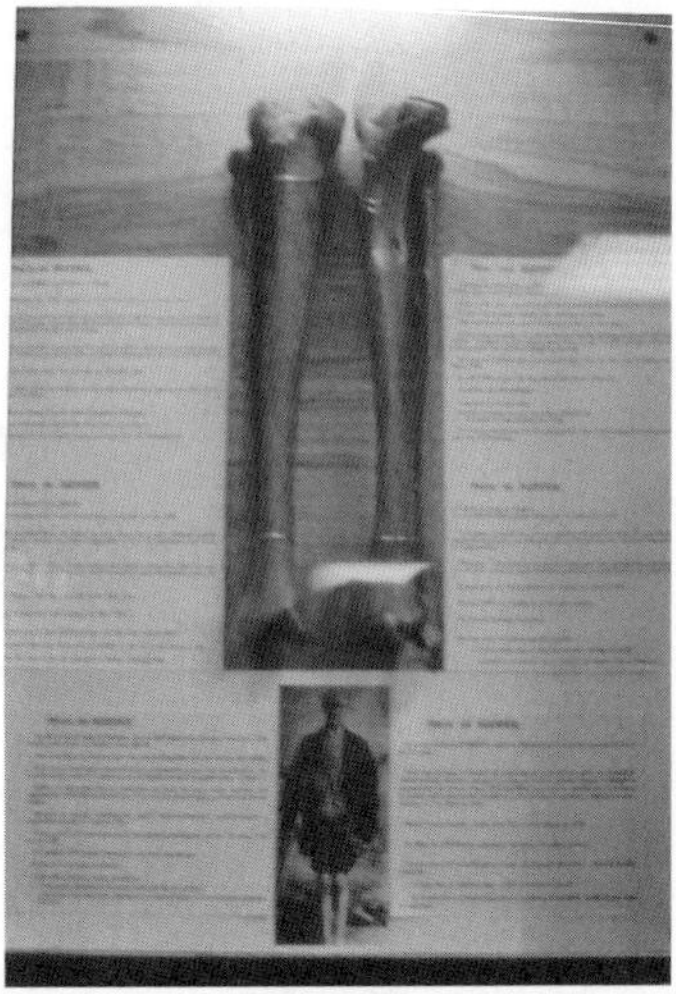

図 9-4　奇蹟的治癒に関する展示スペース（1993 年当時）に飾られていた、有名な奇蹟的治癒者（ベルギー人男性ピエール・ド・ラダー）の足の骨の複製。
骨折後つながっていなかった左足が、ルルドの洞窟の複製（1873 年にベルギーのオースタッカーに作られた）で祈っていたとき、瞬時に少しずれた形で接合したとされる。撮影：寺戸淳子

とを目的とし、科学の公開性の要請に応えるものであったが、患者のプライバシー保護が訴えられることもあった。

医学審査局という名称は、一八八六年にルルドを訪れたボワサリー医師が印象記の中で初めて用いたもので、(9) 翌年に聖域機関誌の目次で使われ、そのまま正式名称となった。当時、その活動は全国巡礼の期間中の三日間に限られていた。一八九一年にド・サン・マクルー医師が亡くなると、協力者として活動していたボワサリー医師が二代目局長となった。彼はこの年『ルルド医学史』という大部の報告書を出版し、その効果があったのか、同じ年、全国巡礼の期間中に医学審査局を訪れた医師は四〇名、翌年には一二〇名にのぼった。ルルドを訪れる巡礼者と医師の増大に伴って医学審査局の活動期間も長くなり、一八九七年には四月から一〇月までの巡礼シーズン全般、そして通年へと変化していった。

ボワサリー医師の局長就任直後、医学審査局の転換点となる出来事が起きた。一八九二年に小説家のエミール・ゾラがルルドへ取材に訪れたのである。ボワサリー医師は医学審査局の活動を世に広めてもらう機会と考えて歓迎し、さまざまな資料を提供して公開討論会にも同席させた。だがゾラは一八九四年に出版された小説『ルルド』のなかで実際の治癒を脚色し、完治している治癒者を再発したように描き、瞬時に起こった治癒が数日を要したように設定を変えてしまった。ボワサリー医師は新聞投稿や出版を通して激しく抗議し、ブリュッセル、

ルーヴァン、パリで、小説のモデルとなった治癒者達を登壇させて公開説明会を開催した。そしてこの出来事が、ボワサリー医師を医学審査局と奇蹟的治癒についての積極的な広報活動と治癒調査の厳密化へと駆り立て、医学審査局の仕事を「治癒の調査」から「奇蹟の公式の宣言」（への貢献）へと一歩踏み出させていくことになった。論敵の存在が、医学審査局の活動に新たな目的と使命を与えたのである。

一九〇一年の聖域機関誌に、医学審査局が行う治癒調査の三原則が述べられている。第一に、解剖学的見地から異常の有無を確定できる「器質性疾患」の治癒だけを調査対象とし、心因性疾患の可能性がある「機能性の異常」の治癒はすべて除外する。当初からルルドで起きる治癒の多くはヒステリー患者の治癒だと考えられてきたが、これによってそれらは調査対象から外されることになった。またこの原則は、奇蹟は肉体という物質的次元の出来事でなければならないということを示している。第二に、器質性疾患の治癒でも、「即時性」という条件を満たしているものだけを対象とする。これは「精神状態が身体に影響を及ぼすことで治癒する」という自然治癒論を論駁するためである。そして第三に、治癒前の一定期間、治療がなされていなかったことが求められる。治療効果の可能性を排除するための要求だが、これは医療の排除を意味している点で重要である。この原則によって、医学審査局は医師が身につけた医術的側面を排除し、判定の学としての医学だけを担うことが明確に示されたのである。またこれらの原則は、医学審査局の仕事が「調査」から「審査」へと舵を切ったことを示している点でも重要である。

審査方法は確立されたが、ここには「確実に不可思議な治癒事例」が選別された後の展望がない。先述のように、治癒が奇蹟的かどうかの判定は列聖などの重大な判断を下すために証拠をそろえる目的で行われてきたのであって、治癒が「神の恩寵の現れ」として個別に審査されることはなかった。医学審査局の活動はこの伝統を踏み越え、医学の判定が教会の要請とは無関係に一人歩きする事態となったのである。

この動きに対する教会権威からの応答を見る前に、ルルドと医師のもうひとつの関係、医療的な側面について述べておく。

巡礼との関わり――同行医

医学審査局を訪れた医師の統計はあるが、医師がいつ頃からルルド巡礼に同行していたのかはよくわかっていない。だが後述する「ルルド閉鎖騒ぎ」の時の医師たちの手紙を読むと、二〇世紀の初めには、傷病者が巡礼に参加するために必要な証明書を積極的に発行する医師や同行医など、巡礼にかかわる医師が少なからずいたことがわかる。だが彼らの活動が聖域機関誌でとりあげられることはなく、個人的に巡礼に訪れた医師の信仰者としての感想や、医師がオスピタリテとして貧しい傷病者に仕える様子など、「医療従事者としての立場」を離れた活動だけが好意的に記されていた。巡礼に同行する医師についての初めての記述は一八八三年のベルギー巡礼団の記事で、フランスの巡礼団については、一八八八年に「すべての巡礼団は医師を同行している」[10]と書かれているものの、仕事の内容や活動ぶりが紹介されることはなかった。

巡礼同行医の立場は、聖域機関誌に掲載されたパリのル・フュール医師のレポートから推察される[11]。彼は、傷病者にかかわるすべての権利は彼らの世話をするオスピタリテの女性たちが握っており、彼女たちが医師の存在を嫌って部屋に入れようとしないため、傷病者は適切な医療や監督を受けられずにいると苦言を述べている。奉仕活動を行う女性たちが絶対的な権威をもち、医師としての仕事が妨害されているというこの記述は重要である。ここでは、ルルドで傷病者と向き合うのは誰であるべきかという問いに対して、「医療従事者ではない」という答が出されているのである。ル・フュール医師のレポートには、巡礼参加を担当医によって妨害される患者の苦労や、宗教的な動機よりも出かける方便として参加する傷病者の存在も書かれているが、そこからは、医師（医療）の管理の手（傷病者を「患者」という立場に置いて、医師の権威に従わせる）を逃れようとする傷病者の姿が浮かび上がってくる。

第二次世界大戦後、後述する〈ルルド国際医学協会〉の機関誌に巡礼同行医の手記が掲載されるようになるが、その多くに「医師も巡礼の一参加者（巡礼者）であるべきだ」、「医師も巡礼に（本当の意味で）参加したい」というような、医師という立場がもたらす「巡礼世界からの疎外感」が漂っている。その中で、一九五八年に掲載されたビオ医師の巡礼同行医としての体験記は、医師の自己イメージの変化を示す好例となっている。ビオ医師は一九三〇年代には奇蹟的治癒の調査について活発に発言していたが、その三〇年後には「自分は科学的な関心のためではなく、傷病者の介護のために巡礼に参加するのだ」と述べている。ルルドは病気を観察する場ではなく、医師は科学的関心を満足させるためにルルドを訪れるのではない、その使命は傷病者を支えて励ますことにある、[12]と述べる彼の医師としての居場所は、「治癒者を見る」側から「傷病者の傍ら」へと変化している。同じ年にヴァレット医師は次のように書いている。医師はルルドに到着すると「日常での社会的地位を忘れる」、「医師は診の時とは違った目で傷病者を見る。（略）傷病者はいつもの環境にあるときとは違った感じ方をしており、自分が観察されているとは思ってもいない。医師は自分の務めが移し替えられたことを感じる。ここでは誰も彼に診断を求めず、治療が優先されることもない[13]」。このように「医療サービスの提供者」という役割を離れようとする医師がいる一方で、その技術を用いることこそルルドの巡礼世界に対して自分たちができる貢献だと考える医師もおり、実際は、医療的な配慮の必要性を訴える医師と「患者」扱いされたくない巡礼参加者との確執が今も存在している。

このような巡礼世界における医師の活動は、個人的な動機によるように見えても、その背後には同時代の社会状況と、それに対する態度を共有する医師たちの「グループ意識」が存在している。以下ではそのようなグループ意識の例として、カトリック医師が自分たちの立場を生かしてカトリック教会世界に貢献する道を探ってきた様子を見ていく。

三　カトリック医師の社会活動

カトリック医師の理想像

カトリック医師の理想像は、初代医学審査局長ジョルジュ＝フェルナン・デュノ・ド・サン・マクルー男爵の死亡記事によく表れている(14)。長くなるが詳しく紹介する。

ノルマンディーの名家に生まれたド・サン・マクルー男爵は、士官学校に入学したが健康を害して退学し、聖心修道会の学校を卒業した妻の影響でカトリックの信仰に導かれ、トマス神学を研究する司祭と勉強会を開きながら哲学と神学を学んだ。妻の慈善活動を通して貧しい農民と接するなかで、医学によって人々の役に立ちたいと願うようになり、ルーヴァン・カトリック大学医学部で神経病理学の博士号を取得する。村長を務め、貧民救済に尽力し、地方史の研究も行った。ローマに巡礼し、第一ヴァチカン公会議のときもローマに滞在していた。その後、妻の病気療養のために移り住んだニースで司教区広報を創刊する。巡礼先のルルドで妻をなくした後はニースの〈聖マリア献身会〉に寄宿し、そこで教鞭をとった。このとき、列聖審査の基準についての見識を深めた。早くから全国巡礼に参加し、妻の死後も全国巡礼のオスピタリテとして活動しながら治癒者の調査に協力していた。聖域司祭団から、ルルドに腰を据えて治癒の調査に当たってほしいと依頼されたとき、愛着のあるニースを離れるのをためらったが、聖母マリアは、超自然の真実を科学的に示すこと、科学と宗教が和解することを望んでおられるのではないかと考え、聖母のために働こうと決心して引き受けた。一八八八年から聖域司祭団直属の〈ルルドの聖母オスピタリテ〉の会長も務めた。決して受け取ることなく常に人々に与え続け、ほぼ毎日聖体拝領に与った。自らの死に際しては怠りなく備え、告解をしたのちに終油の秘蹟に与って亡くなり、聖域司祭団の墓地に埋葬された。以上のような敬虔な信徒としての生涯についての長い記述に対し、医学審査局長としての功績については簡潔に述べられ、「超自然」を証明することでルルドに貢献したと評される。

ここには、巡礼、聖体拝領、告解、終油の秘蹟といった、カトリック教会が提供する祭儀・共同行為への積極的な参加だけでなく、ニースからルルドへの移住や怠りない死の準備という記述によって、神への従順という徳が示されている。また神学の研究会、献身会への寄宿、聖域司祭団の墓地への埋葬は、その生涯が半ば聖職者のようなものだったという印象を与える。一九世紀のフランスにおいて医師と聖職者は、「異なる社会階層を横断する名士」という社会的な位置づけと、人々に奉仕するという役割において、よく似た立場にあったが、ド・サン・マクルー男爵はまさしくそのような人生を送った人物として描かれているのである。

医師と聖職者の社会的な位置づけと役割の類似性は、ド・サン・マクルー男爵の人生の描写においては彼の教会への従順によって調和が保たれていたが、一九世紀のフランス社会においては、医師が聖職者の競争相手としてその社会的地位を脅かし、聖職者に取って代わるという過程が進行していた。以下の医師団の行動は、そのような時代背景の中で展開したのである。

〈聖ルカ・聖コスマ・聖ダミアノ協会〉とリール・カトリック大学医学部

聖ルカ・聖コスマ・聖ダミアノ協会[15]は、一八八四年に教皇レオ一三世が発布した、信者に対して反理性主義・反唯物主義・反フリー・メイソンを訴える回勅に応えて創設された。カトリック精神に導かれた医師の職業倫理の確立を目的とし、その活動は大きく次の三つに分けられる。第一に、祭儀や巡礼への参加。毎月一回モンマルトルにある医師専用礼拝堂でミサをあげるなど、信者としてのアイデンティティを重視した活動を行っていた。第二に、医師の職業倫理に関する論争への参加。そこには、「医師は人々が信者として正しく死を迎えられるよう助ける役目を負っている」という考えなども含まれていた。そして第三に、出版活動などを通した、さまざまな社会問題に対する態度表明と世論への影響力の行使。一九〇一年の聖域機関誌の記事によると、協会内では当初ルルド巡礼や医学審査局への強い抵抗感が見られたが、この頃には奇蹟的治癒の問題が討議されるようになっていたという。[16] この協会と医学審査局の接近を後押ししたのが、リール・カトリック大学医学部であった。

リール・カトリック大学医学部は、一八七六年に「真のキリスト教徒としての医師を育成する」という目標を掲げて、フランス北部の都市リールを代表するカトリック・ブルジョワジーの名士フィリベール・ヴロー と義弟のカミーユ・フロン・ヴロー医師の尽力によって創設された。かつての貴族階級に代わって地方名士となっていた新興勢力であるブルジョワジーのなかには、社会問題に積極的に対処し指導的役割を果たそうとする人々がいた。フロン・ヴロー医師も義兄の要請で工場経営を手伝うようになると、労働者の労働・生活環境改善や組合運動に取り組む一方で、聖職者の協力の下に工場労働者のための信心会を創設してキリスト教の祭儀や行事を工場関連施設で行い、被昇天会士と親しく交流して、労働者に全国巡礼への参加や被昇天会が発行する新聞・雑誌の購読を勧めた。[17] 彼は「工場」という新たな労働環境のもとで、それに適応した信仰共同体の形成に努めたのである。

フロン・ヴロー医師は、聖ルカ協会が掲げる「カトリック医師の務め」を果たそうと心がけた医師の一人といえる。そのフロン・ヴロー医師と医学審査局のボワサリー医師は、後者が一八九一年に『ルルド医学史』を出版したのを機に交流を深めた。両者はともに、ルルドの治癒事例の調査は医学的研究に大いに寄与し、医学の進歩に貢献するとアピールすることで、ルルドに関わる医師を増やそうとした。大学は『リール大学医学部紀要』誌上で治癒事例の検討や巡礼をめぐる是非の論争を繰り広げ、治癒の調査にも積極的に協力し、フロン・ヴロー医師も一八九七年から毎年のようにルルドを訪れてボワサリー医師を補佐した。一九〇〇年からリール大学の学生二名が全国巡礼の期間中にルルドへ送られ、一九〇三年からは学生二名が夏の巡礼ピーク時に奨学生として医学審査局に派遣された。フロン・ヴロー医師は治癒事例を研究する新しい組織の設立も提案していた。その実現は一九二五年を待たなければならなかったが、この頃からルルドで起こる治癒の研究が聖域の枠を超え、当時生まれつつあった「カトリック医学界」に認知されるようになっていったと考えられる。一九〇〇年の聖域機関誌には、「それまで医師がルルドについて公に語ることは滅多になかったが、徐々にさまざまな医学雑誌がルルドの治癒事例を取り上げるようになってきた[18]」と書かれている。医学審査局と聖ルカ協会の関係も改善され、ボワサリー医師はフロン・ヴロー医師にお礼の手紙を書いている。フロン・ヴロー医師は、パリのモンマルトルにある医師専用礼拝堂とリール大学にあった聖ルカ像（医者の守護聖人）と同じものを、三つの組織の一致のしるしとして医学審査局に寄贈するなど、良好な関係の樹立に努めた。

一九世紀から二〇世紀にかけて、それまでの教区単位の信仰生活（教区教会を中心とし、教区司祭を世話役とする、日常生活の枠組みとしてのキリスト教）が大きく変化したことをうけて、カトリックの平信徒たちのあいだには教区を越えたネットワーク作り（機関誌の定期購読などを通して教区に関わりなく参加者がつながる全国規模の信徒会など）の動きが広まっていた。医師たちの活動も、そのような時代の要請に応えるものであった。ボワサリー医師が書いたものを読むと、そこには強い「医師団」意識があることに気がつく。彼は一九〇〇年に次のように書いている。「ルルドの診療所は一八八四年に成立した。（略）同年、聖ルカ協会が創設された。同じ頃リール大学も初めての卒業生を世に送り出した。三つの組織は同じ時に誕生し、ともに発展し、互いに支援しあった[19]」。この医師たちの連帯が、教会権威によるルルドの奇蹟的治癒の正式の認定過程に大きな影響を及ぼしていく。その直接のきっかけとなったのが、次に述べるローマ巡礼であった。

カトリック医師団のローマ巡礼

最初に医師のローマ巡礼を企画したのは、リール大学医学部教授と聖ルカ協会会長であった。資金と参加者の不足でなかなか進展しなかったが、フロン・ヴロー医師の仲介でボワサリー医師が協力したことで実現にこぎ着けたと伝えられる。計画段階ではフランス国内のカトリック医師の連帯を目的としていたが、最終的に「聖母の無原罪の宿り」の教義化[20]五〇周年を記念するタルブ司教区巡礼に合流することになったため、カトリック医学界とローマ・カトリック教会の良好な関係を示すイベントへと、巡礼の意味が変わっていった。こうして一九〇四年に、聖域やルルド巡礼の関係者と有名な「ルルドの治癒者」で構成される巡礼団に、ヨーロッパの他国からの参加者も合わせた二五五人の医師が参加してローマ巡礼が行われた。

このとき、ルルドの治癒事例のなかから特筆に値するものを、治癒者本人も参列して教皇の前で披露する計画が進められていた。だが直前になって、教皇庁典礼聖省によって認められていない治癒事例を公に認められた奇蹟であるかのごとく教皇の前で発表するのは望ましくないということになり、計画は実現しなかった。ボワサリー医師が教皇に謁見したとき、教皇は「われわれの時代に軽々しく奇蹟という言葉を用いてはならない」と二度繰り返したという。フロン・ヴロー医師は聖域機関誌に掲載された七頁の報告書の中で、無念の思いをにじませつつ四頁にわたって計画の頓挫の顛末を書きながら、「聖母出現の公認時に証拠とされた七つの治癒事例は既に古くなっており、新しい治癒をルルドの聖母の栄誉のために捧げようではないか[21]」と述べている。

翌一九〇五年、治癒事例の報告書を送ってほしいという突然の要請が教皇庁から医学審査局にあり、事態は急転する。当時フランスでは政教分離法の制定に向けた動きが進展し、ルルドの聖母出現五〇周年も控えていたことから、カトリック教会の威光を示す必要が高まり、その方策としてルルドの治癒事例に白羽の矢が立ったものと考えられる。教皇庁に報告書を送るとすぐに、「これらの事例が治癒者の所属する司教区で司教の主導により教会法に則って正式に審査されることを望む」という返事があり、これをうけてボワサリー医師が六〇以上の治癒事例に関係する約三〇の司教区司教に宛てて手紙を書いた。こうして治癒の審査がいっせいに始まり、五〇周年に当たる一九〇八年に二二の事例が新たに奇蹟的治癒として認定されたのである。これが転機となって、以後、ルルドの治癒事例は教会の正規の手続きによる判定の対象となっていった。医学審査局の活動、ルルドの巡礼世界における医師の役割と意義が、晴れて認められたのである。一九一四年にルルドで〈国際聖体大会〉が開催されたとき、教皇使節が医学審査局を公式訪問したが、これは医師の治癒調査にカトリック教会として公式の承認を与える意味を持っていた。だがこうして教会に正式に認知されたことによって、治癒調査の厳密化と認定プロセスの慣習化という、後戻りできない道が開かれたのである。

一九二〇年、ルルドの聖域で毎日夕方に行われる聖体行列で、イエス・キリストの存在そのものとされる「聖体」の直ぐ後ろを医師団が歩くようになった。現在その理由について、聖域関係者や医師を含めた誰もが「聖体行列の時に治癒する人が多かったので、すぐに診察できるように聖体の後ろを歩くようになった」と説明する。だが当時の聖域機関誌には「聖体である神に対する、科学からの畏敬の念の表現」であると書かれており、[22]これが実質的な理由からではなく、ルルドの巡礼世界で医師団が果たす「司祭の補佐」としての役割と彼らの「名誉ある地位」を可視化し象徴的に表すために行われるようになったものだったことが推察される。だが現実には、医学審査局の活動は一九一七年にボワサリー医師が亡くなった後は徐々に停滞していった。

ルルドを訪れる医師の親睦を深める組織として一九二五年に〈ルルドの聖母医学協会〉が創設され、一九二九年に名称が〈ルルド国際医学協会〉に改められた。このときの会員は六九〇人で、ノーベル生理学・医学賞受賞者であるアレクシス・カレル[23]も参加していた。この協会は、治癒調査を依頼できる専門家のリストと治癒後の追跡調査網としても機能した。それまで治癒者は定期的にルルドの医学審査局に出向いて検査を受けなければならなかったが、これによって居住地での定期的検査が可能となったのである。一九二八年には治癒についての医学的な検討・論争のために機関誌が創刊され、治癒調査に専門家の意見を反映するための体制が整えられていった。だが皮肉なことに、こうして治癒の調査体制が厳密になるに従って治癒を申請する人と調査対象の数は減り、第一次・第二次世界大戦間には、ついに一つの治癒事例も教会当局に提出されることはなかった。この状況は、治癒事例の合同調査が定期的に行われるようになって変化した。一九四七年に〈医学委員会〉が設立され、一九五一年に〈ルルド国際医学委員会〉に改称して、現在まで続く専門家集団の合議体制が確立された。だが治癒調査に対する批判や疑問の声も絶えずあがり続け、聖域は一九七四年についに、医学審査局と治癒の調査体制を、その必要性も含めて見直す検討会を設立した。その後も聖域では医師たちの模索が続いている。

ルルド閉鎖騒ぎ

政教分離法が制定された翌年の一九〇六年、カトリックの日刊紙『十字架』は、ジャン・ド・ボヌファンという人物がフランス国内の医師に次のようなアンケートを送りつけていることを報じた。「新しい議会の議題のひとつにルルドの閉鎖問題が挙げられることでしょう。次の諸点について医学的なご意見をお聞かせください。一、ルルドは傷病者にとって有益か否か、二、沐浴（水槽の水に傷病者が次々に全身を浸す信心業）は危険か、三、フランスを縦断する列車の長旅は結核や他の病気の伝染の観点から危険ではないか、四、聖域では衛生管理が十分になされているか。総合的に見て、ルルドは医学的に危険か有益か」（強調は原文）。この人物は反カトリック主義者として有名で、前年にもルルドを攻撃する著書を出版していた。実際にどの程度社会的な影響があったのかは不明だが、医学審査局、リール大学医学部、聖ルカ協会は、当事者としてこれに応答しないわけにはいかず、聖ルカ協会が中心となってルルド擁護のキャンペーンが行われた。同協会の機関誌では、この一件が第一次世界大戦前に行われた最大の示威運動として回想されているという(24)。

まず、ボワサリー医師を中心に医師八名が署名した意見書がカトリック系の新聞に掲載された。重病人が集まっているにもかかわらず死亡率が低いという統計、巡礼同行医の存在、自然の中で過ごすことの治療効果などが反論の論拠としてあげられるとともに、傷病者の選択の自由、ルルドへ赴く権利が擁護されている。リール大学医学部紀要には、毎号のようにルルド巡礼についての意見が掲載された。リヨン大学のヴァンサン医師は「ルルド巡礼で傷病者に危険が及んだ事例を知っているか、個人的に意見表明するつもりがあるか、決議文に署名する方を望むか」を問うアンケートを国内外の医師に配り、これへの回答と上記紀要の記事、寄せられた署名を合わせて、『衛生の名の下にルルドを閉鎖すべきか？　否！』という書物にまとめた。衛生上まったく問題ないという主張とともに、多くの医師が傷病者に対する巡礼の精神的影響を評価しており、「患者の希望の芽を摘む権利は医師にはない」という意見が多く見られる。医師たちが最終的な拠り所にしたのは、傷病者の選択の自由であった。閉鎖は「傷病者の人権に対する侵害」とまで言われ、傷病者の利益を強調しつつ、宗教活動への国家権力の介入に対する危惧が表明されている。「衛生は表向きの口実で、本当はこれは政争である」、「旅の禁止の後には（略）あらゆる政治活動の禁止に向かうだろう」と書かれ、これが政治的な意味合いを帯びた動きだと非難されている(25)。このキャンペーンは、医師の社会（政治）活動の一環としての意味を帯びていたのである。そのなかで主張される「患者の自由」は方便の感を否めないが、たとえそうであったとしても、病院における医師の診療制度と医学の権威の確立という時代の流れのなかにあって、医師によって患者の自由が主張されたことは注目に値する。

一方で、反対の立場から声をあげた医師もいる。ある公立孤児院がルルド巡礼のための外出許可を出したことの是非を巡って、ベルギーのアントワープ市議会で行われた討議の記録が、『ルルド問題（L'Affaire de Lourdes）病院改革』という「ドレフュス事件（l'affaire Dreyfus）」を思い起こさせる表題で一九〇六年に発行されている。[26]ベルギーはルルド巡礼が盛んな国で有名な奇蹟的治癒者（図9-4のピエール・ド・ラダー）もいるため、当時はフランスでの閉鎖騒ぎと同様の状況だったと考えられる。実際この討議記録には、フランス医学界とカトリック教会の間に存在していたとされるさまざまな確執の要点が網羅されている。

ことの発端は、孤児院で暮らす神経性疾患の少女を訪問した慈善活動家の婦人たちが、彼女をルルド巡礼に参加させるための外出許可を求めたことにあった。孤児院を監督する委員会は医師に意見を求め、医師たちは治癒の可能性があると考えて巡礼参加に賛成した。このとき委員会の五人の委員のうち二人が反対し、そのうちの一人が多忙を理由に委員を辞めた。これが新聞記事となり、テルワーニュ医師が議会で問題にした。彼は、委員会が外出許可を出したのと同じ日に、他の公立精神病院に聖職者を一名配属する決定がなされたことを指摘し、この二つの決定が委員の辞任の真の原因ではないかとして問題提起を行ったのである。テルワーニュ医師は「科学への裏切り」という表現で、「ここでは公益が賭けられている（争点になっている）」として、カトリック教会による医療活動の撹乱を問題にする。

彼の発言は次の三つの主題を巡って展開する。第一に奇蹟的治癒について。治癒は医師による暗示によって神経症の患者におこるものなので、専門家である医師に任せておけばよい。第二に衛生について。ルルドの沐浴場は不潔なので、そのような場所へ行かせるべきではない。第三に病院の世俗化の擁護、具体的には看護婦制度の方が修道女による慈善に勝っているという点について。一九世紀以降、修道女と看護婦のどちらが看護にふさわしいかという議論が繰り返されていたが、テルワーニュ医師は、修道女が思想信条によって看護対象を選別するため、病院の主な利用者である労働者が自由思想を捨てるよう強要されることがしばしばあると言って、修道女は公共の福祉にふさわしくないと述べる。また修道女との競争から看護婦は低賃金を強いられ、その劣悪な労働環境が医療事故の一因になっていると述べて、看護制度の改革を訴える。テルワーニュ医師は、今まで社会の福利厚生を支えてきた修道女の慈善行為が、公平な福祉、労働者の人権擁護、労働条件改善という、近代社会の要請する理念の貫徹を妨げると非難しているのである。ここでは「科学」ではなく「自由主義・資本主義」と宗教の確執が問題にされている。

このようにテルワーニュ医師の議論は、ルルド巡礼の非科学的性格を非難するという次元に留まるものではなく、彼自身口にしていたように公益を問題にしており、だからこそ市議会で問題になるのである。彼の行為には「公益の番人としての医師」という自負が見られる。それは、ルルドの傷病者巡礼の世界を守ろうとした医師たちとは真っ向から対立する立場だが、医師が社会で果たすべき役割についての自覚と自負の点では同じであった。

四　ルルドにおける医学と宗教

ミッシェル・フーコーは、病院制度と医師の権威の確立について論じた著書の中で次のように述べている[27]。社会の近代化に伴い、豊かな社会は成員の健康を基盤とするという観念が定着し、医学は社会の生産性向上に貢献する科学として権威を帯びていった。その過程で、かつては「貧しい傷病者」として一括して慈善事業の対象となっていた人々が「貧者」と「傷病者」という二つのカテゴリーに分けられ、傷病者を病院に収容し臨床例として活用することで医学に貢献させるようになった。このような「医療化された社会」では、傷病者は少しでも早く治療をうけて生産的な社会に復帰することが義務づけられ、医師の指導に従って治療する「いい患者」になることが生産的市民の義務となった。これは、正しく病院に収容されない（治療を拒む）者は社会的に正しくない存在になることを意味する。治療を施す道具であった医療は規範を押しつける医学制度となり、「病人は治る義務があるから、期待される治療はまさしく『労働』」となった。[28]「生産的身体」は「従順な身体」でなければならないとされるようになったのである。イヴァン・イリッチはこの点を別の観点から批判する。彼は、社会の医学化・病院化によって個々人の「身体に関する自由」が侵害されてきたといい、「身体について決定する権利」が医師の手に委ねられ、医師が生・病・死を技術的に管理するようになった結果、それらの身体経験を人生の一部として生きる「受苦」の文化が破壊されてしまったと警鐘を鳴らす。[29]

このような社会の医療化過程を背景に発展した傷病者巡礼の世界で、医師たちが果たしてきた役割は次の三点にまとめられる。第一に、治癒事例の医学的調査によって治癒の事実の信頼性を保証する。第二に、衛生管理が行き届いていることを保証し、傷病者に対する巡礼の心理的効果を積極的に評価することで巡礼を擁護する。第三に、巡礼に同行する。

第一と第二の役割は、社会の医学化と医療化の徹底といえる。ボワサリー医師やリール大学医学部の機関誌は、ルルドは多くの症例が集まる素晴らしい研究室なので訪れるべきであると強調していたが、貧しい傷病者の臨床例と治癒例をルルドで採取することは「病院」の拡張と考えられる。「医学審査局」や「調書」という用語は、ルルドにおける治癒調査のイメージを医学化する工夫といえるだろう。また衛生管理の保証は、ルルドが正しく医療化されているという主張にほかならない。ボワサリー医師をはじめとする医師たちは、ルルドが「正当な医学・医療空間」であり、巡礼はその内部で行われていると主張していたのである。これは、近代社会において推奨される価値を肯定し、その規範に巡礼世界を適応させ、求められる要件を満たすことで存立が保証される、ということを意味する。巡礼世界は、医学・医療化された世界のなかに「適切な場所をしめる」必要があり、医師はそれを保証する役割を果たしたのである。

だが同時に、巡礼は「病院を出て治療をやめるという選択」でもあった。医師たちは衛生管理を保証することで、傷病者が巡礼する権利を擁護した。これは先述の「従順な身体」からの解放であり、医師によって容認されたという限定つきではあれ、イリッチがいっていた「身体に関する自由」の復権といえる。しかも医師たちの保証は実体をともなっていたとはいいにくく、実際にはルルドではオスピタリテという医療の素人たちが傷病者の世話を一手に引き受け、医師は手を出せなかった。巡礼同行医という役割は形だけになりがちで、その活動は巡礼世界では評価されず、医療従事者としての医師は疎外された存在であった。医師が巡礼世界のなかに「適切な場所」を占めようとした時、それは「寄りそう同伴者」であるボランティアの態度に近づいていったが、これは医療化の後退ということができる。

このように、医師たちが果たした役割には相反する性格が認められる。第一の役割は、医学の目をルルドに注ぐことで巡礼世界を医学化することであるのに対し、第二の役割は、傷病者が病院や近代医学の手を逃れることを容認するという、反医学化といえるような側面をもつ。そして第三の役割は、実際の活動を通して医師自らがオスピタリテのような存在となり、医師という社会的身分や患者との医療的関係を離れ、対等な者同士の出会いの価値を強調することで、非医療化の過程をたどる。だがそこにはさらに、単に医学・医療を一時的に棚上げするというだけでなく、医師が代表する「科学的世界観」の相対化という側面もあると考えられる。

科学的世界観は、因果関係の存在を前提とする。奇蹟的治癒の決め手となる即時性という基準が「超自然」のしるしと見なされる理由は、それが一切の因果関係を否定する「断絶」だからである。因果関係が、原因から結果へと途切れることなく連続する一連の過程からなるのに対し、ここで求められている即時性という要件は、変化の前後に一切の連続性が認められず、原因と結果をつなぐ連続性を再構成できないということを意味する。奇蹟的治癒の調査において、医師には治癒の前後の連続性を再構成できるかどうかの検証が委ねられ、それができないと宣言された時、すなわち、自然法則の専門家である医師が「そこには断絶がある」と認めた時、次にカトリック教会が、この断絶は神に由来するものかどうかを検証するのである。「神に由来する出来事」を現世に対する「他律」と考えるなら、因果関係という自然界の法則は「自律」という観念で捉えられるだろう。科学的世界を超える他律を承認することは、自然法則の自律性への介入を承認することと捉えられる。ここで問われているのは、因果関係を正しく検証する合理性の有無（奇蹟を妄信する精神の非合理性）であるよりも、自律性（法則の内的自己完結性）をめぐる確執であると考えられる。

「宗教と科学（医学）」という問題設定においては、多くの場合、議論を導く鍵概念として「合理性」が用いられている。だが、傷病者巡礼の世界での医師の活動においては、彼らは「合理／非合理」（真実か迷妄か）の判定者というよりも、何が適切で何が適切でないかの判断の担い手として、より大きな役割を果たしていた。これを、「真偽判定に関わる合理性」ではなく「適・不適の判断に関わる合理性」の体現・執行といいかえても、ここには「合理性の有無」という問題を超える水準がある。アントワープ議会においてテルワーニュ医師は「公益が賭けられている」といっていたが、そこで行われていたのは真偽判定ではなく適・不適の判断であり、彼は施療院の下した決定の「真・偽・矛盾」を合理性に照らして検証しているのではなく、それが公益にとって適切か不適切かを問題にし、スキャンダラスであると糾弾しているのである。ここでは確かに「合理性による正当性の判断」が行われているが、それ以上に「正当性を決定する正統性（権威）」が行使されていることが重要である。フーコーを初めとする研究者たちが指摘していたのは、近代社会において医学（医師）がもつに至った「正統性（正当性の決定権）」ということができる。そして「自律／他律」の確執という問題は、合理性の有無ではなく、この正統性の承認と否認に関わっている。

自然界にも社会にも「法がある」という共通点があるといえるが、近代社会においては、それらの法と人間の関わりには、「存在する自然法則の精査（科学的検証）」と「正しい法の制定（立法）」の別がある。一九世紀には、医師は自然法則を精査する専門家としての見識の高さから、社会規範（正当な法）の制定の担い手としてもふさわしいとみなされるに至ったと考えられる。それ以前の「この世界の根源にはただ一つ『神の摂理』があるだけで、その摂理のなかに『人間の合理的精神が理解できる部分』と『人間の認知をこえた神的次元』の別がある」とする世界観の下で、神という「至高権」から摂理という正統な法を預かり、その法に仕える資格（正統性）をもっていたのは聖職者であった。神に基づく「至高性・主権（la souveraineté）」がジャン＝ジャック・ルソーによって「一般意志（le souverain の意志）」となり、民主的議論によって法を制定する時代を迎えた時、人間の合理性に基づく合意（人間の自律性）が正当な法を制定する正統性をもち、医師をはじめとする有識者が「自律的合理性を備えた存在」として、聖職者にとって代わったと考えられるのである。

誰に正当性の認定が可能かという資格（正統性）の問題と、人間の合理性による精査や判断を超えるもの（他律）を認めるかどうかという問題は、前者が「判定者」を、後者が「判定対象」を問題にしており、それゆえ両者は土俵を異にする両立可能な問いと考えられる。治癒調査において断絶を認める時、医師たちは因果関係を超える法とその主権者の世界に道を譲り、またボランティアとなることで、自らが代表する医療という「社会規範（正しさ）」の撤退を印象づけることとなった。医師は、自らに認められた「合理性の体現者」という資格に基づいて「他律の承認」を行っているのであり、ルルドにおいて医師たちが生きていたのは、「自律」と「他律」が中心的価値の座を争う世界だったと考えることができるのである。ルルドの傷病者巡礼の世界において彼らが果たした、医学・医療化の徹底、反医学化、非医療化という、一見相反する役割には、医師に期待されていた「自律的合理性」をもって「聖地」という「他律の場」を承認するという一貫性が認められる。ルルド巡礼における医師の役割を通して見た時、宗教と科学の関係において「合理性」は分析概念としてではなく、「法の正当性を判定する正統性」という問題の「当事者」として現れてくるのである。

注

（1）*Ensemble à Lourdes. Manuel des pèlerin*, Paris, Tardy, 1992, p. 49.

（2）一八四五年にフランス南部の都市ニームで創設された修道会。「工業の世紀のイエズス会」を自認していたといわれるように、カトリック教会が対抗勢力に脅かされた時代に先頭に立って闘うことを自らの使命とした。革命後のフランス社会の「再キリスト教化」を目標に、学校運営、地域共同体から離れたことで信仰共同体からも切り離されてしまった労働者の啓蒙活動、各種信徒団体の結成、出版事業、信徒としてのつとめ（安息日（日曜日）に働かないなど）を訴えるキャンペーンの展開など、活発な大衆教化活動を繰り広げた。一八八三年に〈良書出版〉（現〈バヤール・プレス〉）を創設し、その週刊誌『巡礼者』と日刊紙『十字架』は現在も発行されている。

（3）ルルドの聖域運営を任された司祭団は出版活動に力を注ぎ、一八六八年に月刊誌 *Annales de Notre-Dame de Lourdes*（以下の出典表記では ANDL と略記）を創刊（一九四四年に廃刊）、一八八九年に隔週新聞が発行されるようになり、一九九一年に月刊誌へと姿を変えた（二〇一三年二月廃刊）。二〇一四年四月より無料の *Lourdes News* を年七回、四カ国語で発行し、ネット配信もしている。

（4）ANDL 1899, p. 196.

（5）ANDL 1883, p. 196.

（6）ANDL 1884, p. 161.

（7）ANDL 1885, p. 207.

（8）Théodore Mangiapan, *Les guérisons de Lourdes. Etude historique et critique depuis l'origine à nos jours*, Lourdes, Œuvre de la Grotte, 1994, p. 77.

（9）ANDL 1886, p. 124.

（10）ANDL 1888, p. 248.

(11) ANDL 1901, pp. 290–300; 1902, pp. 49–58.

(12) René Biot, « Lourdes et le progrès des sciences médicales », in *Bulletin de l'Association médicale internationale de Lourdes*, n. 95, Lourdes, 1958, pp. 2–8.

(13) Alfred Valette, *Le Grand inconnu du centenaire de Lourdes: le Bureau des constatations médicales*, Paris, Editions Alsatia, 1958, p. 77, p. 96.

(14) ANDL 1891, pp. 117–125.

(15) 一九六三年に〈フランス・カトリック医師会〉に改称。一九六八年から二〇〇二年まで機関誌『人のための医術』を発行し、二〇一〇年からはネットで配信している。以下〈聖ルカ協会〉と略記する。

(16) ANDL 1901, p. 386f.

(17) 一九〇〇年に被昇天会が非認可修道会としてフランスから追放された時、フロン・ヴロー医師の息子がその出版施設とパリ版『十字架』紙の版権を買い取り、フランスにおける半公式のカトリック新聞として、その紙面を当時の政治状況に適応させていった。

(18) ANDL 1900, pp. 257–268.

(19) 同右。

(20) 「無原罪の宿り」とは、「マリアは母の胎内に宿った瞬間から、神の特別の恩寵によって原罪を免れていた」という神学的見解で、一八五四年に教義化されたが、それが教皇の権威のもとに（公会議を経ないで）行われたために批判も少なくなかった。実際この教義は、教皇の決定権が「承認されていた」から決定されたのではなく、「教皇には決定権があることを示す」ために行われた「正統な権威」の行使・実践であった。決定から四年後にルルドに現れた女性は自分のことを「無原罪の宿り」と名乗ったのだが、これは教皇（庁）の権威の正統性を承認する出来事と捉えられ、以後、教皇庁はルルドと深く結びつくことになった。ヴァチカン市国がイタリア王国とラテラノ条約を結んで独立国家となったのがルルドの聖母の出現記念日（二月一一日）であるのは、その一例である。

(21) ANDL 1904, pp. 199–202.

(22) ANDL 1920, p. 84.

(23)　一九〇三年に巡礼同行医としてルルドを訪れ治癒を目撃して以来、治癒調査は医学の進歩に貢献するとして、その学問的価値を訴えるようになった。治癒を前にした医師の揺れる心を三人称で描いた『ルルドへの旅』は、彼の死後一九四九年に出版された。

(24)　Pierre Guillaume, *Médecins, Eglise et foi*, Paris, Aubier, 1990, p. 64.

(25)　Eugène Vincent, *Doit-on fermer Lourdes au nom de l'Hygiène? Réponse de 2.350 médecins. Non !*, Lyon, Librairie Paquet, 1907, p. 4f.

(26)　*L'Affaire de Lourdes. Les réformes dans les hôpitaux. Discours prononcé au Conseil Communal d'Anvers par le Dr. M. Terwagne*, Gand, Societé coopérative « Volksdrukkerij », Abonnement Germinal, n. 7, 1906.

(27)　ミッシェル・フーコー『臨床医学の誕生　医学的まなざしの考古学』神谷美恵子訳、みすず書房、一九八三年。同「健康が語る権力」福井憲彦訳、桑田禮彰・福井憲彦・山本哲士編、『ミシェル・フーコー一九二六―一九八四』新評論、一九八四年、一二二―一四一頁。

(28)　クローディーヌ・エルズリッシュ／ジャニヌ・ピエレ『〈病人〉の誕生』小倉孝誠訳、藤原書房、一九九二年、九〇頁。

(29)　イヴァン・イリッチ『脱病院化社会　医療の限界』金子嗣郎訳、晶文社、一九七九年、一四頁、一〇一頁。

第10章　マフィアとカトリック教会

犯罪と悔悛

村上信一郎

ピーノ・プリージ神父 Don Pino Puglisi（1937−93年）。マフィアが支配するパレルモのブランカッチョ地区の教区司祭となり、貧しい家庭に育った子どもや若者がマフィアの罠に陥らないよう様々な教育活動を展開した。そのためマフィアの反感を買い、1993年9月15日、56歳の誕生日に母親を訪ねたとき射殺された。カトリック教会の司祭としてマフィアの最初の殉教者となったことにより2013年9月15日には福者とされた。

一　マフィアに対するカトリック教会の沈黙

「どうしてこんなことが起こりうるのか、ずっと不思議でならなかった。それはマフィアに対する教会の沈黙である。福音書が示す天上での喜びを説く人たちはマフィアの文化がその否定であるということに気づいていないわけがない。よしんば、それなりの理由があるというにせよ、教会の沈黙を正当化することなどできるわけがない」。

これはイザイア・サーレスの著書『司祭とマフィア―マフィアとカトリック教会の関係史』(1)の冒頭に引用されたイエズス会士バルトロメオ・ソルジェ神父の言葉である。ソルジェ神父は一九二九年にエルバ島に生まれミラノで育ち一九四六年にイエズス会士となるが一九六六年からイエズス会誌『チヴィルタ・カットーリカ』の編集に携わり一九七三年には編集長を務めた。一九八五年に同誌を離れイエズス会が運営するパレルモのアルッペ政治教育研究所に赴任してからは、キリスト教民主党の出身でパレルモ大学法学部教授のレオルーカ・オルランドが一九八五年にパレルモ市長に就任したことに端を発する「パレルモの春」の誕生に大きな影響力を発揮するとともに、オルランドが一九九一年に結成した反マフィアを唱える全国的な政治改革運動「デモクラシーのための運動―ネットワーク」(イタリア語での通称はレーテ)にも積極的に協力した。今(二〇一五年)はミラノのカトリック民主派の雑誌『アッジョルナメント・ソチアーレ』の名誉編集長を務めている。

一九七〇年代の末までシチリアのマフィアはマフィア同士の大きな抗争事件を引き起こすこともなく公権力と

の対立も回避しようとしていた。というのもシチリアのマフィアは一九五〇年代の「経済の奇跡」がもたらした「建築ブーム」のなかで地方行政当局や地元政治家と癒着して公共事業の入札を取り仕切ることにより、建築業界から巨額の公金を還流させることで莫大な富を蓄えることに成功していたからである。また一九六〇年代からは、アメリカ・マフィアと手を組むことで中東から仕入れたモルヒネをシチリアでヘロインに精製してアメリカ合衆国に密輸するというルートが確立したことにより、さらに安定した方法で莫大な利益を獲得することに成功していたからである。一九六二年には「第一次マフィア戦争」と呼ばれる大規模な抗争事件が生じた。だが捜査当局の反撃を蒙って大量の逮捕者を出したばかりか、議会に初めて「反マフィア委員会」が設置されて取り締まりが強化されたことから、マフィアは公然たる内部抗争や公権力との対立を回避するようになっていた。

ところが一九七〇年代の末になると状況は一変した。シチリアの内陸部にある人口一万人ほどの小さな町コルレオーネ出身の新興マフィアが、パレルモのボスたちの支配するアメリカへの麻薬密輸ルートの強奪を目指して激しい内部抗争を仕掛け始めたからである。コルレオーネ・マフィアはそれまでのマフィアと違って抗争中のマフィア構成員だけを殺戮の対象としたのではなかった。アレグザンダー・スティレによる渾身のルポルタージュ『要人たちの死体―マフィアとイタリア第一共和制の死滅』の題名が如実に示していたように、公権力の代表やマフィア捜査責任者など政府の「要人」をも容赦なく次々と殺戮した(2)。

一九七九年にはパレルモ警察署機動捜査隊長ボリス・ジュリアーノやパレルモ地裁の元判事で共産党の下院議員であり反マフィア委員会の委員でもあったチェーザレ・テッラノーヴァが殺された。一九八〇年にはシチリア州知事ピエルサンティ・マッタレッラ（二〇一五年に第一二代大統領に就任したセルジョ・マッタレッラの兄）が暗殺され、エマヌエーレ・バジーレ国防省警察大尉とパレルモ検察庁長官ガエターノ・コスタが殺された。一九八二年にはマフィア型犯罪結社取締法案の共同提出者である共産党下院議員のピオ・ラ・トッレ、そして「赤い旅団」を初めとする極左テロリズムの鎮圧における功績から当時のジョヴァンニ・スパドリーニ首相の懇請によってパレルモ県知事に任命されたばかりの国防省警察総監カルロ・アルベルト・ダッラ・キエーザ将軍が妻のエマヌエッラや運転手とともに殺された。一九八三年にはトラパニ検察庁の検事補ジャコモ・チャッチョ・モンタルトやパレルモ検察庁にマフィア捜査班を創設したロッコ・キンニーチが殺された。

わずか四年のうちにマフィアは、反マフィア対策において重要な役割を果たした「要人」ばかりかシチリアにおける公権力の「代表」さえもテロリズムの対象とすることにより、国家権力をもってしても抑止できないほど巨大な力を持つことをイタリアの内外に誇示するまでとなっていた。その間、マフィア同士の抗争も熾烈を極めていった。三日に一人の割合で延べ六〇〇人以上ものマフィア構成員が殺されるという、のちに「第二次マフィア戦争」と呼ばれる異常事態が生じていた。

一九八二年九月四日パレルモのサン・ドメニコ教会では、ダッラ・キエーザ将軍とエマヌエッラ夫人および運転手の葬儀が、サンドロ・ペルティーニ大統領やジョヴァンニ・スパドリーニ首相も列席するなか営まれた。パレルモ大司教サルヴァトーレ・パッパラルド枢機卿は説教において、先ず旧約聖書の哀歌から「わたしの魂は平和を失い幸福を忘れた。（略）苦渋と欠乏のなかで貧しくさすらったときのことを［決して忘れない］」（3、17－19）という章句を引くことにより、深い落胆の気持ちを表明した。次いでヨハネによる福音書の「悪魔は最初から人殺しである」（8、44）という章句に依拠しつつ、マフィアという悪の勢力がたんなる抽象的な実在や空想的な組織ではなく、悪霊にとりつかれて憎悪を内面化した現存する生きた人間たちによるものであり、それは神と人間の敵でしかない悪魔の生まれ変わりに他ならないとした。そして憎悪を捨て、キリストが説く兄弟愛への信仰と命の尊重に立ち戻らないかぎり、マフィアには永遠の死が運命づけられていると断罪した。マフィアに対する事実上の破門宣告であった。

だがパッパラルド枢機卿の矛先はそれに止まることなく、こうした異常事態を前に為すすべもなく手をこまねいたままの国家指導者に向けられた。そして次のように述べたのである。「ローマで議論がなされているうちに、サグントゥムは陥落してしまった」。これはリウィウスの『ローマ建国史』第二一巻に記された有名な一節である（但しパッパラルドはサッルスティウスの『ユグルタ戦記』からの引用と誤記していた）。イベリア半島にあった共和政ローマの同盟都市サグントゥムがカルタゴのハンニバルに包囲されたために援軍を求めたにもかかわらず、ローマでは議論がなされるだけで結局は紀元前二一九年に陥落してしまったという故事を引くことで、「今度はサグントゥムではなくてパレルモなのだ。哀れなパレルモよ！」と、マフィアの暴力支配に対して無為無策の国家指導者に対しても非難の言葉を浴びせかけた(3)。

パッパラルド枢機卿の説教は、教会の高位聖職者が初めて表明したマフィアに対する断罪宣告だった。教会のマフィアに対する沈黙が初めて破られたのである。

前任者のエルネスト・ルッフィーニ枢機卿は北イタリアのロンバルディア出身であり、一九四五年にパレルモ大司教に任命される前はローマでの活動が長い人格高潔な聖書学者だった。パレルモ赴任後も一九六二年から始まる第二ヴァティカン公会議の準備や運営に携わっていたため、マフィアについては何の知識もなかった。一九六三年にパレルモのチャクリでマフィアによって七人の警察官が殺される事件が起こったときも、無視しようとしたばかりか、マフィアの存在すら否定しようとした。

この事件は、地元のワルドー派福音教会の牧師が犯行を批判する声明文を掲示したことから、教皇パウロ六世の知るところとなった。教皇はアンジェロ・デッラクワ枢機卿を介して「カトリック教会とマフィアが混然一体と見られていることを解消するために」ルッフィーニ大司教に対してこの犯行を公式に非難するよう求めた。ところがルッフィーニ大司教は「いわゆるマフィアの心性が宗教の心性と結びつくこと」など考えられないとし、それはキリスト教民主党を貶めることで自己利益を守ろうとする共産党員の言いがかりにすぎないと激しく反発した。そして、こう続けた。「私は長年にわたり聖務にたずさわってきたが、たとえ些事であれ司祭が犯罪者と関わるなどとは絶対に考えられない」(4)。つまりルッフィーニ大司教はマフィアを犯罪者とは考えていなかった。しかし、そうした態度は彼に限られなかった。パレルモに隣接するモンレアーレ大司教を二六年にわたり務めたエルネスト・エウジェニオ・フィリッピはイタリア中部のウンブリア州の出身であり教皇使節としてメキシコやポーランドに赴任したのちモンレアーレに赴任したが、自らはマフィアのボスと親密な交際を続ける一方、司祭には「たとえ福音的な情熱によるとしても」マフィア絡みの問題には一切関わらないよう命じていた(5)。

このころの高位聖職者が抱いていたマフィア観は、パレルモに生まれたイタリアを代表する著名な民俗学者ジュゼッペ・ピトレの強い影響を受けたものであった。ピトレによれば、マフィアは犯罪組織ではなく、シチリア固有の文化すなわち「シチリア性」(Sicilianità)を表わす伝統的習俗ないし行為規範であり、それゆえ暴力組織とは本来何の関係もない諸個人の態度や心性に他ならなかった。こうしてピトレは、マフィアが「沈黙の掟」を守る「名誉の男」と自称したことを、同郷人以外には理解しがたいシチリアの歴史から生まれた独自の文化であるとして、過剰なまでに神秘化し正当化していたのである(6)。

教会もこのような文化論的解釈に依拠して、マフィアを政治イデオロギー的な誹謗中傷を目的として捏造された「虚構」と見なすことにより、暴力犯罪組織としてのマフィアなど現実には存在しないとする「否定論」を基本的な立場とするようになった。そこには教会の「反共産主義」が強く投影されていた。じっさい教皇庁検邪聖省は一九四九年七月一日付の教令によって共産党員に破門を宣告していた(7)。当時の教会にはマフィアの暴力よりも共産主義のイデオロギーの方がより大きな「悪」であり「罪」であった。

それゆえ一九八二年にパレルモ大司教パッパラルド枢機卿がマフィアを断罪したのは画期的なことであった。

教会のマフィアに対する沈黙が初めて破られたからである。もちろん教会がマフィアに対し公式に破門を宣告したわけではなかった。だがパレルモ大司教の説教に鼓舞されたからこそイエズス会のソルジェ神父は多くの良心的市民の期待を背に受けつつマフィアに対抗する政治・道徳教育活動を始めることができた。また、そこからレオルーカ・オルランド市長が登場し「パレルモの春」が生まれることになったのである。

ときあたかも一九八四年にはマフィアのボスのトンマーゾ・ブッシェッタが、ブラジル逃亡中に第二次マフィア戦争の敗者となり、一家皆殺しの目にあったことから改悛して司法協力者となり、マフィア捜査班のジョヴァンニ・ファルコーネ判事にマフィアの内情を洗いざらい告白するという前代未聞の大事件が生じた。それにもとづき三六六通もの逮捕状が請求され、潜伏していたマフィアが捜査当局によって次々と逮捕されていった。そして一九八六年二月には、三〇もの檻が設置された地下要塞法廷で、四七五人ものマフィア構成員を被告とする「マフィア大裁判」が開かれ、翌一九八七年一二月にはそのうち三四二人に有罪判決が下された。名だたるマフィアのボス一九人には極刑である終身刑が言い渡された。

ところが控訴院（第二審＝高裁）そして破毀院（第三審＝最高裁）に進むにつれて、減刑や無罪判決が言い渡されていった。他方、大統領や議会に対する謀略めいた内部告発によりマフィア捜査班が疑心暗鬼に陥って内紛を起こすなか、ファルコーネが法務省刑事局長への栄転という形をとって転任させられるという不可解な状況が生じたこともあって、マフィア捜査は暗礁に乗り上げていった。そしてマフィア大裁判の最大の功労者だったファルコーネが、一九九二年五月二三日、パレルモ空港近くのカパーチで、高速道路の地下排水溝に仕掛けられた爆薬により車ごと妻と三人の護衛とともに殺される。また彼の右腕だったパオロ・ボルセッリーノ判事も、同年七月一九日、パレルモの母親の家を訪ねたときに車に仕掛けられた爆弾で殺される。こうしてパレルモに生まれた束の間の春もむなしく終わってしまったのである。

そもそもキリスト教の信仰とマフィアは両立しうるのだろうか。世界でもっとも凶悪残忍かつ冷酷非情といわれているマフィアのような犯罪組織とカトリック信仰とは両立可能なのであろうか。しかも、後で述べるように、マフィアのボスや構成員の大多数が自分を善きカトリック教徒と信じて疑わない献身的で熱心な信者だとするならば、その問いにはどう答えればよいのであろうか。本章ではそうしたことを考えていく手がかりを探っていきたい。

二　マフィアとは何か

マフィアはイタリア近現代の歴史と切り離して考えることができない。一八六一年にイタリアの国家統一が成し遂げられたときから、イタリア国家とイタリア国民が誕生した瞬間から、マフィアが政治と社会と犯罪の病理的な関係を意味する言葉としてまるで「天啓」によるかのごとく現れ出でて人々の知るところとなった(8)。たとえ外見的ではあれ自由主義を標榜する近代的な立憲法治国家体制が成立したことにより、かつてブルボン朝が支配した南部諸地域では、それまでの伝統的な慣習では正常な行為と見なされた復讐や名誉を守るための殺人といった暴力行使をも含む法秩序が根底から覆されたからである。

だが、それだけではなぜシチリアの西部においてのみマフィアが見出されることになったのかが説明できない。マフィアについては、シチリアも含むイタリア南部の穀作と放牧を目的としたラティフォンドと呼ばれる大土地所有制に特有の半封建的な農村社会の後進性の残滓でしかなく、近代化とともにいずれは消滅するという見方が、一般に流布してきた。しかしマフィアは、実際には柑橘類をイタリア本土ではなくアメリカやイギリスに輸出する商品作物取引市場が発達した「コンカ・ドーロ」（黄金の盆地）と呼ばれるパレルモとその後背地に、主要な発展の基盤を見出していた。いいかえるとマフィアはシチリアでは相対的に先進的な地域の産物だった。もっと正確にいうならば、発達した都市と農村の境界領域、あるいは近代化と後進性の落差から生まれる社会的軋轢を重要な培養土として発展したものであった。[9]

もちろん一九世紀のシチリアに生まれたマフィアと現代のマフィアを同一視することはできない。だが「古いマフィア」と「新しいマフィア」を単純に二分して大きな断絶があるとする見方には危険な落とし穴が潜んでいる。というのもこうした二分法では、「新しいマフィア」を現代の資本主義社会に適応した暴力と非合法活動を主要な資源とする「企業家」と見なす一方、「古いマフィア」には民俗学者ピトレが描いた「名誉ある男」の神話を郷愁や憧憬を込めて適用することになり、ひいてはマフィアの文化論的解釈を再生産することになってしまうからである。

マフィアとは何かについては解決すべき数多くの問題がまだ残っている。いうまでもなくそれらの問題をここで論じつくすことはできない。そこで本章に必要と考えられる点に限って、そのいくつかの特徴を説明しておきたい。

マフィアは一九世紀も現代も、イタリアでも（またアメリカでも）、一定の「地域社会」を支配することによって成立する犯罪組織である。マフィアの地域支配の基本的な手段は私的暴力の行使である。当該地域住民にはマフィアによる「保護」か「強迫」かの二者択一が迫られる。こうしてマフィアは地域社会に非合法的な人間関係を構築する。ここで重要なことは、マフィアが人間関係を構築するに際して、宣誓による入会儀礼や位階制的な規律を持つ秘密結社の構造を採っていたことである（アメリカにもシチリアから直接こうした構造が持ち込まれた）。マフィアは伝統的な聖人信仰にもとづく信心会や兄弟団、あるいはリソルジメント期に広まったフリーメイソンの強い影響を受けていた。[10]それればかりかマフィアの世界観や道徳観あるいは行為規範には、カトリシズムの伝統が大きな影響を及ぼしていた。

マフィアは秘密結社的な構造を備えることによって、血縁関係を結束力の基軸としつつも、それを越えた外部の世界で活動する人々、特に有力者をもその内部に取り込むことが可能となった。マフィアは無法者だけからなるたんなる暴力団ではなかった。階級横断的な性格を持っており、無法者だけではなく支配エリートをも含む地域の会員制社交クラブでもあり、れっきとした企業経営者をも含む非合法的な営利活動のためのシンジケートでもあった。

地域支配を確立したマフィアは自らが確立した人間関係を「社会資本」として利用することで他のマフィアとの「ネットワーク」を構築することが可能となる。そうしたネットワークをとおして新たな地域、未知の分野、合法的な領域にもビジネス・チャンスを見出すことにより、急激な変化を遂げつつある現代社会への適応能力を獲得していくことにもなった。

マフィアはかねがね、一つの頭と八本の足をもつタコや、大聖堂の巨大なドームすなわちクーポラになぞらえられてきた。第一次マフィア戦争後の一九七五年ごろには、各地のマフィアが大同団結して「州委員会」と呼ばれる統一的な最高幹部会議が設けられたこともあった。だが、それも第二次マフィア戦争で崩壊する。それ以降マフィアの中央集権的な統一組織が成立したことは一度もなかった。[11]

マフィアによる犯罪について、長らく刑法上は、マフィアの構成員すなわちマフィオーゾ（mafioso）に対する個人的な刑事責任しか問うことができなかった。それが根本的に転換したのは一九八二年九月一三日法律六四五号（いわゆるロニョーニ−ラ・トッレ法）により、刑法第四一六号の二として「マフィア型犯罪結社」に関する規定が追加されてからのことであった。すなわち、そのメンバーが「結社の絆や隷属状態や沈黙の掟による威嚇力」を利用することによって犯罪に及ぶような場合については、これをマフィア型犯罪結社と定義した。[12]マフィアが初めて犯罪結社であると認定されたことにより、司法当局によるマフィア捜査も一気に加速したばかりか、先述したマフィア大裁判も可能となった。ただ一読してすぐ分かるように、公権力による恣意的な解釈や裁量の余地が大きく、冤罪の恐れすらある抽象的で形式的な規定だった。それゆえ大きな批判もあった。

とりわけ議会外左翼の活動家や当時の急進党の支持者、その近辺にいた知識人（たとえばレオナルド・シャーシャ）のように、個人に対する無条件の市民的自由と普遍的人権の適用を求める「保障主義」の立場にたつ人々は、本来は極左テロリスト対策のために設けられたものだったが、ブッシェッタのマフィアに関する内情暴露の証言をも可能とすることになった「司法協力者」すなわち「改悛者」を規定した一九八〇年二月六日法律一五号（いわゆるコッシーガ法）、またファルコーネ判事の爆殺事件の後に成立した一九九二年八月七日法律三五六号によりマフィア等凶悪犯罪の受刑者に対する特別刑事収監制度を定めた「四一条の二」と合わせて、この規定を厳しく批判した。公権力による監視体制の拡大と自由の抑圧は、全体主義国家の悪夢の再来と見なされたからである。そのため反マフィアの立場が、必ずしもそのまま正義を意味するものとはいえなくなっていく。マフィアをめぐる争いは司法だけの問題ではなく、すでに正義をめぐる政治的かつ倫理的な次元での争点となっていたのである。

ところで、現在のイタリアでは上述した刑法上の規定を考慮に入れて、単数形のマフィア（mafia）ではなく複数形のマフィエ（mafie）という呼称を用いることによって、シチリアのマフィアだけではなく、ナポリのカモッラ（camorra）、カラーブリアのウンドランゲタ（'ndrangheta）、プーリアのサクラ・コローナ・ウニータ（sacra corona unita）も同じ「マフィア型犯罪結社」の範疇に含まれるものとされている。だが、それらの犯罪結社の歴史的起源や組織的性格は大きく異なるので、それらのあいだの相違点に留意しなければならない。本章ではシチリア・マフィアを中心に分析を進めていくことになるので、あえて特定する必要がないかぎりは無用の混乱を避けるために、そうした犯罪結社の総称として単数形のマフィアという呼称を用いることにする。またマフィオーゾと呼ばれる個々の構成員についても本章では同じ理由からマフィアと記すことにした。

三　信心深いマフィア

ベルナルド・プロヴェンツァーノは一九三三年に生まれたコルレオーネ・マフィアの最後まで残った最強のボスだった。一九六三年に指名手配を受けて以来、欠席裁判で三度にわたり終身刑の判決を受けたにもかかわらず、四三年間潜伏することに成功した。二〇〇六年四月一一日ついにコルレオーネ近郊のモンターニャ・デイ・カヴァッリにあった農園の隠れ家で逮捕された。まるで隠修士のごとくリコッタチーズとチコリのサラダだけを食べて隠れ家にいた、農夫然としたプロヴェンツァーノの姿をテレビで初めて目の当たりにした世間の人々は、自分の目を疑ったという。こんな貧相な老人が、残虐な殺戮を命じるなど、極悪非道の限りを尽くした闇の帝国の首領だったのかと。

それればかりか隠れ家からは、嘆きの聖母の御絵《ごえ》が三枚、コルレオーネの恵みの聖母の御絵が一枚、イエスの聖心の御絵が一枚、聖コッラディーニの御絵が一枚、タリアヴィアのロザリオの聖母の御絵が一枚、聖ベルナルド・ダ・コルレオーネの御絵が一枚、キリストの御絵が七三枚も見つかった。また聖書、表紙に聖母とともに「祈りなさい、祈りなさい、祈りなさい」と記された祈禱書も発見された。部屋には聖家族の置物が飾られ、周囲の壁には最後の晩餐、シラクーザの涙の聖母、心と家族の女王聖マリアの絵、ピオ神父のカレンダーが掲げられ、浴室の壁にはロザリオが掛けられていた。彼自身いくつかの十字架のネックレスを持ち、そのうちの一つが木製で、いつもどれかを頸にかけていたという(13)。

潜伏中の彼が用いた通信手段は、メールでも電話でもなく、ピッツィーニと呼ばれたメモの手渡しによるものだった（それが焼却すれば証拠を残さない最も安全で確実な伝達方法だった）。メモは電動と手動二台のタイプライターで印字され、宛先には二から一六四の番号が割りふられていた（いうまでもなく一番は本人である）。メモには高い教育を受けたとはいいがたい、文法の誤りも多い稚拙な文章が綴られていたが、宗教的な表現や聖書や福音書からの引用が数多く見られるのが大きな特徴だった(14)。

必ずといってよいほど「神のみ心が行われますように」と記され、ほとんどが「主があなたを祝福し、あなたをお守りくださいますように」という言葉で締めくくられていた。ちなみに彼がもっとも好んだのはルカによる福音書だった。逮捕の瞬間に彼が口にした言葉は「今なにをなさっているか、あなたがたはご存知ないようだ。神のみ心が行われますように」であったという。

そうした宗教的な表現が、彼のみならず彼に従うマフィアのあいだでも共有されていたことは、彼の内縁の妻の次のような返事からも理解することができる。「愛しいあなたに、イエス・キリストさまのお望みによってあなたのお手紙を受け取ることになり、あなたがお元気なことが分かりました。（略）神さまがお定めになったことは変えることができませんが、主はそれに耐える力を私たちに与えて下さいました」。

彼の腹心は、次のように述べることで、聖人のごときその人徳を讃えていた。「私はあなたの魂の平静を願って、あなたを熱く抱擁いたします。神さまはいつもあなたを見守っておられます。あなたから私にお送りいただいた聖書の言葉を読み返すなかで、木はそれぞれ、その結ぶ実によって分かる［筆者註、ルカによる福音書六、四四］という箴言に心を打たれました。（略）あなたは熟慮や平静や隣人を助ける利他主義に向かう心配りといったすべての特徴をそなえておられます。それゆえ、あなたは神さまからの授かりものとして、ご自分の人生に向き合っておられるのです。あなたの信仰はとてつもなく大きなものです。それは、あなたにとってとても大きな助けとなるものなのです(15)」。

まるでマフィアとは無縁の修道士や修道女が交わした手紙であるかのような文面だが、こうした宗教的な表現はプロヴェンツァーノやその仲間だけものではなかった。一九七八年にはマフィアのクーポラすなわち州委員会の最高幹部会議長に上りつめて教皇とまで呼ばれたが、二〇〇八年に獄中で病死したミケーレ・グレコも、逃亡中には聖書と聖務日課を携えていた。コルレオーネ・マフィアのボスのなかのボスといわれ、一九九三年に逮捕されて終身刑となったサルヴァトーレ・リイナも、たくさんの御絵を携えて獄中に赴いた。このようにマフィアのボスのほとんどが神への信仰を告白したといっても過言ではなかった。だがこうしたことは枚挙に暇がない。そこで最も衝撃な事例をひとつだけあげることにしたい。

すなわちシチリア方言でウ・シニュリヌすなわち「粋な青年紳士」と呼ばれたプロヴェンツァーノの秘蔵っ子ピエートロ・アリエーリについてである。一九五九年の生まれで一九九七年に逮捕され終身刑となって今も獄中にいる。ファルコーネ検事など幾多の要人暗殺を指揮したアリエーリが世間の注目を集めたのは、彼がパレルモ大司教区神学校の中学で学んだ後、モンレアーレ大司教区にある名門高校を卒業していたからである。宗教的情熱ばかりかギリシャ語やラテン語を良くし、哲学や歴史や文学が理解できる高い教養を持つ有為の青年だったのに、兵役終了後にマフィアとなる道を選んだ。しかも叔母は修道女で従兄は司祭である。一九九七年パレルモに隣接するバゲリーアの廃墟と化した柑橘類倉庫の隠れ家で逮捕されたとき、そこからは聖書、福音書、第二ヴァティカン公会議公文書集、神学書、哲学書などが見つかった。それればかりか聖フランチェスコ像が置かれた祭壇と跪き台まで備えられていた。さらに驚くべきことに、教区司祭でカルメル会修道士のマリオ・フリッティッタが、この隠れ家を極秘裏に訪ねて降誕祭や復活祭のミサを行い、聴罪司祭の務めを果たし続けていた（彼は逃亡幇助の容疑で起訴されたが破毀院＝最高裁で無罪となった）。彼以外にも三人の教区司祭が隠れ家を訪ねていたことが後になって判明した(16)。

マフィアは自分たちのことを「もっとも善きカトリック教徒」であると信じていた。それゆえ自分たちが、神やその教会と「平和な関係」を保っていると考えてきた。すでに見たように、マフィアは長期にわたる潜伏や逃亡の生活においても、つねにキリストや聖母や聖人の御絵やおメダイを携えながら聖書や福音書を読んで神に祈りを捧げ、ときには隠れ家に祭壇まで設けて極秘裏に司祭を招き入れ、告解や聖体拝領まで受けていた。マフィアは少なくとも主観的にはきわめて「信心深いカトリック教徒」であるということができた。マフィアの文化規範や行為規範の根底には幼児期にカトリック教会で受けた公教要理がしっかりと根付いており、しゃべり言葉や書き言葉のはしばしにまで強い影響を及ぼしていた。マフィアは生まれたときに教会の洗礼盤の聖水で最初の洗礼を受け、マフィアに加入するときに聖母か聖人に誓いを立てることで二度目の洗礼を受けるといわれていた。

マフィアにとって神とは一体何だったのか。たいていのマフィアはキリストが定めた七つの秘跡（洗礼、堅信、聖体、告解、終油、叙階、婚姻）すべてを遵守し実践しようとした。とりわけ教会で行う洗礼式、堅信式、結婚式、葬式にはこだわった。またマフィアが献身的で敬虔な信者であることを示すための最も重要な機会は、教区教会の守護聖人の祭礼であった。祭礼の成功のために率先して多額の献金を行い、祭礼の行列で守護聖人や聖母の輿を肩に担いだり、教会の幟を持ったりすることを大きな名誉と考えていた。教会の祭礼や行事を維持運営するための信心会や兄弟団で中心的な役割を果たしたのも彼らだった。そればかりか地元の女子修道院による孤児院の設立や運営に多額の寄金をするなど慈善事業にも熱心に協力した。また、しばしば聖地に巡礼し奉納物を捧げた。シチリアのマフィアならばパレルモのサンタ・ロザリアかティンダーリの黒いマドンナ、ンドランゲタならアスプロモンテ山のポルシのマドンナ、カモッラならサンタナスタシアのアルコのマドンナというふうに(17)。

たしかにマフィアによる信仰心の表明は形式的かつ外面的なものであり、内面性を著しく欠いた「物質的な献身」とでも呼びうるものでしかなかった。マフィアにとっての神は、超越的な存在というよりも、神との取引量や縁故関係の距離によって救いの多寡まで決まってしまう「擬人化された神」であった。祭礼も無償の行為であるどころか自己顕示欲の発露の場であり、寄付金と称して上納金を巻き上げたり、縁日のショバ代を稼いだりするためのビジネス・チャンスでもあった。信心会による多額の寄付も、マネー・ロンダリングの隠れ蓑に利用されることが多かった。それゆえ彼らの宗教行為を、因習や迷信と紙一重の偽善的で現世利益的な行為と見なすこともできた。だが、もしそうだったとしても問題は残る。こうした宗教行為は、必ずしもマフィアに限られたものではなく、その同郷人にも共通するものであったからである。いいかえるとマフィアの暴力的な地域支配を不問としながら、こうした宗教行為を長きにわたり容認してきたカトリック教会の信仰そのものに関わる問題だったからである。

四　マフィアと聖職者

パレルモ郊外のヴィッラグラツィア地区の山中に建つサンタ・マリア・ジェズ教会に隣接する修道院で一九八〇年九月六日の朝八時に五発の銃声が響き、ジャチント修道士（本名ステーファノ・カストロノーヴォ）が二人の刺客によって射殺された。享年六一歳。彼はフランチェスコ会の流れをくむ小さき兄弟団の修道士だった。だが彼にはもうひとつの顔があった。地元のマフィアのボスであるパオロ・ボンターテとの深い関係である。修道院の二階には、質素な僧房どころか、豪華な家具調度品を設えた七室もの住宅兼オフィスがあった。そこはボスへの陳情の受付所となっていて庶民から大物政治家まで多くの人々が贈物を手に訪ねてきた。彼はしばしば高級スーツに着替えて、他の大都市や海外にまで「出張」した。修道院内ではマフィアの首脳会議が開かれた。潜伏中のボスのルチアーノ・レッジョは修道院内にある果樹園の管理棟に匿われた。修道院の墓地は暗殺死体を隠すのにも利用された。他方、ジャチントは修道士としての聖務は可能な限り果たしていた。修道院長や他の修道士も警察の尋問には言葉を濁して多くを語ろうとはしなかった。真相は闇に包まれたままだ[18]。

これを極端な例外的事例と見ることもできる。だがマフィアとその同郷人の宗教行為が共通の文化的基盤を持つとするならば、マフィアと（少なくとも同じような環境に生まれ育った）聖職者とのあいだにも同じことがいえると考えるのはむしろ当然だといえよう。子沢山の家族のなかから聖職者になる者とマフィアになる者が生まれることは十分にありえた。親族のなかで叔父、叔母、従兄弟、従姉妹、甥、姪がマフィアだったり聖職者だったりするのも珍しいことではなかった。こうした大きな問題をここで論じ尽くすことはできない。それを解くためのひとつの手がかりを示すに止めたい。

すなわち南イタリア、とくにスペイン・ブルボン朝支配下のシチリア王国やナポリ王国に特有の教会制度についてである。イタリア語で chiesa ricettizia と呼ばれたが適切な訳語が見当たらない。そこで、そう呼ばれた理由から説明を始めたい。それは、母なる教会の後継ぎの息子（figli patrimoniali）である聖職者が抱かれて、その母の胸に受け入れられる（ricevuti nel loro seno）ことに由来するという。いいかえると、その土地で生まれた男子のみが、その土地の教会の司祭となる権利がカトリック教会によって認められたのだとする。あえて意訳すれば、在地世襲聖職者任命権を受託された教会ということになる[19]。

起源は定かではないが、その本質は私有教会（ecclesia propria）である。地域の有力家族ないし地域共同体が私有財産を提供して教会を建立する一方、当該家族ないし地域共同体が司祭の地位を世襲した。やがて地域出身の対等の権利をもつ限られた人数（たとえば五〇人ほど）の司祭が団体（comunia）を結成して教区教会の共有財産（massa comune）を集団的に経営するようになる。この共有財産から司祭禄が支給された。主任司祭すなわち教区司祭（arciprete-parrocco）は互選で選ばれ任期も定められていた。司祭候補者は地域出身者の神学生に限られ、司祭団への加入権を得るまでには長期の無償労働が求められた。司祭団の投票で加入の諾否は決まった。たとえ加入が承認されても、司祭禄は、たとえば最初の五年間は四分の一、続く九年間は二分の一に減額されるなど満額に達するには一五年以上かかることも珍しくなかった。それでも貧しい農村共同体において、息子が司祭禄を得ることが、家族に恒産をもたらす稀有な幸運と見なされたのはいうまでもなかった。

こうした教会は、北イタリアのような、司教が任命した一人の教区司祭の指導の下で教区民の献金によって運営される教区教会ではなかった。その本質は、土着の司祭たちからなる私的経済団体であり、閉鎖的同業組合に他ならなかった。何よりも重要な特徴は、司祭たちが、教皇庁に直属する司教の任命権や監督権を事実上免除されていたことであった。それゆえ司教座聖堂参事会員の称号を得ていたとしても、形だけのものでしかなかった(20)。

それどころか司祭たちは、人口の多少にかかわらず地域共同体に（共有財産の分割による司祭禄の減額を恐れたために）一つしかない教区教会での聖務に専念するために司祭館を設けて独身生活を営むのではなく、家族とともに実家で暮らし続けた。教会の共有財産から自分に割り当てられた農地で家族と一緒に農作業をしたり、それを借地に出した場合には地代を徴収したりするなど、まるで教区民と同じような世俗的日常生活を営んでいた。そのため、みんな幼い時からの顔見知りである地域住民つまり教区民に精神的かつ道徳的な指導者として振る舞ったり、批判的な態度をとったりするのはきわめて難しかった。それはマフィアに対しても同様であった。血縁者や友人にマフィアがいる場合はもちろんのこと、いなければいないで家族や友人に危害が及ぶのを恐れて沈黙したり黙従したりした(21)。

南イタリアではこうした教会制度のせいで、トリエント公会議によるカトリック改革の影響も限られていた（その後成立した絶対王権がローマ教権の拡大を嫌ってこの教会制度を擁護したこともそれを助長した(22)）。

こうした教会制度は統一後のイタリア王国が一八六六年と一八六七年に定めた反教会法により、上述の共有財産が修道院領と同じ封建的特権と見なされたため、没収のうえ分割して売却されたことから衰退してしまう[23]。アントニオ・グラムシが指摘したように、南部の聖職者は血縁や地縁からの自律性が乏しく宗教的情熱や知的教養も欠けていたため、教区民から尊敬を集める宗教指導者にはなれなかった[24]。その理由のひとつにこうした教会制度があったことはまちがいなかった。

五　告白と悔悛

マフィアにとっての神は「慈しみの心を持たない全能」の神であり、福音書よりも旧約聖書で描かれたような神であった。彼らはキリストの復活をともに喜ぶというよりも、受難とキリストの十字架上の死を好んで想起した。彼らがもっとも好んだ物語は「ご受難」と「嘆きの聖母」である。また全能の神による救済を得るには聖母や聖人などの「とりなし」が不可欠だと信じていた。彼らの神は、全能の神といいつつも超越性や普遍性の契機を欠くばかりか、血縁や地縁にもとづく閉鎖的で排他的なミクロコスモスだけが救済の対象となる、異教的で多神教的な「守護神」の性格を色濃く帯びていた[25]。

マフィアは信心深いといっても、自己顕示欲が発揮できる守護聖人の祭礼あるいは結婚式や葬式のような外在的で物質的な表現を伴う宗教儀礼への参加には熱心だったが、日常的なミサへの参加にはあまり関心がなかった。みんなと一緒にミサに参加して聖体を拝領することで、狭い血縁や地縁を越えた普遍的な次元に立ち、福音精神と利他主義にもとづいて、他者との宗教的連帯感を確認するなかから救済を祈願するという宗教儀礼には、何の興味も示さなかった。

マフィアは救済にこだわった。自分だけの救済に執着するがゆえに、超越的な存在である神の摂理にただ服従するに止まるのではなく、何とかして自分だけの神すなわち「セルフ・メイドの神」を作りだそうとした。[26] それはどうすれば可能となるのか。外科医にしてマフィアのボスであったジュゼッペ・グッタダウロは輩下からの問いにこう答えたという。「賢い司祭を選びなさい」。すなわちマフィアの行いを心底理解したうえで、あなたは正しかったと認めてくれる司祭を選ぶよう勧めていたのである。[27]

マフィアは何よりも聴罪司祭（confessore）を求めていた。ただひたすら自らの告白を聴いて赦しを与えてくれる聴罪司祭を必要としていた。ミサで司祭がみんなに説く福音の教えには何の意味もなかった。自らの救済には何の役にも立たないからだ。マフィアが聴罪司祭を求めたのは、ひとえに彼が自分と神との直接的な関係をとりもつ媒介者となることを望んだからに他ならなかった。

では、なぜ聖職者は残虐な殺戮や犯罪を繰り返したマフィアに自首を勧めることなく、罪の償いをするよう促すこともなく、告解（ゆるし）の秘蹟を与えようとしたのであろうか。

先述したように、イタリアでは一九八〇年に「改悛者」が法制化され、犯罪組織の構成員が逮捕後に改悛して司法当局に役に立つ内部情報を告白すれば、交換条件として減刑措置をとることが定められていた。さらに一九九一年には「司法協力者」が法制化され、減刑措置のみならず国家による保護と生活費の支給が定められた。だがこれは被告人による罪状認否の手続きがある英米法の国々での司法取引とは根本的に異なる性格を持っていた。というのもカトリシズムの伝統が深く根を下ろしたイタリアでは、改悛者はたんなる法律上の概念にとどまらず宗教的な価値判断を含む問題とならざるをえなかったからである。[28]

ファルコーネ検事を信頼してマフィアの内情をあらいざらい告白したブッシェッタも、法廷での証言において改悛者となったことを次のように弁明していた。「わたしは密告者ではないとはっきりと申し上げておきます。わたしは司法当局のご好意が賜りたくてお話しするのではないからです。またわたしは改悛者ではありません。

つまらない損得勘定からお話ししようとしているのではないからです[29]」。

改悛者や司法協力者についていては、前述したフリッティッタ修道士もある研究者の質問に答えるなかで、次のように批判していた。「悔い改めるというのならそれまでの人生を本当に悔い改めて完全に変えてから、市民として信者として誠実に生きていくようにしなければなりません。そうでなければ悔い改めたことには絶対ならないし、回心したとはいえません。根本にあるのはそういったことです。そうでないと口先だけのまやかしや言い逃れとなってしまいます[30]」。

すなわち神の裁きと地上の裁きを区別したうえで、後者における刑法上の改悛者や司法協力者の告白には利己的で功利的な意図が潜んでいるので、じつは信用できないとしていたのである。

ある教区司祭は、同じ研究者からの質問に、匿名を条件としてこう答えていた。「改悛者というのは人間の立場からみても尊敬の心など持ち合わせていない連中であり、神さまからも友人からも嫌われているのです。聞いただけで身震いがします。（略）真の悔悛者とは悔い改め刑期を終えるまで刑務所に留まる者のことをいいます。それがほんとうの赦免です。それをしないで密告者になったり司法協力者になったりするなんて……」。

そして次のように続けた。「みんなが罪びとである限りこの世ではだれも他の誰かに罪があるとはいえません。だからキリストは赦しと愛を求めよとおっしゃっているのです。過ちを犯したものに心を閉ざしてはなりません。過ちを犯すのはたんに病にかかっているからだけのことなのです。マフィアは病のなかでもとりわけ恐ろしい病です。だから処罰するのではなく治療が必要なのです。刑務所は閉鎖しなければなりません。というのもあまりにも非人間的すぎるからです。教会は愛と赦しを説くことを通してできることならば何でもします。しかし最大の罪は何かといえば、それは密告なのです[31]」。

このわずかな引用だけをもって、聖職者すべての見解とみなすことはできないし、誤りでもある。だがこれだけでも、神の裁きと地上の裁きを区別して、前者の後者に対する優越を当然とみなすときに用いられる論理は、はっきりと読み取ることができる。それを明らかにするために、もうひとつだけ引用を付け加えたい。それはフリッティーティ修道士がパレルモ検察庁によって起訴されたときにカルメル修道会が発表した声明文である。

「わたしたちは修道士として、司法当局がとったマフィアに対抗する方法が、キリスト教の観点からみて受けいれることができるかどうかを、みんなでじっくりと考えてきました。そして、キリスト教の観点からみて受け入れられないとの結論に達しました。なぜならば教会は犯罪をもって犯罪を追及してはならないからです。いいかえると有利な条件や減刑などを得るための告白を強要してはならないからです。教会はイエス・キリストがいることをお知らせしなければなりません。教会はたとえ迫害にさらされようとも、それに縛られることなく、そのお知らせが自由にできるようにしておかなければなりません。これはすべて罪びとたちを回心させるためなのです。いずれにせよ、あらゆる罪びとのなかから最初に回心させようとしたのが、たまたま潜伏中の犯人であっただけのことなのです(32)」。

このように少なくとも南イタリアでは、今でも教会による判断や行動が国家の権威や法に対して全面的かつ完全な自律性を持つという認識は、何ひとつ変わっていなかったのである。

六　罪には厳しく罪びとには寛大に

それとともに、南イタリアの聖職者に特徴的なこうした態度を考えるうえで忘れることができないのは、「罪には厳しく罪びとには寛大に」としたアルフォンシズモの伝統である。聖アルフォンソ・マリア・デ・リグオーリ（一六九六―一七八七年）はレデンプトール修道会を創立し「啓蒙の世紀の聖人」と呼ばれたナポリの司教であり教会博士である。[33] 一七四八年に著した『道徳神学』は今でも版を重ね世界中で読み継がれている（ちなみにクリスマス・ソング「あなたは星から降ってきた」は彼が作曲した）。

ドイツのプロテスタント神学者にして歴史家アドルフ・フォン・ハルナックは彼をこう評していた。「デ・リグオーリはルターと正反対の立場に立っていた。だがローマのカトリシズムにおいては聖アウグスティヌスの立場を占めることになった。（略）一七世紀の身も蓋もない蓋然主義者と一線を画したとはいえ彼らの体系を自家薬籠中のものとすることで、離婚、偽証、殺人にまで至る数え切れないほど多くの問題に関わる本来ならばとうてい受け入れ難い行為を、［恩寵を失うまでには至らない―筆者注］小罪に変えることを可能とした。一九世紀にはもはやパスカルのような人物が現れて彼と立ち向かうこともなくなった。その逆に年を追うごとにデ・グオーリの新たなアウグスティヌスとしての権威は高まる一方であった[34]」。

デ・リグオーリは告解の実践に「コペルニクス的革命」をもたらした。[35] パスカルやジャンセニストさらにはルターやカルヴァンのような非妥協的で無慈悲な厳格主義を斥ける一方、蓋然主義や道徳的な決疑論から放縦主義に陥ったと非難されたイエズス会に与することもなく、人間の弱さと限界をふまえた寛容と中庸の精神をもって慈悲深い対応をするよう聴罪司祭に求めたからである。

また彼は「ナポリ人のなかではもっとも聖なる人であり、聖人のなかではもっともナポリ人的な聖人」といわれてきた。[36] 彼が生きた一八世紀の両シチリア王国（人口約四〇〇万人）には一一万二〇〇〇人の聖職者が暮らしており、その割合は人口一〇〇〇人に対して二八人に達していた。そのうち一万六五〇〇人もの聖職者がナポリ市内で安逸な生活を送っていた。他方、農村は荒廃していた。農村には無知蒙昧で私利私欲に塗れた聖職者しかいなかった。農民にとって聖職者は十分の一税の徴税人でしかなかった。そこでデ・リグオーリは「神は愛であり、聖人は地獄にも行く」と叫び、レデンプトーレ会の修道士を引き連れて貧しい農民のなかに入りキリスト教を伝道しようとした。キリストの言葉を農民に教え、彼らにも救済があることを伝えようとした[37]。

彼が厳格主義を斥けたのは無学で貧しい人々に慰めと癒しを与えるためであった。もし告解の場で厳格主義を貫いたならば、無学で貧しいがゆえに数多くの過ちを犯した農民たちのほとんどは教会から排除され救済から遠ざけられたことであろう。理路整然と説明をして理解してもらうことは大事だ。だが理解してもらえないからといって権威をふりかざし無理強いするのはよくない。どうしても理解してもらえない度し難い無知というものはある。そんな無知は罪でも何でもない。それゆえ聴罪司祭はいくら言っても無駄だと分かったら、それまでのあなたの行いが罪であったなどとわざわざ言う必要はない。さもなければ本当に罪を犯したのではなく形の上でしか罪を犯してない者まで神の敵に変えてしまうからだ。こんなふうにデ・リグオーリは考えていたのである[38]。

デ・リグオーリの道徳神学が現代の聖職者にどれだけ影響を及ぼしているかを測り知るのは難しい。ましてやマフィアの聴罪司祭となった聖職者と聖アルフォンソの伝統を安易に短絡させるならば、とんでもない誤解を引き起こしかねない。だが「罪には厳しく罪びとには寛大に」という聖アルフォンソの言葉の後段「罪びとには寛大に」が昔も今もマフィアの心の支えとなってきたのかを問うことは、あながち無駄なこととは思えないのである。

七　おくればせながらの破門宣告

マフィアの宗教性は南イタリアのサバルタンの宗教性と深く関わっている。かつてプロテスタント系の旅行者や実証主義者や社会主義者の学者はそれを迷信と見た。マルクス主義者の人類学者は未開社会の呪術的異教的諸要素の残滓と見た。カトリック系の民族学者や歴史家は民衆の素朴な信仰心の表現と見た。しかし今ではマフィアの宗教性をたんなる迷信やキリスト教以前の異教の残滓と見ることはできないと考えられている。それは南部社会に深く根付いたキリスト教やカトリック信仰と強く結びついていたからである[39]。

マフィアの宗教性には市民道徳的責任感が欠如していた。だが信仰心と市民道徳的責任感との乖離は必ずしもマフィアだけの問題とはいえない。それには南部の民衆の宗教性に大きな影響を及ぼしてきた教会や聖職者のあり方が深く関わっているからだ。今なおマフィアの問題はピトレを典型とする民俗学的な解釈によって説明される傾向がある。マフィアが態度、行為規範、心性からなるシチリア性と名付けられた非歴史的な文化的特殊性に還元されてしまうのである。教会も長らくこうした文化決定論により、マフィア諸個人は存在しても犯罪結社としてのマフィアは存在しないとする、マフィア否定論を正当化してきた。第二次大戦後のイタリアにおいて教会が頑強な反共産主義の立場をとったこともそれを助長した。教会はその「世俗の腕」であるキリスト教民主党がマフィアと癒着するのを黙認した。共産党よりもマフィアの方が「小さな悪」だったからである。だが共産主義が消滅した今でもマフィアは存在する。それどころかますます勢力を伸ばしているのである。

カトリック教会が長年唱えてきたマフィアに関する文化決定論や否定論には根本的な矛盾があった。かりにマフィアがシチリア独自の文化が生んだ態度や行為規範や心性によるものであり、その地に根付いた教会と何の関係もないとするならば、教会にはそうしたマフィアの態度や行為規範や心性を神の教えに従って市民道徳的責任感に導いていくだけの宗教的、道徳的、文化的影響力がなかったことになる。もしそうだとすれば、この地における教会の無力と宣教の失敗を意味することになってしまう。

教皇ヨハネ・パウロ二世は、一九九三年五月三日にシチリアのアグリジェントで開催された聖体大会において最後の祝福を与えた後、原稿もなく即興でギリシャ神殿のコンコルディア（調和）にことよせて、こう叫んだ。

「死からも暗殺からも恐怖からも脅威からも犠牲からも解放されたコンコルディアを！　コンコルディアを！

どんな人でもどんな人間でもどんな家族でも願っているのはこうしたコンコルディアであり平和なのです！　あなたがたは多くの苦しみの時を経てやっと平和のなかで生きる権利を手に入れました。この平和を乱す罪深いお前たちよ、たくさんの人々を犠牲にして良心を汚したお前たちよ、お前たちは知らなければならない。お前たちには何の罪もない人たちを殺すことなど許されていないことを！　かつて神はこうおっしゃった。《殺すなかれ》。どんな人間であっても、どんな人間の寄せ集めであっても、マフィアであっても、変えたり踏みにじったりすることはできないのだ、神のこの最も聖なる法は！[40]」。

この言葉は予定されたものではなく、たまたまマフィアの犠牲者の家族からの訴えを聞いたことから発せられたものであった。この言葉によりマフィアは史上初めてカトリック教会の頂点に立つ教皇から事実上の破門宣告を受けることになった。もっとも破門という言葉は使われていなかったし、カトリック教会による公式の破門宣告ではなかった。

マフィアに対してはっきりと破門宣告をしたのは教皇フランシスコである。二〇一四年六月二一日カラーブリを訪れたとき、この地に巣食う暴力結社ンドランゲタを「悪の崇拝と共通善の蔑視」に苛まれたものだと非難し「この悪を打倒し斥けなければならない」と叫んだ。もうマフィアはミサに参加し聖体を拝領することはできない。そして「マフィアを破門にする」と公式に宣言した[41]。遅きに逸したとはいえカトリック教会もやっと重い腰をあげはじめたのである。

扉図　この肖像画（石版画）は筆者が二〇一四年一一月八日にプリージ神父の生家を訪問したとき贈られたものである。作者のピッポ・マデ画伯からも転載の許可を得た。ここに記して謝意を表したい。

注

（1） Isaia Sales, *I preti e i mafiosi. Storia dei rapporti tra mafie e Chiesa cattolica*, Milano: B. C. Dalai Editore, 2010, p. 9.

（2） Alexander Stille, *Excellent Cadavers. The Mafia and the Death of the First Italian Republic*, New York: Vintage Books, 1995.

（3） Salvatore Pappalardo, *Da questa nostra isola. Discorsi e omelia*, prefazione di Bartolomeo Sorge, Milano: Mondadori, 1986, pp. 50-52.

（4） Angelo Romano, *Ernesto Ruffini*, Caltanisetta: Salvatore Sciascia Editore, 2002, p. 466.

（5） Giuseppe Carlo Marino, *I padrini*, Roma: Newton Compton, 2006, p. 305.

（6） Giuseppe Pitrè, *Usi e costume: credenze e pregiudizioni del popolo siciliano*, Palermo: Libreria L. Pedone Lauriel di Carlo Glasen, 1889, ristampato, Bologna: Arnaldo Forni, 1979-1980, Vol. 2, pp. 287-337.

（7） *Decretum*, il primo luglio 1949, in *Acta Apostolica Sedis*, 1949, p. 334.

（8） Salvatore Lupo, *Storia della Mafia*, Roma: Donzelli, 2004, p. 49（北村暁夫『マフィアの歴史』白水社、一九九七年、五五頁）。

（9） *Ibid.*, pp. 18-24（邦訳、一九―二六頁）。

（10） Letizia Paoli, *Fratelli di mafia. Cosa Nostra ne 'Ndrangheta*, Bolgna: Il Mulino, 2000, pp. 131-191.

（11） S. Lupo, *Cos'è la mafia*, Roma: Donzelli, 2007; id., *Potere criminale. Intervista sulla storia della mafia*, a cura di Gaetano Savatteri, Roma-Bari: Laterza, 2010.

（12） La legge n. 646 del 13 settembre 1982.

（13） I. Sales, *op. cit.*, p. 30.

（14） Salvo Palazzolo e Michele Prestipino, *Il codice Provenzano*, Roma-Bari: Laterza, 2007, pp. 3-10.

（15） *Ibid.*, p. 131 e p. 145.

（16） *Ibid.*, pp. 32-33; Alessandra Dino, *La mafia devota. Chiesa, religione, Cosa Nostra*, Roma-Bari: Laterza, 2008, p. 121 e p. 143.

(17) A. Dino, *La mafia devota*, *op.cit.*, pp. 12–43.

(18) *Ibid.*, pp. 3–11.

(19) Renato Baccari, *Le chiese ricettizie*, Milano: Giuffrè, 1948, pp. 12–13.

(20) Gabriele De Rosa, *Chiesa e religione popolare nel mezzogiorno*, Roma-Bari: Laterza, 1978, pp. 47–103.

(21) A. Dino, *La mafia devota*, *op. cit.*, p. 39.

(22) Michael P. Carroll, *Veiled Threats. The Logic of Popular Catholicism in Italy*, Baltimore: The Johns Hopkins University Press, 1996, pp. 200–207.

(23) Antonio Lerra, *Chiesa e società nel Mezzogiorno. Dalla "ricettizia" del sec. XVI alla liquidazione dell'Asse ecclesiastico in Basilicata*, Venosa (Potenza): Edizioni Osanna Venosa, 1996.

(24) Antonio Gramsci, "Alcuni temi sulla quistione meridionale" (1930) in *Questione meridionale*, Roma: Editori Riuniti, 2005.

(25) Augusto Cavadi, *Il Dio dei mafiosi*, Cinisello Balsamo (Milano): San Paolo, 2009, pp. 96–140.

(26) I. Sales, *op. cit.*, pp. 139–143.

(27) *Ibid.*, p. 140.

(28) Cf., A. Dini, *Pentiti*, *op. cit.* pp. 3–110.

(29) S. Lupo, *La storia della mafia*, *op. cit.*, p. 299（邦訳、三八七頁、訳文は筆者による)。

(30) A. Dino, *La mafia devota*, *op. cit.*, p. 140.

(31) *Ibid.*, p. 141.

(32) *Corriere della sera*, 11 novembre 1997 cit. da *Ibid.*, p. 143.

(33) Théodule Rey-Mermet, *Il santo del secolo dei lumi. Alfonso De Liguori (1696–1787)*, Roma: Città Nuova Editorice, 1983.

(34) Karl Gustav Adolf von Harnack, *Lehrbuch der Dogmengeschichte*, Freiburg: Mohr, 1894–1897, III, pp. 677–678, cit. da Jean Delumeau, *L'aveu et le pardon. Les difficultés de la confession. XIIIe–XVIIIe siècle*, Paris: Fayard, 1990, pp. 151–152

（福田素子訳『告白と許し』言叢社、二〇〇〇年、一七一頁、訳文は筆者による）。

(35) J. Delumeau, *op. cit.*, p. 151（邦訳、一七〇頁）。

(36) I. Sales, *op. cit.*, p. 194.

(37) *Ibid.*, pp. 195–200.

(38) J. Delumeau, *op. cit.*, p. 154（邦訳、一七四頁）。

(39) G. De Rosa, *Tempo religioso e tempo storico*, I, II, Roma: Edizioni di Storia e Letteratura, 1998.

(40) Omelia di Giovanni Paolo II, Agrigento, 9 maggio 1993, https://w2.vatican.va/

(41) Omelia del Santo Padre Francesco, Spianata dell'area ex Insud (Sibari), 21 giugno 2014, https://w2.vatican.va/

第11章　カトリック慈善の近代

ドイツ・ヴァイマル福祉国家におけるカリタス

中野智世

障害者施設内の食事風景（1941年）。出典：Kaspar, Franz/Wollasch, Hans-Josef, *Bilder aus 100 Jahren caritativer Sorge um geistig behinderte Menschen*, Freiburg 1981, S. 28.

一　現代のカリタス

カリタスとは、ギリシア語の「アガペ」のラテン語訳として聖書に登場する言葉である。神への愛、隣人愛、そこから、愛の実践としての他者援助、慈善の意味をもつ。神学的にみると、慈善行為は信徒にとって信仰の実践そのものであり、教会にとっても放棄することのできない基本的責務のひとつとして位置づけられる。教義の核とも言える「隣人愛」に加え、それを表明する行為としての「慈善」、さらには組織的な慈善事業やそれに携わる諸組織をも指す多義的な言葉がカリタスである。(1)

さて、現代ドイツには、この「カリタス」の名を付した病院や老人ホーム、保育所、幼稚園などの医療・福祉施設が多数存在する。これらは、カトリック教会が公認する福祉団体、「ドイツ・カリタス連盟」に属する組織であり、共通のシンボルマーク(図11-1参照)を掲げているため、一目でそれとわかるようになっている。現在、このマークを掲げた施設やサービス拠点は、ドイツ全土に約二万五〇〇〇ヵ所存在している。その活動や事業内容は、医療や介護、子供や青少年のための施設サービスから、依存症患者の相談事業、あるいは災害時の緊急援助まで多岐にわたり、全国各地の施設・事業所にはフルタイム・パートタイムあわせて五九万人の専従職員と五〇万人のボランティアが従事している。並みいるドイツの大企業をしのいで、国内最多の従事者数を誇る民間事業体がカリタスである。(2)

カトリックの福祉事業体であるカリタスは、制度的には、いわゆる「非営利民間福祉組織」——国家や地方自治体などの公的機関ではなく、市場で営利を目的とする私企業でもない「ボランタリー組織」——である。こうしたボランタリー部門の福祉組織は、ドイツにおいては、公的福祉事業を担う民間団体として公認された存在である。カリタスは、プロテスタントの福祉団体である「ドイツ・ディアコニー福音教会連盟」や「ドイツ赤十字」とならぶいわゆる「民間福祉頂上六団体[3]」のひとつであり、六団体のなかでも最大手として広範な福祉・医療サービスを担っている。

　本章がとりあげるのは、このように、現代のドイツ社会国家[4]において無視しえない重みをもっているカトリック慈善・福祉事業である。宗教・宗派を基盤とした慈善事業が福祉の先駆であることはよく知られている。しかし、「慈善から福祉へ、恩恵から権利へ」という福祉史の定型的なパラダイムが示唆するように、信仰に端を発し、宗派共同体を基盤とする慈善事業は、世俗的で中立・平等な福祉事業によっていずれは克服されるものと考えられてきた。広く国民を対象とする福祉国家が成立したあかつきには、慈善事業はその役割を終え、副次的な存在となるであろうとみられていたし、実際、ながらく福祉国家のモデルであった北欧諸国ではそうなった。ところがドイツにおいて、カリタスをはじめとする宗教・宗派的基盤に立つ福祉事業は、二一世紀の現在もなおその存在感を失っていない。ドイツでは、社会国家とカリタスは、それぞれまったく異なる論理に立ちながらも、文字通りパートナーとして共存しているのである。

　本章では、こうした福祉国家とキリスト教慈善の共存の始まりとそのありようを、両者のパートナー関係が制度化されたヴァイマル共和国期にさかのぼって検討する。この共和国は、国民の福祉を国家の責務として掲げたドイツ史上初の福祉国家であると同時に、教会と国家の分離を定めた最初の世俗的国家でもあった。その「世俗的な

図11-1　ドイツ・カリタス連盟のシンボルマーク
出典：ドイツ・カリタス連盟のホームページより。(www.caritas.de)

福祉国家」のなかで、カトリック慈善事業はどのように位置づけられ、福祉国家との制度的共存はどのような形で行われたのか、そして、こうした国家との協働は、カリタスの活動方針や取り組みのスタンスに何らかの変容をもたらしたのだろうか。こうした問いを出発点として、福祉国家におけるカリタス、ひいては近代社会におけるカトリシズムについて考えてみたい。

研究動向と研究史を一瞥しておこう。カリタスは、福祉国家史と宗教史という二つの大きな研究領域のあいだにあって、ながらく継子扱いのテーマであった(5)。ドイツの福祉国家史研究は、伝統的に公的な諸制度を主たる分析対象とし、非国家・非公的な存在であるカリタスは視野の外にあった。また、ドイツにおける宗教史は、教義や教会制度の発展を追う狭義の教会史が中心であり、主に信徒の活動であるカリタスに目を向けることは少なかった。しかし、一九九〇年代末以降、現実の福祉国家が揺らぐなかで、公共性の担い手として、ボランタリーな――すなわち非公的な――民間福祉への関心が高まったこと、また、宗教社会史の興隆とともに、一般信徒の活動や自発的諸組織の存在に注目が集まっていることなどを背景に、カリタスに関する実証研究も徐々に積み重ねられてきている(6)。とはいえ、カリタスという研究対象の大きさ、多様さに比して、明らかになった部分はごく一部にすぎず、近代のカリタス全体を見渡せる概説的著作は、教会史家のエルヴィーン・ガッツ、エーヴァルト・フリーによる概観を除けば今なお存在しない(7)。そうしたなかで、一九九五年にフランスで刊行され、二〇〇八年にドイツ語版が出されたカトリーヌ・モレールの博士論文は、管見の限りほぼ唯一の先行研究である(8)。

本章が依拠するのは、こうした若干の研究文献に加え、共和国期に数多く刊行された慈善・福祉関連の同時代文献――定期刊行物や事典類、専門書などである。とくに、カリタス連盟の機関紙である月刊誌『カリタス』や、連盟が発行する従事者向けの手引き、理論書などが中心的な史料となる。

二　一九世紀のカトリック慈善事業

カトリック慈善事業の「再生」

二〇世紀の福祉国家におけるカリタスを問う前に、まずはその前史として、一九世紀以降のカリタス、すなわちカトリック慈善事業全般の状況を概観しておきたい。

一般に、一九世紀はカリタスの「ルネサンス」、すなわち「再生」の時期とみなされている。この時期、教会領の解体などで弱体化する教会にかわって、一般信徒によるカトリック大衆運動が興隆し、その一環として草の根の慈善運動もまた広範に始まるためである。各地で自生的にはじまったこれらの運動は、おおむね以下の三つの流れに区別・整理される(9)。

ひとつめは、フランスから「輸入」された女子修道会による慈善活動である。「ボロメオ修道女会」、「愛徳修道女会」といったフランスの修道会がドイツに支部を設立し、主に看護を専門とする修道女の養成をはじめた。その後、これらを手本としてドイツ土着の女子修道会も設立されるようになり、貧民・病人看護や女子教育等に携わる修道女たちが養成されていく。第一次世界大戦前夜、看護婦や教師、施設職員として奉仕する修道女の数は全ドイツで四万七〇〇〇を数えた(10)。

続いて、主に小教区を単位として、一般の平信徒が担った救貧・慈善活動である。ここでも、最初のインパクトはフランスからもたらされた。パリの聖ヴァンサン・ド・ポール会がドイツに伝えられると、これを範としたヴィンツェンツ会がドイツ各地でも結成され、一八四〇年代以降各地に広がった。会のメンバーは定期的に集会をもち、祈りと献金、貧者訪問、巡回看護などを行って、文字通り草の根の救貧・慈善活動を展開した。後には、フランス本国にはみられない女性信徒による同様の団体、エリザベト会も結成された。大戦前には、全国で七〇〇あまりのヴィンツェンツ会、五百程度のエリザベト会を数え、その他の慈善関連の協会を合わせると、慈善事業を目的とする協会に所属する一般信徒は六〇万人近くにのぼった(11)。

最後にあげられるのは、さまざまな慈善施設の設立である。カトリックの施設は古くは中世に起源をもつが、一九世紀は、こうした施設が著しく拡大するとともにその専門分化が進む時期でもあった。中世的な「貧者」すべてを対象とする救貧院・施療院は、病者、児童、老人、障害者など対象となる諸集団に応じて、病院や孤児院、幼稚園、養老院、障害児ホームなど多種多様な施設へと専門分化していく。ことに医療に関しては、医療技術の進歩や看護水準の向上に加え、一八八〇年代における医療保険制度の整備が追い風となって、数多くの診療所や病院が設立され、その数はプロイセンだけでも三〇〇〇を越えた(12)。

すでに述べたように、これらの活動は制度教会の主導によるものではなく――その承認や協力はあったとはいえ――小教区や都市といった地域レベルで自生的・自発的にはじまった活動で、ひとくちにカトリック慈善事業といっても、地域ごとに大きな偏差をともなうものであった。とはいえ、妊産婦や幼児から高齢者まであらゆる年齢層を対象とし、保健・医療、教育、就労、住宅斡旋、さらには移住支援にいたるまで、広範な生活上の困難に対応するカトリック慈善の包括性・多様性は、急速な工業化、都市化の進む近代ドイツ社会において、無視しえない社会的インフラとしての役割を果たしていた。

また、宗派混在地域であるドイツの特殊事情として留意しておきたいのは、バイエルンを除く主要な邦国がプロテスタント国家であるなかで、カトリックは宗派的マイノリティであったことである。全人口の三分の一を占めるカトリックは「強いマイノリティ」ではあったものの、プロイセン文化闘争期には「帝国の敵」として迫害され、その後も、主流であるプロテスタント世界においては「二級市民」として位置づけられていた。そうしたなかで、カトリック慈善は、単なる信仰にもとづいた隣人愛の実践であるだけでなく、社会の周縁に位置するマイノリティ集団の相互扶助、文化的アイデンティティを守る防衛的性格を色濃くもつものとなった。密なネットワークで結ばれた信徒共同体、外から見れば周囲から隔絶したカトリックの小宇宙をカトリック・ミリュー[13]と呼ぶが、信徒の相互扶助としての慈善は、まさにこのカトリック・ミリューを支える紐帯のひとつでもあった。

カトリック慈善の近代化のこころみ

このようなカトリック慈善事業は、「寄る辺なき人々」の救済において、ながらく他の追随を許さない存在であった。しかし、一九世紀も後半になると、カトリック世界の外にさまざまな「競合者」が出現するようになる。たとえば、宗教改革以来、教会による慈善を否定してきたプロテスタントは、一九世紀半ばになると、信徒による取り組みとして種々の救済事業を推進するようになった。また、社会問題を憂慮する官僚、学者、医師などの専門家集団も、それぞれの問題意識にもとづいてさまざまな社会改良運動を展開した。そのほかにも、赤十字や祖国婦人協会を担い手とする愛国主義的な諸運動など、各々ことなる動機と世界観にたつ人々が、貧困や児童・労働問題への取り組みを進めつつあった[14]。なかでも、カトリック勢力が最も警戒すべき「競合者」とみなしたのは、公的救貧を担う自治体である。従来、両者は「平和的」な並存関係にあったが、工業化や都市化の進むなかで、旧来の救貧を越えた積極的な都市社会政策に着手する自治体が現れるにつれ、都市行政とカトリック慈善とが競合する事態も生じていたためである[15]。

これらの「競合者」は、先行するカトリック慈善のあり方を暗に、あるいは公然と批判することも少なくなかった。たとえば、宗派中立や世俗性を旗印とする諸勢力は、カトリック慈善の「宗派的狭量さ」を批判し、自治体は、カトリックが行政に非協力的であること、また、同じカトリック内でもまったく連携することなくバラバラに行われる施与の「非効率」を糾弾した。また、貧困を社会問題ととらえ、その予防と撲滅を目指す社会改良運動の「進歩的知識人」にとっては、貧者の存在を神の秩序の一部とみなし、善行による救霊という動機を隠さないカトリック慈善のモチーフ自体が、「無知蒙昧」で「迷信深い」カトリック民衆の世界観にほかならなかった。医師や教育・福祉関係者など、慈善の科学化・専門化を唱える人々にとっても、修道会の看護婦や施設の寮母たち――くすんだ色の修道服で業務の合間にも日々の祈りを欠かさず、しばしば医師や教育者より聖職者の指示に従う――は、近代的社会事業が克服すべき「時代錯誤」そのものであった(16)。ここには、「近代的」福祉のモチーフ――貧困を解決すべき社会問題とみなし、合理性・効率性や科学的・専門的知見を重視する――と、伝統的なカトリック慈善の世界観との対立が明確にみてとれる。

こうした批判に危機感を強めたカトリック内部のグループが、カリタスの近代化をめざして一八九七年に設立したのが「カトリック・ドイツカリタス連盟（以下、カリタス連盟と略記）」であった(17)。同連盟は、カトリック慈善事業を全体として組織化し、統合することを目標とした。まずは、「ひとつの司教区にどのような慈善協会がどれだけ存在するのかさえ、見通せない」とされた各地の活動を調査すること、さらに、司教区、専門領域相互の連携や調整を図って、カトリック慈善全体を「計画的、合理的、合目的的」に進めることを訴えた。また、広報・宣伝活動を充実させ、カトリック慈善事業について広く知らしめること、さらには各方面からの批判に理論的に対抗するため、慈善の学術研究を推進することなどを目的として掲げた(18)。

こうした取り組みは、しかし、当初ゆっくりとしか進まなかった。そもそも、ローカルなニーズに応じて、自生的に始まったさまざまな慈善組織は、上から制御されること自体を嫌った。また、統計調査や広報活動にしても、信仰実践として日々のカリタスに従事している人々にとっては不要なこと、あるいは有害なことですらあった。善行は秘して行うべきもので、「右手が行うことを左手は知るべきではない」とされてきたし、何より、ほかならぬ神がみているのだから、慈善の行いを他者に「言いふらす」ことは、虚栄を求める「誤った動機」につながりかねないとされた[19]。結局、カリタスがめざした統計調査や組織連携も、戦前には道半ばで終わった。唯一進展したのは慈善の学術研究で、主に中世のカトリック慈善についての歴史研究がすすめられた。

内からの刷新の試みが頓挫するなかで、外から、カトリック慈善に劇的な変化をもたらしたのは、一九一四年にはじまる第一次世界大戦である。全国民を動員した総力戦という非常事態の下で、各地のカトリック系の諸団体も銃後の支援活動をともに担うこととなった。戦争遺家族の生活支援や傷病兵の看護といった戦時保護事業は、その性格と規模の大きさからして、自治体行政や地域のほかの民間事業体との連携が不可欠であった。こうした現実の要請のなかで、カトリック組織と「競合者」たちとの組織的連携が初めて現実のものとなる。従来、行政とはつねに距離をとっていたカトリック系組織も、カトリック・ミリューのなかでの孤立した活動を越えて、行政や軍当局、路線の異なるほかの民間団体とともに、戦時保護事業に従事することとなった[20]。こうした戦時下の体験は、ながらくマージナルな存在であったカトリック慈善事業が、自治体や国家と結びつき、幅広い人々の生活支援を担う民間福祉事業へと歩を進めるための準備となった。

三　ヴァイマル福祉国家とカリタス

「存立の危機」から福祉国家との協働へ

革命と敗戦に続く共和国の誕生は、カリタスをさらに新たな状況に直面させることとなった。一九一八年、水兵の蜂起に端を発した革命運動が全国を覆うなかで、カリタス連盟がもっとも恐れていたのは、フランス革命、あるいは前年のロシア革命後に起こった反教権政策の到来であった。ことに、革命勢力の一部が唱えた福祉事業の完全な国営化――「教会の息のかかった」民間慈善事業の禁止、民間所有施設の自治体移管など――は、プロイセン文化闘争下の迫害の記憶を呼び覚ますに十分であった。カリタス連盟の指導者ローレンツ・ヴェルトマンは、革命直後の一二月、「汝、隣人を愛せよ」とするカリタスの掟は、新たな国家秩序においても不変であるがゆえに、「カリタスの自由」も奪われるべきではないと訴えている。(21)

もっとも、こうした革命直後の危機感は、翌一九一九年にヴァイマル憲法が発布される頃にはすでにやわらぎつつあった。ドイツ史上初の世俗的国家、そして福祉国家でもあった共和国は、逆説的にも、ドイツのカトリック教徒にとって、そしてカリタスにとって有利な社会・政治状況を生みだしたからである。

まず、ヴァイマル憲法は、国教会を廃止し政教分離と信仰の自由を掲げた。このことは、カトリック勢力にとってみれば、プロテスタントが特権的に支配する国家の終焉を意味した。また、「不完全な世俗化」と称されるように、キリスト教新旧両派の教会はともに公法上の存在として特別な地位を認められ、教会や宗教的組織の所有権も保障された。学校や病院、軍や刑務所といった公的機関への教会の関与も、従来通り認められた。(22)

次に、同憲法は、社会権規定によって国民の福祉を国家の責務とし、福祉国家の建設をプログラムとして掲げてもいた。しかしそれは、当初カリタスが危惧したような福祉事業の国営化や民間事業の廃止といった国家による福祉の独占にはならなかった。なぜなら、戦後に山積する福祉課題――戦争やインフレに起因する大衆貧困、一〇〇万を超す戦争障害者、寡婦や戦争遺児等々――と、厳しい財政状況を鑑みれば、憲法の掲げる福祉プログラムを公的機関が単独で、つまり国や自治体だけで実行することは非現実的だったからである。福祉事業の拡充のためには、むしろ、多様な「経験ある民間諸団体」の協力こそが期待されることになった。

このようにして、革命勃発後、カリタスが最も恐れていた「カリタスの自由」の侵害――事業の禁止、修道会等の解散、資産の接収など――はひとまず杞憂に終わった。しかし、敗戦後の社会・経済状況は、カトリック慈善事業に別の問題を突きつけていた。動員による人材不足、そして戦前から続くインフレや物資不足は、カリタスの諸組織にとってもその存続を脅かす要因であった。一九二一年、雑誌『カリタス』に寄せられた報告は、維持費のかさむ施設の多くが財政難のために閉鎖や売却を余儀なくされており、残る施設も「海外からの義捐金でなんとかやっている」こと、修道女らも栄養失調と病気で死亡率が急上昇しているといった窮状を訴えている(23)。

こうした状況の下、カリタスをはじめ、財政危機に陥った民間団体を公的助成によって支援し、かつ公的な福祉サービスの供給者として法的に位置づける一連の措置が矢継ぎ早にとられることとなった(24)。現在まで続く福祉国家と民間諸組織の「公私」の協働関係は、この一九二〇年代前半の危機的状況のなかで築かれたものである。その際に主導権を握ったのが、カリタス連盟と福祉政策の所轄官庁であった労働省であった。労働省には、本書第七章でもとりあげられたカトリックの聖職者、ハインリヒ・ブラウンスが長く大臣の座にあった。自身も社会問題に通じていたブラウンスのもと、カトリック系の事務次官、官僚を備えた労働省と、カリタスを中心とする有力民間団体との非公式の折衝によって、制度の枠組み作りが主導された。

まず、財政難にある民間団体を支えるために、公的助成が主要な民間団体へと流れる仕組みが制度化された。助成金の受け皿として各陣営ごとに結成されたのが、冒頭で述べた「民間福祉頂上団体」である。カトリック陣営では、カリタス連盟が国からの補助金を受け取る窓口となった。さらに、一九二〇年代に制定された児童青少年法や公的扶助法によって、福祉事業の担い手としての民間団体の法的地位が正式に規定された。すなわち、福祉事業を公的な責務としたうえで、その実施においては「パイオニア的役割を担ってきた民間の施設や事業」を自治体が「支援、促進する」こと、つまりその実施は公的機関の側面支援を受けた民間団体に委ねるべきことが定められたのである。

カリタスと公的福祉――「補完性」と「民の優位」

このような公的機関と民間福祉団体との協働体制は、公私の「補完性」原則として定式化されて現在に至っている。しかし留意しておきたいのは、ここでの公私の「補完性」とは、単に民間が国家の不足を補うといった意味ではなく、そもそも公と私とは本質的に異なる機能をもつがゆえに、それぞれが補完的役割を果たすという意味であったということである。

先述の労働大臣ブラウンスは、一九二三年、公私協働体制構築の指針となった覚書[25]のなかで、民間事業の必要性を下記のように記している。覚書は、まず、「国民の上に重くのしかかっているあらゆる窮状を、国家と地方自治体が単独で克服することはできない」とした上で、その理由を次のように記す。「国家は物質的援助を人から人への精神的献身へと深化させることができないからである。（略）多くの困窮者は役所の調書に対してその心を明かそうとはしない。しかし、崇高な動機から自己を省みず隣人愛という自発的な奉仕に携わる人々、そういう人に対しては喜んで心中を打ち明けるのである。それゆえ国家と自治体は、その業務の遂行や援助者の選抜において、引き続き民間事業の支援と助力を必要とする」。

ここでブラウンスが念頭においている公私とは、あきらかに公的な福祉行政とキリスト教慈善である。前者の役割を物質的援助に、後者のそれを精神的な救済にみるこの対比こそは、ちょうどこの頃に確立しつつあった「カリタス学」の理論に重なるものであった。カリタス学とは、新たに到来した福祉国家の時代にあって、行政や他の民間福祉団体とカリタスとの本質的差異を理論的に跡づけるべく提唱された、カトリック陣営の学術的試みである[26]。それによれば、カリタスは「愛の義務」であって、「法の定める義務[27]」である公的福祉とは、その動機づけから目的、方法、対象者の選別、担い手に求められる資質に至るまで、根本的に異なるものであった。まず、「隣人愛」から発するカリタスが対象とするのは、あくまで困難にある人、困窮し助けを求めている具体的な個人である。そこで目指されるものは、究極的には魂の救済であって、物質的支援はその前提にすぎない。そしてその魂の救済は、献身と奉仕の精神にあふれた支援者によって、すなわち「人対人」の人格的支援によってのみ可能なものとされた[28]。

他方、公的福祉が支援の対象とするのは、特定の個人というよりは、あらかじめ定められた基準や特定の要件を満たす集団である。そこでの支援の内容は、衣食住や金銭など物的、経済的な保障が中心であり、「魂の慰めはそもそも彼らの仕事ではない」。また、法によって運用される公的福祉においては、誰に対しても同じ基準で、同じ支援をすることが望まれる。愛や献身ではなく、中立、公正、平等がそこでの主たるモチーフである[29]。

このように、カリタスは公的福祉の代替にはなりえないし、その逆もまた不可であるからこそ、両者が互いに補完しあうべきであるというのが「カリタス学」の説く「補完性」原則であった。すなわち、公的福祉が共同体成員の物質的充足を満たす一方で、カリタスは個々人の抱える個別の窮状に注力し、個人的献身をもって精神面での支援を担う。それによって、物心両面の救済が真に可能となると論じられた[30]。

また、カトリックの世界観からすれば、隣人愛にもとづいて自発的に行われるカリタスは、法によって強制される公的福祉よりも道徳的に高次に位置づけられるものであった。冒頭でも述べたように、カトリック信徒にとってカリタスは信仰実践そのものであり、信徒である限り、「隣人愛の義務」から自由になることはない。また、そこでの目標は、「世俗」の幸福を越えた「永遠の幸福」である。このようなカリタスという営為は、いかに福祉国家が発展し福祉制度が充実しようとも、人類社会が存する限り、不要になることはないものとされていた[31]。

ブラウンスの覚書きはまさにこうした論理の上に立っており、共和国期の公私に関する法規定も、それを反映したものとなっている。本章の文脈において最も重要なのは、民間福祉は、業務の内容や範囲について、その「自立性を保持した上で」行政と協働する、ということが明記された点である。さらに、「適切な民間施設が十分に存在する分野では、行政は独自の施設を設置してはならない」という規定が付加されることにより、公的事業に対する民間事業の優先的地位、すなわち、両者が競合する場合には「公」の方が抑制されるという「民の優位」もまた同時に定められた。これらの規定は、あくまで行政と民間福祉一般の関係性を律したものであるが、そこでの「補完性」の発想は、カトリックの世界観を基盤としているのである。

四　伝統と近代のあいだで

公的助成と法的地位を保障されたことにより、共和国期のカリタスは大きく発展した。一九二八年末の統計[32]によれば、カリタス連盟傘下の病院や孤児院などの施設は全国で三七九三（病床・定員数二三万九四四八）、幼稚園などの通所施設が三六六〇（定員数二三万七四〇六）、さらに、簡易食堂や駅舎善隣事業などのサービス拠点が二万四八五六と報告されている。これら三万を超す事業所で従事する専従職員は、看護婦を筆頭に八万人を数えた。唯一カリタスと比肩しうる規模をもつプロテスタント系「国内伝道」[33]にしても、事業所数二万六〇〇〇、従事者数は四万七〇〇〇人であったことを考えると、単純に数字だけでの比較はできないものの、カリタスの事業規模の大きさをうかがい知ることができる。

このように、カリタスが公的福祉を担う民間団体として国や自治体とのつながりを強め、量的拡大を経験したことは、その活動方針や事業へのスタンスにも必然的に変化をもたらした。そこで以下では、カリタスがとりわけ数的優位を誇っていた施設福祉に対象を絞って、そこでの変化をみてみよう。手がかりとするのは、一九三〇年に出版された『現代のカトリック慈善施設』[34]である。同書は、医療施設を中心に、カトリック系施設についてまとめられた最初の著作であった。

「合理化」と「効率化」——「企業文化」の形成

さて、同書は、一九世紀末以来、この五〇年のあいだのカトリック施設の変化を——いささか誇張された表現ではあるが——以下のように記している。

今から五〇年前、カリタスの施設と言えば、カトリック民衆が伝統的にそう呼んでいたように、典型的な「修道院」であり、ごく慎ましやかなものであった。国や自治体は、「貧しきフランシスコ会の修道女たち」、あるいは教区か慈善基金に救貧をゆだねていた。それがもっとも安上がりであり、人々もみな、献金を通して慈善に貢献したからである。当時の施設は簡素で、大抵の場合、小さい部屋があるだけだった。戸口にはスープの施しを求める貧者が座りこみ、面会室にはもらいものの家具、安物の銅版画が飾られている。修道女は、訪問者を迎えたり本の貸し出しをする合間に、洗濯物を繕ったり、編み物をしたりする余裕もあった。そこには、簡素な部屋かベッドの並んだ部屋があるだけだ……（『現代のカトリック慈善施設』一二三頁。以下、同書からの引用は頁数のみ記す）。

「小さな修道院」といった伝統的な慈善施設のイメージに対して、現在の施設は以下のように描写される。

まさに慈善施設こそが、衛生学や医療、看護、教育・指導技術の進歩を最大限に利用した。まばゆい手術室、レントゲン室、趣味の良いユーゲント様式の病室、発光信号、部屋に備え付けられた電話機など。受付と事務室にはカルテに最新式の帳簿と書類、報告書にアンケート、統計、役所や企業のような経費と業績の管理。専門教育を受け、しばしば国家資格を有する看護職が、てきぱきと業務を遂行する。修道女たちも、修道服を白い作業服で覆っている。（略）書類カバンをもった聖職者、議論する修道女たち。すべては、ひ

図 11-2　保養地のサナトリウム内の研究室（バート・ヴェリスホーヘン）
出典：Sinnigen, P. Ansgar, *Katholische Frauengenossenschaften Deutschlands*, Düsseldorf 1933 S. 255.

図 11-3　聖ヴィンツエンツ病院の無菌室（ケルン）
出典：Sinnigen, P. Ansgar, *Katholische Frauengenossenschaften Deutschlands*, Düsseldorf 1933. S. 315.

とつの響きに沿って動いているようにみえる。進歩と技術、組織、専門教育、合理化、知識、目的と業績（二二二頁以下）。

右記の引用が示すように、共和国期は、時代に即したカリタスのあり方——目的や手段、方法——が模索された時代でもあった。そこでは、計画的で明確な目標に沿った業務の遂行、会計や経理など金銭管理の厳格化、管理部門の整備といったある種の「企業文化」の形成が促されている。現代にふさわしいカリタスは、「敬虔な衝動」や「憐れみの激情」からではなく、明確な目標をもたなければ「徳行」たりえないとされ、計画的で継続的な支援のためには「惜しみなく与える」ことは論外であり、限りある資金を無駄なく用い節約にいそしむこと、カリタスと経済性は決して互いに矛盾するものではないことも繰り返し説かれている。さらに、かつての慈善施設にみられた「家父長的スタイル」や「上から下へ恩恵を施すような」パターナリズムも厳しく戒められた。慈善施設は「聖職者と修道女の支配する閉鎖的な空間」であるような印象を与えてはならず、俗人を責任ある管理部門に入れること、さらには、カトリックの施設に対する「無知や偏見を取り除く」ために、施設内の見学を「喜んで受け入れる」ことも推奨されている（二五、三七、五五頁以下、八四頁以下）。

「カトリック文化の場」としての施設——宗派アイデンティティの保持

しかしながら、このように、合理化、組織化、効率化が推奨されたとはいえ、文字通りの「企業」であることが望まれたわけではなかった。『現代のカトリック慈善施設』は、「新しい時代」において保持すべきことがらについても、同じく詳細に論じている。なぜなら、今だかつてない厳しい批判に晒されている現代こそ、カトリック施設はその「世界観上の特性」を明確に示し（一頁）、時代にふさわしい形でのカリタスの精神を、あらたに涵養しなければならないからであった。まず同書は、カトリック慈善施設の「本質」を以下のように定義する。

> 我々のカトリック施設の決定的特徴［強調原文、以下同じ］は、施設という形でもって、施設内のすべての人々を包み込むようなカリタス共同体を実現することにある。それは、単に技術や専門性といった施設のもつ機能によって実現するのではなく、カトリックの精神に基づいた宗教的生活そのもののなかにある。共同体としての施設は、（略）、助けを必要とする人々を受け入れ、彼らが心身ともに全人格として強固な存在となり、（略）キリスト教的な共同体に再び迎え入れられるよう支援する。技術や専門性にもとづく共同体ではなく、宗教的な生の共同体が我々の考える施設である（三頁）。

　ここにみられるように、カトリックの慈善施設とは、単なる治療の、あるいは生活の場ではなく、慈善の主体と客体――病院であれば患者と医師、看護人――双方を包み込む宗教的共同体、「カトリックの精神」の宿る場とみなされていた。それは、たとえば、施設を「不自然な必要悪」とみなすプロテスタントの立場とは異なり(35)、少なくとも理念的には、中世の施療院を想起させる「聖なる共同体」としての施設を肯定するものであった。病院、孤児院、養老院といった風に実際の機能は分化しているものの、そこで行われる治療や看護、介護、保育といった「身体的」行為は、究極的には「内的慰め」をもたらす司牧とみなされていたためである。施設は何より「カトリックの信仰生活が守られる場」であり、そこでは、「末端の介護者に至るまでカリタスの精神が息づいている」べき空間であった（二八、三五頁以下）。

　さらに、カトリックの施設であるからには、祈禱やミサ、聖体拝領、秘蹟等も施設内で欠くことのできないものであった。秘跡の授受には、聖職者はもちろん、修道女や医師、手伝いの職員にいたるまで「使徒としての義務にもとづいて」責任を負うものとされた。こうしたことから、カトリック施設での看護業務は、女子修道会から派遣される修道女に委託することが理想であった。「清貧・貞潔・服従」の誓いをたて、修道服に身を包んだ彼女らは、信仰と看護が一体となった慈善施設の性格を体現するものとして、「施設の中心にある存在」とみなされた。彼女らの活動はあくまで神への奉仕として位置づけられていたので、共和国期に導入された八時間労働制も修道女には適応されるべきではないとされた。実際、彼女らの活動はいわゆる看護業務に限られず、修道会の規定に沿った祈り、黙想、断食のほか、家事や清掃など施設内の必要に応じたさまざまな仕事に及んでおり、いわゆる契約に基づく労働概念にはなじまないとみなされた（三九頁以下、四六頁以下）。

また、カトリック施設に固有の宗教的調度、室内装飾——礼拝堂や十字架など——も、「カトリック文化」を醸成する空間作りの手段として、ことのほか重視された。再び、同書の筆を借りてみよう。

図11-4　病院内の礼拝堂（デュッセルドルフ）
出典：Sinnigen, P. Ansgar, *Katholische Frauengenossenschaften Deutschlands*, Düsseldorf 1933. S. 131

礼拝堂は、信心深い修道女やその他の人々の祈りの場であるだけではなく、我々にとっては施設の心臓である。入り口や室内には良い色を選び、壁には良い装飾を施すように。信仰や道徳を害しない良き書物や雑誌、新聞、講演会、音楽、歌、蓄音器やラジオ、聖俗の祝祭をともに祝うこと（略）このようにして、我々のカリタスは、福祉活動に信仰の深みをもたらすのである（三五頁以下）。

室内装飾に関しても、「安物で埋め尽くされた博物館のような礼拝堂」はカトリック的ではなく、さりとて、「カルヴァン主義的な殺風景な空間」、「華やかな色彩や聖具を取り払って十字架だけが目立つ祭壇」も望ましくはなく、崇高さとともに民衆に親しみのあるスタイル、真摯だが戯画的ではないもの、質素だが質の良いものなどが、現代の信仰心にふさわしいものとして推奨されている（三五頁）。礼拝堂を含め、生活空間としての施設のあり方が構想されていることがうかがえる。

以上みてきたように、共和国期のカトリック施設は、一方では合理化、効率化を推進し、計画的で経済的な組織体であることをめざしたが、他方では自らの宗派的アイデンティティを確認し、それらを目に見える形で保持しようと努めた。その背景には、当時カリタスが直面していた困難な時代状況があった。医療技術の進歩や組織の巨大化、ケア労働の職業化、専門化が進む共和国期においては、カトリック施設といえども、最新の技術、設備、ケアの専門性を無視するわけにはいかなかった。公的機関はもちろん、赤十字やプロテスタントの「国内伝道」、さらに共和国期に新たに加わった労働者による福祉組織「労働者福祉団」まで、競合する多数の福祉の担い手に遅れをとることなく、福祉業務を担うにふさわしい民間団体であることを示さなければならなかったからである。

しかし同時に、それら他宗派の、あるいは世俗的な「競合者」と一線を画するためには、自身の宗派アイデンティティを埋没させるわけにもいかなかった。カトリックのアイデンティティこそが、カリタスの最大の強みであった無償のマンパワー、すなわち、修道女や無数のボランティアを動員し、財源として欠くことのできない献金や寄付を促す源だったからである。(36)

とはいえ、カリタスが保持しようとした宗教性は、共和国期においてはますます厳しい批判の的となった。世俗性・世界観中立を旨とする民間福祉団体、ことに社会主義陣営は、カトリック組織のもつ宗教・宗派的性格やパターナリズムを厳しく糾弾した。公的助成を受けて運営されるカリタスの施設が「カトリック文化の牙城」となっていることは、つねに批判の的となっていたし、カリタスをはじめとするキリスト教慈善に対する批判、「同情や憐れみではなく公正を」、「施しではなく権利を」は、福祉国家の時代を象徴するスローガンであった[37]。しかし、カリタスにとってみれば、この「憐れみ」や「施し」こそが、まさに譲ることのできない活動のモチーフであった。以下、少し長くなるが、同書から引用しよう。

今日、大多数の人々は「福祉と世界観を結びつけること」を拒否している。人助けに対する純粋な意志が決定的であると言う。困窮した子どもは、善良で役立つ人間になるために教育施設へ、病人は治療のために病院に行けばよい。それらは学問と実践に関わる専門領域の問題であり、基本的な思想は人道主義で事足りる、と。（略）宗教や宗派といったそれ以外の動機は、純粋な福祉事業からの逸脱であり、プロパガンダや不和を紛れ込ませるゆえに、宗教は（略）援助者と援助される人の内的事柄にとどめるべきである、と。

しかし、われわれにとって宗教とは、個人の生と社会を根本から形成する力であり義務である。（略）ありとあらゆる攻撃にさらされようとも、礼拝堂や十字架を隠さねばならない理由はない。カトリック施設の態度はカトリック的であるべきである。（略）もし費用の負担者である疾病金庫が、われわれの精神的態度や施設規則に介入しようというなら、我々はきっぱりと契約を打ち切る。我々は、誰に対しても我々の施設に来るように強制はしない。ただ、我々に事業を委託するなら、我々のやり方を尊重することを要求する（二一八、三三三頁）。

福祉国家の時代にあっても、カリタスは自らの事業を「福祉」とは呼ばなかった。彼らにとって、それはあくまで「慈善の行い」だったからであり、そうである以上、「我々のやり方を尊重すること」は、公的福祉との協働においても譲ることのできない絶対条件であった。労働大臣ブラウンスが提唱した「民間団体の自立性を保持した上での」公私協働とは、慈善と福祉という異なるモチーフの並存を制度的に可能とし、ともに動員しようとするものであったといえよう。

五　カリタスの「近代」

カリタスにとってヴァイマル共和国期とは、組織の持続的発展と活動規模の拡大の時代であった。戦前、国や自治体とは一線を画し、カトリック・ミリューのなかの「自前のセーフティネット」としてのみ機能していたカリタスは、ヴァイマル福祉国家においては、最大の民間福祉団体として公的に認可され、助成を受けて福祉事業を担う一大組織となった。

ただし、国や自治体と深く結びつき、公的機関と協働していくことは、同時に内なる矛盾を抱え込むことでもあった。一九三三年二月、『カリタス』紙が掲載した論考は、公的福祉との協働によってカリタスに生じた「深刻な損失」を下記のように列挙し断じている。すなわち、行政への依存が高まり裁量の余地が低下したこと、組織が肥大化し、会議や面談、報告などデスクワークに忙殺され、本来の「カリタスの仕事」ができないこと、活動が他律的となり、「カリタス本来の価値と実質」が失われ、人々とのつながりまでもが失われかけている、と。(38)

カリタスが国家福祉によってのみ込まれ、その本来性を喪失していくという危惧は、共和国期における福祉の制度化とともに日常業務の激変を体験した現場の人々にとっては、まさにリアルなものであったろう。しかしそこから、公的福祉との協働を放棄するといった「逆の方向に戻ること」が結論として引き出されるわけではなかった。同じ論考によれば、「我々は公的福祉の有意義な形成にともに責任を負って」おり、公的福祉に協力し、その誤りや不足を修正していくこともまた、「我々の義務である」からだという[39]。少なくともヴァイマル福祉国家成立以後のカリタスにとって、それはすでに既定路線であって、法的にも、財政的にも「降りる」というオプションはありえなかった。カリタスは、時代のもとめる合理・効率性と、伝統的な「カトリックらしさ」との困難な両立を模索する道を選んだのである。

カリタスにとって福祉国家の時代とは、こうした異なる論理の他者との協働のなかで、さまざまな妥協や変容を余儀なくされていくプロセスのはじまりでもあった。しかしこのことを、単にカリタスが「福祉国家のくびき」につながれ、近代の攻勢を前にじりじりと後退戦を余儀なくされた、とだけみるのは、それ以後の、そして何より現代社会におけるカリタスの重みをとらえ損なうことになろう。先の引用にも見られるように、カリタスは、公的福祉をともに担い続けることでその「誤りや不足」を正す、すなわち自身の世界観に沿ったものへと変容させようとも試みているのである。

実際にそれが「成功」しているのかどうか、その後のカリタスの現代までの道のりを評価することは、本章の課題を越える。しかし、近年の世論調査からも明らかなように、カリタスは、今後も「欠くことのできない」キリスト教会の活動のひとつとして一定の信頼を勝ち得ている[40]。また、今日、議論の多い教会税についても、その一部がカリタスの事業に向けられるからという理由で——日ごろは教会から距離を置いている人であっても——それを支持・容認する声も少なくない。現代のドイツ社会において、カリタスが一定の評価を受けていることは否定しえないであろう。

これまでみてきたように、カリタスのよってたつ世界観、目的や方法は、近代社会の論理と真っ向から対立するものであった。共和国期にようやくライトモチーフとなった近代的福祉の論理、すなわち、平等、宗派中立、権利性と、カトリックの世界観に立つカリタスの論理とはどこまでいっても平行線であった。しかしこのことは、福祉国家が機能しえないとき、あるいは福祉国家の論理では解決できない問題に直面したときに、別の論理にたつオプションが存在することをも意味している。たとえば、自らの意思を表明できない重度障害者を前にして、自己決定や権利性といった近代福祉の理念は困難にぶつからざるをえない。また、移民や難民など国境を越える「寄る辺なき人々」に対して、国民国家という共同性を基盤とする福祉国家は、ともすると即応できない。そうしたとき、文字通り、隣人愛の精神から即座に手を差し伸べることができたのはカリタスであった。

一九二五年、「カリタス学」の提唱者の一人であったフランツ・ケラーは、「カリタスの掲げる目標は、公的福祉がその活動をとめる地点、まさにそこから始まる」[41]と述べた。「隣人愛」と「公正」、互いに相いれない動機づけにたつカリタスと福祉国家は、まさに相互補完的に、近代社会のさまざまな問題に取り組んできたし、今後も取り組み続けていくであろう。

注

（1）Caritas の概念については以下を参照。K [arl]. Borgmann, "Caritas", in: *Lexikon für Theologie und Kirche*, Bd. 2, Freiburg 1958, S. 941–947; Mohammed Rassem, "Wohlfahrt, Wohltat, Wohltätigkeit, Caritas", in: Otto Brunner/Werner Conze/Reinhart Koselleck（Hg.）, *Geschichtliche Grundbegriffe. Historisches Lexikon zur politisch-sozialen Sprache in Deutschland*, Bd. 7, Stuttgart 1992, S. 595–636（杉田孝夫・田崎聖子訳「翻訳　福祉の概念史（一）～（三）」『生活社会科学研究』第一九～二一号、二〇一二～二〇一四年）; Markus Lehner, *Caritas. Die Soziale Arbeit der Kirche. Eine Theoriegeschichte*, Freiburg i. Br. 1997, S. 9ff; Michaela Collinet（Hg.）, *Caritas-Barmherzigkeit-Diakonie. Studien zu Begriffen und Konzepten des Helfens in der Geschichte des Christentums vom Neuen Testament bis ins späte 20. Jahrhundert*, Berlin 2014, S. 172ff. 桜井健吾「近代ドイツにおけるカリタスの再生と展開（一八〇三～一九一四年）」『南山経済研究』第二七巻

第一号、二〇一二年、二頁以下。なお、Caritas はドイツ語に対応する言葉がない外来語であり、後述する「カリタス連盟」が設立される一九世紀末までは一般にはあまり用いられなかった。表記も Karitas, Charitas, Caritas など一定しなかったが、一九一〇年頃に Caritas が定着した。

（2）二〇一二年の統計データ（http://www2.caritas-statistik.de/ および https://www.caritas.de/diecaritas/wofuerwirstehen/millionenfache-hilfe 二〇一六年五月五日最終閲覧）より。現代のカリタスについての邦語文献は、春見静子氏の一連の論考を参照。春見静子「ドイツ・カリタス連合体の研究（一）〜（一〇）」『カトリック社会福祉研究』第三〜一二号、二〇〇三〜二〇一二年。

（3）カリタス、ディアコニー、赤十字のほか、ユダヤ系の「ドイツユダヤ中央福祉事業団」、社会民主党系「労働者福祉事業団」、「ドイツ非宗派福祉連盟」の六団体を指す。ドイツ全土で十万を越える非営利民間組織のほとんどが、この六団体のいずれかの下に系列化されている。中野智世「福祉国家を支える民間ボランタリズム―二〇世紀初頭ドイツを例として」高田実・中野智世編著『近代ヨーロッパの探究⑮福祉』ミネルヴァ書房、二〇一二年、二〇〇頁以下を参照。

（4）現代のドイツでは、「福祉国家」のかわりに、基本法にうたわれた「社会国家（Sozialstaat）」という言葉が用いられる。なお、本章が扱うヴァイマル共和国期は「福祉国家（Wohlfahrtsstaat）」が用いられた。

（5）福祉国家史研究における宗教の扱いについては、中野智世「西欧福祉国家と宗教―歴史研究における新たな分析視角をめぐって」『ゲシヒテ』第五号、二〇一二年、五三―六六頁。

（6）カリタスの研究史については、さしあたり下記の整理を参照。Catherine Maurer, *Der Caritasverband zwischen Kaiserreich und Weimarer Republik. Zur Sozial- und Mentalitätsgeschichte des caritativen Katholizismus in Deutschland*, Freiburg i. Br. 2008, S. 15ff; Bernhard Schneider, “Armut und Konfession - Ergebnisse und Perspektiven (kirchen-) historischer Forschungen zum Armutsproblem unter besonderer Berücksichtigung des 19. Jahrhunderts und des deutschen Katholizismus”, in: Bernhard Schneider (Hg.), *Konfessionelle Armutsdiskurse und Armenfürsorgepraktiken im langen 19. Jahrhundert*, Frankfurt a. M. 2009, S. 9-57, hier 32-36.

（7）Erwin Gatz, “Caritas und soziale Dienste”, in: Anton Rauscher (Hg.), *Der soziale und politische Katholizismus*, Bd. 2, München/Wien 1982, S. 312-351; Ders. (Hg.), *Caritas und soziale Dienste*, Freiburg i. Br. 1997; Ewald Frie, “Caritas und soziale Verantwortung im gesellschaftlichen Wandel", in: *Jahrbuch für Christliche Sozialwissenschaften*, 38, 1997, S. 21–42. なお、一九九〇年代に編まれた全四巻の文献目録は、ドイツ各地の慈善協会や施設の記念論集など史料としての価値を有する文献を多数収録しているものの、学術文献は少ない。Deutscher Caritasverband (Hg.), *Caritativer Katholizismus in Deutschland im 19. und 20. Jahrhundert: Literatur zur Erforschung seiner Geschichte aus der Zeit vom ausgehenden 19. Jahrhundert bis zum Jahr 1921* von Mathias Reininger, Freiburg i. Br. 1996; -, *aus den Jahren 1921 bis 1945* von Dieter Schlenker, Mathias Reininger, 1995; -, *aus den Jahren 1945 bis 1959* von Marga Burkhardt u. a., 1995; -, *aus den Jahren 1960 bis 1993* von Ewald Frie, 1994.

（8）Maurer, *Der Caritasverband*. 邦語では桜井前掲論文。

（9）以下の整理は Frie, "Caritas und Soziale Verantwortung", S. 21ff; Maurer, *Ibid.*, S. 23ff; 桜井、四頁以下。一九世紀のカリタスについては、今なお古典である Wilhelm Liese, *Geschichte der Caritas*, 2 Bde., Freiburg i. Br. 1922, S. 322ff. さらに以下も参照。Ewald Frie, "Katholische Wohlfahrtskultur im Wilhelminischen Reich: Der "Charitasverband für das katholische Deutschland", die Vinzenzvereine und der ‚kommunale Sozialliberalismus'", in: Jochen-Christoph Kaiser/Wilfried Loth (Hg.), *Soziale Reform im Kaiserreich. Protestantismus, Katholizismus und Sozialpolitik*, Stuttgart/Berlin/Köln 1997, S. 184–201.

（10）Wilhelm Liese, *Wohlfahrtspflege und Caritas im Deutschen Reich, in Deutsch-Österreich, der Schweiz und Luxemburg*, M[önchen]. Gladbach 1914, S. 280.

（11）*Ibid.*, S. 179ff; Gatz, "Caritas und soziale Dienste", S. 332; Josef Mooser, "Das katholische Milieu in der bürgerlichen Gesellschaft. Zum Vereinswesen des Katholizismus im späten Deutschen Kaiserreich", in: Olaf Blaschke/Frank-Michael Kuhlemann (Hg.), *Religion im Kaiserreich. Milieus - Mentalitäten - Krisen*, Gütersloh 1996, S. 59–92, hier 74.

（12）Liese, *Wohlfahrtspflege*, S. 92.

（13）カトリック・ミリューについては、Mooser, "Das katholische Milieu", S. 61ff.

（14）中野「福祉国家を支える民間ボランタリズム」、二〇三頁以下。

（15）カリタス連盟の創始者ローレンツ・ヴェルトマンは、「競合者」として①人道・自由主義陣営、②公的救貧行政、③プロテスタント、④愛国主義グループの四つをあげている。"Die Zeitschrift "Charitas" und ihre Bestrebungen", in: *Charitas*, 1896, Nr. 11, S. 236f. もっとも、実際、これら「競合者」がカリタスの存在をどの程度脅かしたのかは定かではない。

(16) こうした批判に対するカリタス側の対応については、"Der Kampf der Päpste gegen den Bettel", in: *Charitas*, 1901, Nr. 7, S. 153f.; Franz Schaub, *Die katholische Caritas und ihre Gegner*, M[önchen]. Gladbach 1909, S. 184ff.; Frie, "Katholische Wohlfahrtskultur", S. 184f.; Clemens Niemann, "Aufgaben der katholischen Krankenpflegeorden in der Gegenwart", in: *Hochland. Monatsschrift für Alle Gebiete des Wissens, der Literatur und Kunst*, 1905/06, 3/1, S. 620-623. など。また、その背景には、カトリックを「劣等」とみなす帝政期ドイツの風潮があった。Martin Baumeister, *Parität und katholische Inferiorität. Untersuchungen zur Stellung des Katholizismus im Deutschen Kaiserreich*, Paderborn u. a. 1987. 今野元『教皇ベネディクトゥス一六世』東京大学出版会、二〇一五年、三八頁以下も参照。

(17) 連盟設立までの詳細は、Maurer, *Der Caritasverband*, S. 45ff. 桜井前掲論文二〇頁以下。

(18) 連盟の設立目的については、Lorenz Werthmann, "Die soziale Bedeutung der Charitas und die Ziele des Charitasverbandes", in: *Charitas*, 1899, Nr. 10, S. 212.

(19) 機関紙『カリタス』誌上では広報の重要性が繰り返し説かれたが、そのこと自体、それへの同意が容易には得られなかったことを示唆している。"Zielpunkte der charitativen Thätigkeit in der Gegenwart", in: *Charitas*, 1898, Nr. 1, S. 1f.

(20) "Ein Jahr katholischer Kriegsarbeit im Caritasverband", in: *Caritas*, 1915, Nr. 2/3, S. 56ff.; Wilhelm Liese, *Lorenz Werthmann und der Deutsche Caritasverband*, Freiburg i. Br. 1929, S. 288ff.; Maurer, *Der Caritasverband*, S. 148ff.

(21) Lorenz Werthmann, "Die Caritas und die neue Zeit", in: *Caritas*, 1918, Nr. 1/2/3, S. 1ff. すでに戦中から高まっていた民間事業サイドの危機感については、中野智世「第一次世界大戦後ドイツにおける民間社会事業―福祉国家との共存をめぐって」『現代福祉研究（法政大学現代福祉学部紀要）』五号、二〇〇四年、七四頁以下。

(22) ヴァイマル共和国の宗教状況については、尾崎修治「二十世紀ドイツの宗教と教会」若尾祐司・井上茂子編著『ドイツ文化史入門』昭和堂、二〇一一年、一〇七―一一二頁。

(23) "Antstaltsnot in Deutschland", in: *Caritas*, 1921, Nr. 11/12, S. 88f.

(24) 以下は、中野「福祉国家を支える民間ボランタリズム」、二一八頁以下。

（25）Denkschrift des Reichsarbeitsministeriums über die Vorarbeiten zu einem Reichswohlfahrtsgesetz vom 14. 2. 1923, in: *Reichsfürsorgerecht*, München 1925, S. 74–81, hier S. 80f.

（26）「カリタス学（Caritaswissenschaft）」という言葉自体はすでに一九〇六年に登場しているが、この名を冠した論考や書籍が刊行され、大学にカリタス学の講座が設立されるようになるのは一九二〇年代のことである。Maurer, *Der Caritasverband*, S. 244ff.

（27）H［einrich］. Weber, *Das Wesen der Caritas*, Freiburg i. Br. 1938, S. 317.

（28）Franz Riß, “Die grundsätzliche Stellung der freien Liebestätigkeit zur Reichsverordnung über die Fürsorgepflicht”, in: Hermann Bolzau（Hg.）, *Fürsorgerecht und Caritas*, Freiburg i. Br. 1927, S. 129; Franz Keller, *Caritaswissenschaft*. Freiburg i. Br. 1925, S. 45ff, 100ff.

（29）B［ernhard］. Würmeling, “Die Zusammenarbeit der öffentlichen und der freien Fürsorge”, in: Bolzau, *Fürsorgerecht und Caritas*, S. 144; Riß, “Die grundsätzliche Stellung”, S. 138.

（30）J［oseph］. Löhr, *Geist und Wesen der Caritas*, Freiburg i. Br. 1922, S. 14; Keller, *Caritaswissenschaft*, S. 107ff.

（31）Keller, *Ibid.*, S. 109; Riß, “Die grundsätzliche Stellung”, S. 128f.

（32）以下の数値は、“Statistik der Einrichtungen der freien Wohlfahrtspflege”, in: Julia Dünner（Hg.）, *Handwörterbuch der Wohlfahrtspflege*, Berlin 1929, S. 650.

（33）プロテスタント系福祉団体の連合体。一八四八年創設のドイツ福音教会国内伝道中央委員会を起源とし、現代ドイツにおけるディアコニー福音教会連盟の母体となった。

（34）J［ohannes］. van Acken, *Das katholische caritative Anstaltswesen in der Gegenwart*,［Freiburg i. Br.］1930.

（35）プロテスタント社会事業において理想の共同体とは、家族や地域社会といった「自然な」共同体であり、それに比して施設とは人工的で望ましくないものとみなされていた。Johannes Steinweg, *Die Innere Mission der evangelischen Kirche*, Heilbronn 1928, S. 71.

（36）Maurer, *Der Caritasverband*, S. 227ff.

（37）“Gerechtigkeit und Caritas”, in: *Caritas*, 1926, H. 9, S. 284; Erich Rohr, “Caritas im Kampf”, in: *Caritas*, 1930, H. 10, S.

444f.

（38）Kurt Lücken, “Grundsätzliches und Kritisches zur Caritasarbeit der Gegenwart”, Teil III, in: *Caritas*, 1933, H. 2, S. 58ff.

（39）*Ibid.*, S. 59.

（40）Karl Gabriel, *Caritas und Sozialstaat unter Veränderungsdruck*, Berlin 2007, S. 9.

（41）Keller, *Caritaswissenschaft*, S. 110.

あとがき

二〇一二年、「近代ヨーロッパとカトリシズム」と銘打った勉強会の立ち上げに、本書の編者四名が初めて集まったときのことである。議論がひと段落したところで、なぜこうしたテーマに関心をもつようになったのか、それぞれが留学時の体験を語り始めた。取りとめのない雑談のなかでことに興味深かったのは、各国での住民登録の際のエピソードである。尾崎と中野の留学先であったドイツでは、住民登録の用紙に個人の宗教・宗派を記入する欄があった。もしここにカトリック、あるいはプロテスタントと記入すれば、外国籍であってもしっかりと教会税を請求されることになる（むろん、収入がある場合だが）。他方、前田によれば、ライシテの原則に立つフランスで、個人が自身の宗教・宗派を役所に対して申告するということ自体がありえないという。宗教は私的領域に属し、公官庁が問うべき事柄ではないからだ。さらに、渡邊の留学先であるスペインでは、住民は基本的にカトリックであるという前提に立っているために、逆に宗教を問われることはないという。現地を知る人にとってはごく日常的な、当たり前のことであろうが、一般に「キリスト教圏」として括られるヨーロッパ諸国において、宗教の「扱われ方」がいかに異なっているかを互いに実感するとともに、これからの比較史研究の面白さを予感させるできごとであった。

当初は内輪の勉強会として始まったこの集まりであるが、ほどなくして、私たちは問題関心を共有する研究者——西洋近現代史をフィールドとし、宗教、ことにカトリシズムに関心をもって取り組んでいる方々——を集めた共同研究グループの立ち上げをめざすことになった。著作や論文を知るばかりでまったく面識のない方々に、何とかつてをたどって声をかけたり、「飛び込み営業」よろしく直接メールをお送りするなどした結果、研究会の主旨に賛同いただき、快くメンバーに加わって下さったのが本書の執筆陣である。当初は手弁当であった本研究会に何度も足を運び、積極的に議論に加わり、企画を共に練り上げて下さった。記して感謝したい。

本書のねらいについては「序」に述べたとおりであるが、類書のないなかで、このテーマに関する最初の一歩を踏み出すことはできたのではないかと思う。むろん、社会史的アプローチを旨とする本書が取り上げなかった重要な論点は少なくない。一九世紀後半以降存在感を増していく教皇庁、各国の制度教会のありようや国家と教会との関係、さらには海外布教、植民地伝道を含むトランスナショナルな活動など、今後、これらの論点をどうやって分析に組み込んでいくかは、そのまま「次の一歩」の課題となろう。

このようにささやかな試みであるとはいえ、本書がこうした形でまとまるまでには、多方面からの支援や協力があった。この共同研究は、二〇一四年より日本学術振興会科学研究費による助成を受けた（基盤研究（B）「近代ヨーロッパ社会の形成・変容過程における宗教の役割——カトリシズムの社会史的考察」、課題番号二六二八四一一七、研究代表者：中野智世）。それによって、各メンバーによる現地での史料調査が可能となり、関東・関西在住者が混在する研究グループが定期的に集まることも格段に容易となった。

また、本研究の成果の一部は、二〇一三年には日本西洋史学会第六三回大会での小シンポジウムにおいて（中野智世・前田更子・尾崎修治・渡邊千秋「ヨーロッパ近代のなかのカトリシズム―宗教を通して見るもうひとつの『近代』」、『西洋史学』第二五二号、二〇一三年、五九―七〇頁を参照）、さらに、二〇一四年には、現代史研究会シンポジウム「奇跡・悔悛・慈善——カトリシズムという『周縁』からみる近代ヨーロッパ」において、報告の機会を得た。持ち込み企画を受け入れて下さった学会・研究会関係者の方々、また、コメントを引き受けて下さった井上茂子氏をはじめ、会場に足を運んで耳を傾け、議論に参加して下さった方々にあらためて御礼申し上げる。

この四年あまりの道のりを振り返ってみると、ある種の「奇跡」とも思えるような、さまざまな方々との幸運な出会いによって支えられてきたことを実感する。本書の執筆メンバーとの出会いはもちろんであるが、ことに、フランス近世史・比較宗教社会史の泰斗、深沢克己氏は、シンポジウムのコメンテーターを引き受けて下さったことをきっかけとして、研究会の初期から議論に加わって下さった。以来、桜井健吾氏、村上信一郎氏といった「重鎮」メンバーとともに、頼りない編者四人を温かく見守り、背中を後押しして下さった氏に、最大限の感謝をささげたい。

最後に、本書をこうして世に問うことができたのは、勁草書房編集部の関戸詳子さんとの出会いによるものである。気鋭の若手編集者である関戸さんとの仲介の労を取って下さったのは、明治大学の重田園江氏であった。まだ執筆陣も固まらないうちから本企画に即座に関心を寄せて下さり、その後、四年間を並走して下さった関戸さんの力なくして本書は生まれなかった。編者一同、心より御礼申し上げる。

編者を代表して　中野智世

＊本書はＪＳＰＳ科研費（課題番号二六二八四一一七）の研究成果の一部である。

編著者

中野智世

1965年生。成城大学文芸学部准教授。ドイツ、ダルムシュタット工科大学博士課程修了（Dr. Phil）。ドイツ近現代史。主要著書に、*Familienfürsorge in der Weimarer Republik. Das Beispiel Düsseldorf* (Droste Verlag, 2008)、『近代ヨーロッパの探求⑮　福祉』（共編著、ミネルヴァ書房、2012年）、『保護と遺棄の子ども史』（共著、昭和堂、2014年）、『歴史のなかの社会国家』（共著、山川出版社、2015年）他。

前田更子

1973年生。明治大学政治経済学部准教授。東京都立大学大学院博士課程修了、博士（史学）。フランス近現代史。主要著書に、『私立学校からみる近代フランス―19世紀リヨンのエリート教育』（昭和堂、2009年）、『福祉国家と教育―比較教育社会史の新たな展開に向けて』（共著、昭和堂、2013年）、論文に、「19世紀前半フランスにおける初等学校と博愛主義者たち―パリ、リヨンの基礎教育協会をめぐって」（『明治大学人文科学研究所紀要』第70冊、2012年）他。

渡邊千秋

青山学院大学国際政治経済学部国際コミュニケーション学科教授。上智大学大学院、スペイン国立放送大学大学院修了、博士（史学）。スペイン現代史。主要著書に、*Confesionalidad católica y militancia política: La Asociación Católica Nacional de Propagandistas y la Juventud Católica Española*, 1923-1936, (Ediciones UNED, 2003),『世界歴史大系スペイン史2』（共著、山川出版社、2008年）、『概説近代スペイン文化史』（共著、ミネルヴァ書房、2015年）他。

尾崎修治

1962年生。静岡県立大学広域ヨーロッパ研究センター客員研究員。上智大学等で非常勤講師。上智大学大学院文学研究科史学専攻博士後期課程修了、博士（史学）。ドイツ近現代史。主要著書に、『ドイツ文化史入門』（共著、昭和堂、2011年）、論文に、「19世紀末ドイツのカトリック労働運動」（『西洋史学』246号、2012年）、「世紀転換期におけるカトリシズムの労働者統合」（博士論文、上智大学、2010年）、「第一次世界大戦後のドイツ・カトリシズム」（『上智史学』50号、2005年）他。

著者（執筆順）

加藤久子

1975年生。國學院大學研究開発推進機構客員研究員。一橋大学大学院社会学研究科博士課程単位取得退学。修士（社会学）。宗教社会学、歴史社会学、宗教文化論。主要著書に、『教皇ヨハネ・パウロ二世のことば――九七九年、初めての祖国巡礼』（単著、東洋書店、2014年）、『宗教とツーリズム―聖なるものの変容と持続』（共著、世界思想社、2012年）他。

勝田俊輔

1967年生。東京大学大学院人文社会系研究科准教授。東京大学大学院人文社会系研究科博士課程修了、博士（文学）。ブリテン世界史。主要著書に、『真夜中の立法者キャプテン・ロック―19世紀アイルランド農村の反乱と支配』（山川出版社、2009年）、主論文に、'The proposal for a militia interchange between Great Britain and Ireland', *Irish Sword*, vol. xxix, no. 116, 2013, pp. 139-150.

水島治郎

1967年生。千葉大学法政経学部教授。東京大学大学院法学政治学研究科博士課程修了。博士（法学）。ヨーロッパ政治史、比較政治。主要著書に、『反転する福祉国家―オランダモデルの光と影』（岩波書店、2012年、損保ジャパン記念財団賞）、『保守の比較政治学―欧州・日本の保守政党とポピュリズム』（編著、岩波書店、2016年）、『千葉市のまちづくりを語ろう』（共編著、千葉日報社、2012年）他。

桜井健吾

1946年生。南山大学名誉教授。神戸大学大学院経済学研究科修士課程修了。経済学博士。近代ドイツ社会経済史。主要著作に、『近代ドイツの人口と経済（1800-1914年）』（ミネルヴァ書房、2001年）、『自然法と宗教Ⅰ』（共著、創文社、1998年）、『近代統計制度の国際比較』（共著、日本経済評論社、2007年）。訳書に、パウンズ『近代ヨーロッパの人口と都市』（晃洋書房、1991年）。キーゼヴェター『ドイツ産業革命』（共訳、晃洋書房、2006年）。

長井伸仁

1967年生。東京大学大学院人文社会系研究科准教授。パリ第1大学第三課程修了、博士（歴史学）。フランス近現代史。主要著書に、*Les Conseillers municipaux de Paris sous la Troisième République*（Publications de la Sorbonne, 2002），『歴史がつくった偉人たち』（山川出版社、2007年）、『個人の語りがひらく歴史』（共著、ミネルヴァ書房、2014年）、論文に、「貧しさのなかで生きること」（『歴史学研究』886号、2011年）他。

寺戸淳子

1962年生。専修大学等非常勤講師。東京大学宗教学宗教史学専攻博士課程修了、博士（文学）。宗教人類学。主要著書に、『ルルド傷病者巡礼の世界』（知泉書館、2006年）、論文に、「〈証し〉と〈開示〉―聖地ルルドの映像化にみる『苦しむ人々』の伝え方―」（新井・岩谷・葛西編『映像にやどる宗教、宗教をうつす映像』せりか書房、2011年）、"Religion and the 'public/private' problematic: the three 'public' spheres of the Lourdes pilgrimage"（in Social Compass 59 (3), 2012）、「〈ラルシュ〉で生きる『人間の条件』」（磯前・川村編『他者論的転回―宗教と公共空間』ナカニシヤ出版、2016年）他。

村上信一郎

1948年生。神戸市外国語大学名誉教授。神戸大学大学院法学研究科博士課程修了、博士（法学）。主要著作に、『権威と服従―カトリック政党とファシズム』（名古屋大学出版会、1989年）、共著に『三つのデモクラシー』（岩波書店、2002年）、『EUのなかの国民国家』（早稲田大学出版部、2003年）、『幻影のローマ』（青木書店、2006年）、訳書に、A.パーネビアンコ『政党』（ミネルヴァ書房、2005年）、S.コラリーツィ『イタリア20世紀史』（名古屋大学出版会、2010年）、M.カリーゼ『政党支配の終焉』（法政大学出版局、2012年）他。

人名索引

あ　行

イリバレン・ロドリゲス、ヘスス　Iribarren Rodríguez, Jesús　108, 109, 118

ヴィシンスキ、ステファン　Wyszyński, Stefan　36, 45

ヴェルトマン、ローレンツ　Werthemann, Lorenz　302, 318

エレーラ・オリア、アンヘル　Herrera Oria, Ángel　99-101

オルランド、レオルーカ　Orlando, Leoluca　264, 269

か　行

カイヤール、マリ　Caillard, Marie　16-19, 26

カレル、アレクシス　Carrel, Alexis　252

グレゴリウス16世（教皇）　Gregorius XVI　72, 73

ゴダン、アンリ　Godin, Henri　220, 221

コルピング、アドルフ　Kolping, Adolf　150, 161, 166

さ　行

シュルツェ＝デーリッチュ　Schulze-Delitzsch, Franz Hermann　147, 148, 152

ゾラ、エミール　Zola, Émile　242

た　行

ダニエル、イヴァン　Daniel, Yvan　220

デ・フレーフェ、ヘンリ（デ・フレーフェ神父）　pater Henri de Greeve　129, 130

デ・フレーフェ、ボロマース（デ・フレーフェ神父）　pater Borromaeus de Greeve　130, 132, 133

デュリュイ、ヴィクトール　Duruy, Victor　24, 25

デ・リグオーリ、アルフォンソ・マリア　De Liguori, Alfonso Maria　284-286

デ・ルイス・ディアス、フランシスコ　De Luis y Díaz, Francisco　100, 101, 105, 112-117

は　行

パウロ6世（教皇）　Paulus VI　267

バジャク、エウゲニウシュ　Baziak, Eugeniusz　46, 47

パッパラルド、サルヴァトーレ　Pappalardo, Salvatore　266-268

ピウス8世（教皇）　Pius VIII　72

ピウス11世（教皇）　Pius XI　151

ピウス12世（教皇）　Pius XII　108

ピトレ、ジュゼッペ　Pitrè, Giuseppe　268, 271, 282, 287, 289

ファルコーネ、ジョヴァンニ　Falcone, Giovanni　266, 269, 273, 276, 282

フェリー、ジュール　Ferry, Jules　7

フーコー、ミシェル　Foucault, Michel　35, 255, 258, 262

ブッシェッタ、トンマーゾ　Buscetta, Tommaso　269, 273, 282

ブラウンス、ハインリヒ　Brauns, Heinrich　viii, 162, 170, 171, 173–194, 196, 303–305, 314
フラガ・イリバルネ、マヌエル　Fraga Iribarne, Manuel　118
フランシスコ（教皇）　Franciscus　288
ブレンターノ、ルーヨ　Brentano, Lujo　154
プロヴェンツァーノ、ベルナルド　Provenzano, Bernardo　274, 276
ヘルトリング、ゲオルグ・グラーフ・フォン　Hertling, Georg Graf von　161, 162

ま　行

マルティン・アルタホ、アルベルト　Martín Artajo, Alberto　106, 107, 120, 122, 266

や　行

ヨハネ・パウロ二世（教皇）　Ioannes Paulus II　287

ら　行

ラサール、フェルディナンド　Lassalle, Ferdinand　148, 151, 152, 159, 163
ランド、ピエール　Lhande, Pierre　204–208, 210, 211, 215–222, 224, 226
ルッフィーニ、エルネスト　Ruffini, Ernesto　267, 268
レオ 12 世（教皇）　Leo XII　72
レオ 13 世（教皇）　Leo XIII　164, 178, 247

事項索引

た　行

は　行

ま　行

ら　行

近代ヨーロッパとキリスト教
カトリシズムの社会史

2016年10月20日　第1版第1刷発行

編著者　中《なか》野《の》智《とも》世《よ》
前《まえ》田《だ》更《のぶ》子《こ》
渡《わた》邊《なべ》千《ち》秋《あき》
尾《お》崎《ざき》修《しゅう》治《じ》

発行者　井村寿人

発行所　株式会社　勁《けい》草《そう》書房

112-0005 東京都文京区水道2-1-1　振替　00150-2-175253
（編集）電話 03-3815-5277／FAX 03-3814-6968
（営業）電話 03-3814-6861／FAX 03-3814-6854
大日本法令印刷・牧製本

ISBN978-4-326-20055-9　Printed in Japan

http://www.keisoshobo.co.jp